平松令三著

親鸞の生涯と思想

吉川弘文館

一光三尊仏像（善光寺式阿弥陀三尊像、栃木県・専修寺安置）

銅造、像高中尊三九・四センチ、脇侍二七・九センチ、鎌倉中期の彫刻技法を示し、親鸞が善光寺より授与された像との伝説が、ある程度事実に基づいていることを示す。本書第二部第三章参照。

親鸞自筆賛銘　黄地十字名号（三重県・専修寺蔵）

絹本彩色、縦一四三・〇センチ、横四〇・二センチ。黄色の下地に、十字名号を双鉤塡墨《そうこうてんぼく》（いわゆる籠《かご》文字）によって墨書し、下端に蓮台を配する。さらに全体の上下に色紙型を作り、親鸞の自筆をもって賛銘を墨書する。上部は『大無量寿経』の文、下部は世親の『浄土論』の文で、その末尾に「愚禿親鸞敬信尊号八十三歳」の署名がある。この年に制作された親鸞像に「安城《あんじょう》御影」（国宝、西本願寺蔵）がある。この名号と大きさがほぼ同一であるだけでなく、名号部の外周を縁取る三重の輪郭が全く同様なので、両者の制作はともに画工朝円の筆、と認められる。本書第三部第四章参照。

親鸞自筆賛銘　紺地十字名号（三重県・専修寺蔵）

絹本彩色、縦一八〇・〇センチ、横四〇・二センチ。くすんだ群青色地に金色をもって描いた名号。それを厳飾の蓮台が受け、さらに上下端に色紙型を設け、賛銘を墨書する。銘文は黄地十字と全く同文で、『大無量寿経』文と『浄土論』文。署名などはないが、筆跡により親鸞自筆にかかることはまちがいない。その筆致と字型は親鸞老年期を示すが、黄地十字名号に較べると何年か先行すると認められる。金色をもって名号を表現するのは、仏徳を光明になぞらえたことによるのであろうが、金箔を押したこの名号は、今も燦然たる輝きを失っていない。またこの巨大さは、これが懸け下げられた専修寺の堂の規模を推測させるものがあろう。本書第三部第四章参照。

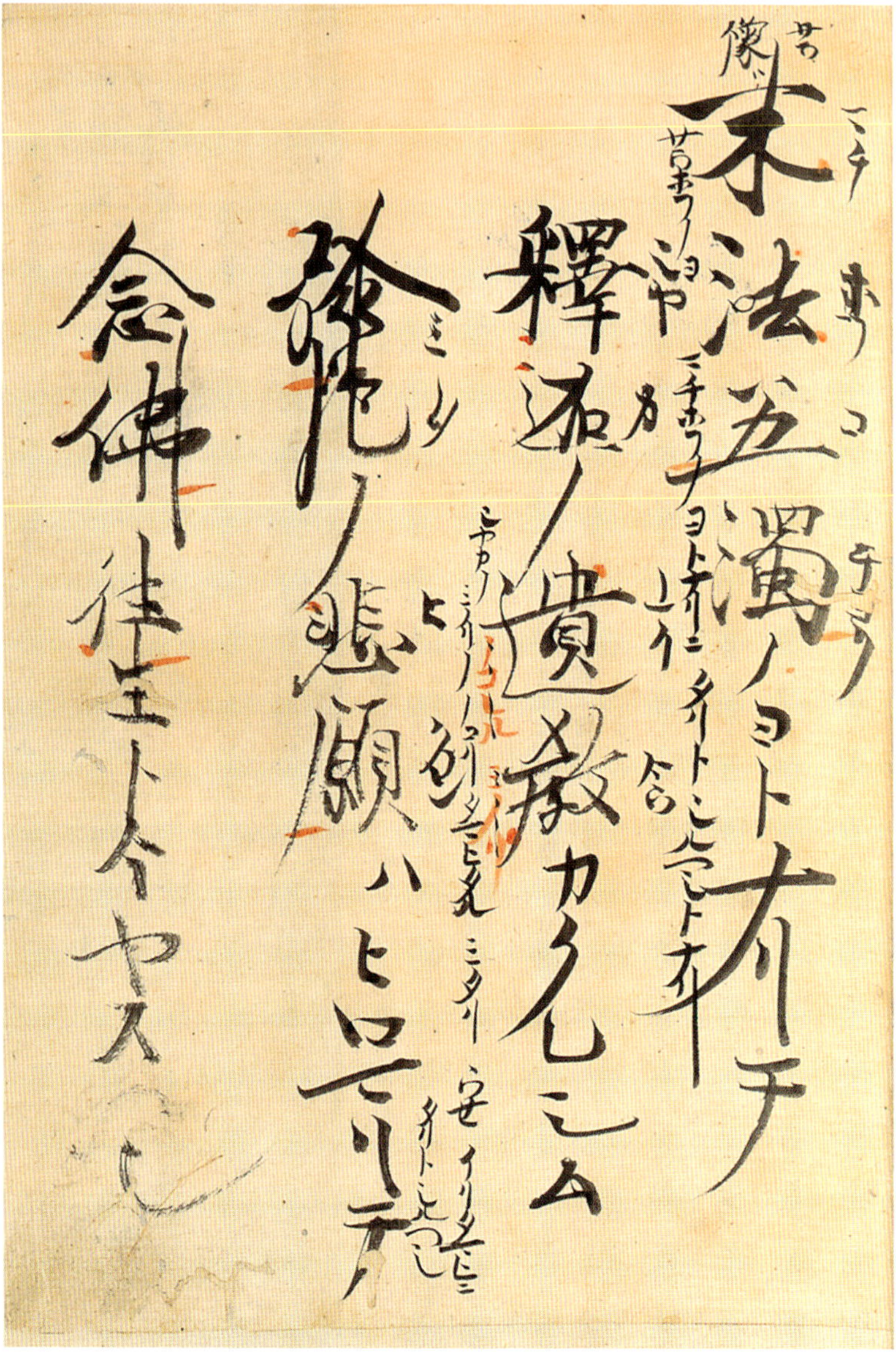

親鸞自筆『正像末法和讃』「末法五濁ノ世トナリテ」一首（国宝、三重県・専修寺蔵）
晩年期の親鸞真蹟の中でも、格別に筆が暢達しており、見事な名品として知られる。冒頭の「末法」を「像末」と訂正したり、第二句の左訓を朱で補正するなど、推敲の跡が見られる。本書第三部第一章参照。

序

親鸞は自分のプライバシーについては、まことに寡黙であった。多くの著作を残したに拘わらず、自分の過去について語ったのは、『教行信証』化身土巻のいわゆる「後序」でのわずか六〇〇字ほどでしかない。そのために研究者はどうしても親鸞が語らなかった私的な過去の解明に関心を集中させがちである。私の前著『親鸞』(歴史文化ライブラリー、吉川弘文館、一九九八年)もその線上にある。しかし親鸞研究の重点はその思想にあるべきであり、したがって親鸞伝の研究も、思想を生み育てた基盤としての行実研究に重点が置かれるべきであろう。そこでこれまでもそうした方向での研究が行われてきた。しかしそれを意図すると、今度は逆に教義と行実との繋がりを求めるのに焦って、短絡的になったり、根拠のない憶測を加えたりする弊害も生じている。

そうした反省から、これまで歴史学を専攻してきた私としては、親鸞の思想を到達目標としつつも、教義とのかかわりを急ぐことなく、地道に行状の史料や現存する真蹟類を見つめる中から何かを摑まえようと努めてきた。そして研究を進めていくと、その行実の中には、著書などに書き記されなかった思想が滲み出ているいることに気付かされた。それは教義として表面化してはいないが、親鸞という人の思想を知る上で重要なキーワードと思われる。今後もそうした言わば「語られなかった親鸞の思想」の解明に努めていきたい。

ただ私は八十五歳、残された持ち時間はほんのわずかしかない。しかも先年来の眼疾により視力が低下し、読書に難渋している。そんなとき吉川弘文館からお誘いをいただいたので、ここ十年ほどの間に発表した論文をまとめてみる気になった。まだまだ不十分な論考ばかりで、できればもう三、四年の猶予がほしいが、そんな時間はないのである。本書の「親鸞の生涯と思想」という題名も、内容に照らすといささか口幅ったい感があるが、今の私の研究目標を示すものであり、編集者の提案を諒承したことを申し添えておく。

なお本書刊行にあたって、真宗高田派本山専修寺には、所蔵される親鸞真蹟などの写真の多数掲載をお許しいただいた。ことに巻頭口絵の一光三尊仏については、法主殿の格別のご配慮によるものである。厚く御礼申し上げたい。

目次

第二部　東国二十年の伝道の中から

第三部　親鸞著作の思想的理解と書誌学的分析

第四部　親鸞真蹟をめぐる筆跡研究の成果

第一部　親鸞とその家族の問題

一　親鸞誕生と当時の日本

親鸞の家柄

親鸞は承安三年（一一七三）に生まれた。そのことは親鸞が自筆をもって書き残した書籍の奥書などから確認できる。たとえば『西方指南抄』（津市専修寺蔵、国宝）は上巻末の奥書に、「康元元年丙辰十月十三日、愚禿親鸞八十四歳書之」と記しているが、康元元年（一二五六）が八十四歳（当時の年齢は数え年）だと、承安三年が誕生という計算になるからである。

しかし親鸞は、年齢以外のプライバシーについては、全く語ろうとしなかった。自分が生まれた家のこと、父母のことはもちろん、妻子などの家族についても一言も述べていない。彼の曾孫にあたる覚如《かくにょ》（一二七〇～一三五一）が、永仁三年（一二九五）、親鸞の生涯を題材として制作した絵巻『善信聖人親鸞伝絵』（『善信聖人絵』とも『本願寺聖人伝絵』ともいう。以下『伝絵』と略称する）に略伝を記しているので、それによってわずかに、うかがい知る程度である。

その『親鸞伝絵』によれば、親鸞は日野家という貴族の家に生まれた。日野家は藤原氏の一門で、今の京都市伏見区日野を本拠地としていたのでこの名があり、儒学や歌道を得意として朝廷につかえていた。政治の表舞台で華々しい活躍をするということはなかったけれども、時には公卿として政治の中枢に参画する人物も出したりして、名門の家柄であった。ただ親鸞の曾祖父あたりからはいわゆる庶流に属したのと、祖父経尹《つねまさ》が品行よろしからず、家系から除外されたりしたので、やや落ち目になっていた。

父有範のこと

親鸞の父有範《ありのり》はその経尹の三男にあたる。兄二人は家門の名誉挽回につとめたらしく、長兄範綱《のりつな》は後白河法皇の近臣となって若狭守に任ぜられているし、次兄宗業《むねなり》は晩年には文章博士から従三位式部大輔という高官にまで昇っている。それに較べると有範は皇太后宮大進という役職が最高位で、あまりパッとしない存在だったらしい。皇太后宮というのは、皇太后に関するいろんな事務を処理する役所で、このころは後白河天皇の皇后であった藤原忻子が承安二年二月に皇太后となっているから、そのときつまり親鸞生誕の前年に設置せられた役所だったのである。

皇太后宮には長官以下何人かの役人がいるが、大進というのはその三等官で、当時の規定「官位相当表」を見ると、従六位の位にある者が任命されることになっている。従六位というと、まだ昇殿が許されない地下の身分だから、今の官僚でいうならノンキャリア組だろう。

図１　『親鸞伝絵』出家剃髪の場面（重文，専修寺蔵）

否定された父早世説

そんな貴族の家系に生まれた親鸞は、九歳で出家するのだが、なぜ出家したのか。『伝絵』はその理由を「興法の因うちに萌し、利生の縁ほかに催しによりて」、つまり仏法を興し人々を利益するためと、いわば格好をつけた文言を羅列しているだけである。そこでどういう事情があったのか、いろいろ取り沙汰されているが、昔から最も有力だったのは、両親に早く死に別れたからだ、という説である。

これは覚如の弟子乗専（一二九五～没年未詳）が、『最須敬《さいしゅきょう》重絵詞《じゅうえことば》』という著述に、「幼稚ニシテ父ヲ喪シ給ケルヲ、伯父若狭三位範綱卿猶子トシテ交衆ヲイタス」と記しているのと、『伝絵』の出家得度の段でも、詞書に伯父の範綱に連れられて慈鎮和尚慈円の坊舎へ出向いたことを記し、画面では頭を剃ってもらっている幼童の背後に、衣冠装束の人物が見守っている様子が描かれていて、高田本『伝絵』では詞書と同筆をもって「範綱卿従三位号六条三位于レ時前若狭守」と註記が加えられているので、定説となっていた。

ところが昭和初年になって、西本願寺の宝庫から覚如の長男存覚《ぞんかく》（一二九〇〜一三七三）自筆の大無量寿経が発見され、その奥書によってこの伝承が否定されることになった。というのは、そこには『大経』の句切点や発音記号は、親鸞の父有範が亡くなって中陰法要の際に、親鸞の弟兼有律師《けんう》が書き加えた本から写したもので、しかもその本の外題は親鸞の自筆だった、と書かれていたからである。これによると父有範は、親鸞はもちろん、その次弟兼有がある程度にまで成人してから他界したことになり、父早世説は完全に打ち消されてしまったのである。

十二世紀末の日本

ではどういう事情で出家したのかだが、それを当時の社会情勢に求める説がある。それは親鸞が幼少期から青年期を過ごした十二世紀後半の日本が、激動の時期にあたっていたからである。それまで栄華を誇っていた藤原氏一門が斜陽化し、代わって新興武士勢力が台頭してきた時代であった。

その最初の主役をつとめたのは、日本史上最大の悪玉平清盛である。後白河法皇の恩寵を受けて政界に急浮上し、太政大臣の位へまで昇りつめたかと思うと、一転クーデターを挙行し、その法皇を幽閉するという無道振りを発揮する。

法皇の第二皇子以仁王が耐え兼ねて、対抗馬である源氏勢力と語らい、寺社勢力をとり込んで、清盛打倒の狼煙を挙げるが、その挙兵は失敗し、王とそれに従った源頼政らは敗死する。そして清盛の軍は奈良に侵攻し、東大寺・興福寺を焼き払うという未曾有の暴挙に出て、止まるところを知らなかった。しかしその怨念を受けてか、翌年清盛は熱病にかかり、高熱のうちにもだえ死にする。そして源平の合戦へと突入することになるのだが、奇しくも清盛死去のその年の春、親鸞が出家得度しているのである。

出家は有範の失脚が原因か

親鸞の出家は、そうした源平の対立抗争と関係あるのではないか、という説は戦前からあった。親鸞の伯父宗業《むねなり》が、清盛に叛旗を翻した以仁王の学問の師であり、王が敗死しその首が京都へ届けられたとき、その首実検に立ち会わされたことなどからわかるように、日野家は源氏に親近だったため、平氏から睨まれ、父有範が職を追われ、親鸞も出家させられたのではないか、というのだが、この説は赤松俊秀が『親鸞』（吉川弘文館、一九六一年）で批判しているように、宗業がその後も地位を失うことなく、逆に上級官吏登用試験を受けたりしていることを見ても成立しがたい。

しかし赤松が「平氏の暴行に刺激されて厭世的に行なわれたことは誤りない」と推定しているのもどんなものだろう。数え年九歳の子供、現代なら小学校二年生の児童に、それだけの自主的判断力があったかどうか、私は疑問に思う。そして父有範の役職が皇太后宮大進どまりであり、出家して入道となり、三室戸（現在の宇治市）へ隠棲したことが他の史料からわかることや、親鸞の弟三人も全員僧侶にさせられていることなどを考えると、父有範の行動に何かよからぬことがあって失脚し、一家全員が日野家から追われた、と考えているのだがどんなものだろう。

比叡山の仏教と法然・親鸞

先に記したように、『伝絵』は、親鸞の剃髪が九歳の治承五年（一一八一）春、慈円（後に天台座主）の坊舎で行われた、と記している。今の京都市東山の青蓮院では、「ここがその場所だ」と宣伝しているが、赤松が『親鸞』で考証しているように、青蓮院はそのころは現在地ではなく比叡山上にあったので、厳密に言うなら今の青蓮院の北方にあった慈円の白川坊とするべきだろう。

ともあれ天台僧となった親鸞は、その後二十年間、比叡山で修行をすることになる。「論湿寒貧」の厳しい修行で知られる比叡山だが、上層部は貴族社会との癒着から門閥化し、下層部は僧兵といわれるように、武器を持ち、暴力団化していた。真剣な修行を求める僧の中には、山を下り、草庵を構えて自活する者が出始めていた。

法然もその一人で、専修念仏を決意すると、大衆への伝道のため比叡山を出て、京都西山の広谷に住むが、それは承安五年（一一七五）、つまり親鸞がまだ三歳の年である。親鸞が出家して比叡山へ上ったときは、もう法然はそこにいなかった。すれ違いであった。その法然はやがて東山の吉水《よしみず》に草庵を営み、後にそこで親鸞と出会うことになるのだが、それにはさらに二十余年の歳月を必要としたのである。

二　親鸞の妻玉日実在説への疑問

去る平成十二年（二〇〇〇）四月の『中外日報』紙に、浄土宗西山《せいざん》深草派の吉良潤、稲吉満了、稲田順学、加藤義諦の四氏が、「親鸞の妻・玉日《たまひ》は実在した」というショッキングな学説を発表せられた。これまで真宗史の学界では、伝説上の架空の存在として全く顧られることのなかった人物に対して、詳細な検討を加えてその実在を証明しようとされた論文で、四回連載の力作である。たいへん興味深く拝読させていただくと共に、その多面的なご研鑽に頭の下がる想いがした。しかし本当に親鸞の妻・玉日が実在したかとなると、甚だ疑問が多いので、その一端を申し述べ、ご批判を得たい。

まず四氏は、親鸞の『教行信証』化身土巻のいわゆる後序の中で、関白九条兼実《かねざね》の法名円証が「円照」と書かれていることを取り上げ、これは「親鸞が兼実に特別の敬意『はばかり』を表わしたことを意味する」と解し、これをもって親鸞が兼実の娘玉日と結婚していた一つの証拠だとする。

たしかにかつての日本社会には、目上の人などに対しては、実名をもって呼ぶのは失礼だとしてはばかる風習があった。そしてどうしてもその名を書かねばならない場合には、フルネームの中の一字を省略したりした。四氏が例証として挙げられたように、高田専修寺本日野氏系図で、親鸞の叡山時代の実名範宴《はんえん》の個所を「範―《宴》」と記しているのはその適例である。

しかし実名をはばかるからといって、他の文字に書き替えた例は寡聞にして存知しない。右の『教行信証』後序の場合、九条兼実の法名をはばかったのなら「円―《証》」と書くべきで、それを「円照」と別字で書いているのは、「はばかり」とは考え難い。しかもその前段で、九条兼実の実名をはばからずそのまま表記しているのだから、これは「はばかり」ではなく、親鸞のケアレスミスでしかあるまい。

次に四氏は、古田武彦氏が著書『親鸞』（清水書院、一九七〇年）の中で論及せられた本願寺系図の研究を引用して、明暦本本願寺系図に記されているように、親鸞の子息善鸞《ぜんらん》は兼実の娘玉日の子であるとし、巧みな論理を展開して、親鸞の子女七人のうちはじめ三人の子は玉日の子で、あとの四人が恵信尼《えしんに》の子という結論へ誘導しておられる。

親鸞の子女については、曾孫覚如が『口伝鈔』の中で、恵信尼を「男女六人の君達の御母儀《ぼぎ》」と記していて、四人だけが恵信尼の子などとは考え難いのだが、そこのところでは私が著書『親鸞』（吉川弘文館、一九九八年）において、あたかも『口伝鈔』の記事は信頼できないと言ったかのように取り扱われ、四氏の推測を手助けしたような格好になってしまっている。私は『口伝鈔』の記事を否定したつもりはさらさらないので、その点はご諒承いただきたい。

ともあれ四氏のこの論理が展開される起爆点は、親鸞の書簡「善鸞義絶状」の文面によって、恵信尼は善

鸞にとって継母であることは決定的だ、とするところにある。善鸞義絶状には、

マ、ハ、ニイヰマドワサレタルトカ、レタルコト、アサマシキソラゴトナリ、ヨニアリケルヲ、マ、ハ、ノアマノイヰマドワセリトイフコト、アサマシキソラゴトナリ（句読点および濁点は平松）

と記されているのだが、この「マ、ハ、」が誰を指すのかは明確でない。これは親鸞の家庭環境を知る上でたいへん重要な一語なのだが、ここでわかることは、善鸞にとって実母のほかに継母にあたる人があったということ、したがって親鸞はその生涯において少なくとも二人の女性を妻としたことだけであって、それ以上は読みとることができない。

むしろ右の引用個所の少し前のところに、

母ノアマニモフシギノソラゴトヲイヒツケラレタルコト、マフスカギリナキコト、アサマシウサフラウ

と書かれているのを見ると、この尼は親鸞の側近にいたと思われる。それに対してこのころの恵信尼はすでに越後に居住していたらしい（恵信尼文書第一通など）ことを思うと、善鸞が継母と呼ぶ人物は恵信尼でない可能性の方が大きい、と私は考えている。いずれにせよ義絶状を典拠として善鸞は恵信尼の子ではない、との前提に立って論証を進めるのは適切ではないと思われる。

本願寺系図についても、四氏は古田氏にしたがって、古本と明暦本の二本だけを取り上げて論じられたが、本願寺系図は実に多岐多様のものが伝えられており、単純に右の二種だけに集約できるような状況ではない。

現存する本願寺系図のうち制作年代が明らかで最古のものは、西本願寺蔵の天文五年（一五三六）九条稙《たね》

通《みち》制作にかかる系図である。その内容は未公開だが、先年本願寺史料研究所が調査したところによると、親鸞の祖父経尹《つねまさ》を系図からはずしており、『尊卑分脈』内麿公孫に含まれる本願寺系図の原拠になったものかと思われる本だが、ここでは親鸞の子女七人がすべて「母月輪殿御女」となっている。作者植通の、自分の家と本願寺との繋がりを強調しようとの意図が見え見えである。

それに対してそれより少し遅れるが、本願寺第十世証如筆と伝える一本（戦国時代の制作）には、親鸞の第一子を「僧、、遁世改印信」とするだけで母を記さず、第二子以下の六人を「母兵部大輔三善為教女」としている。どうやらこれが本願寺の古伝承によって作られたものらしい。

古系図を使って議論を進めるには、古田の示した二本だけでなく、もっといろいろな系図を集め、厳重な史料批判を行ってかかる必要があろう。まして四氏が引用せられた茨城県那珂町大山禅坊の「太祖聖人面授口決交名記」は、書写年代も新しく、信憑度に問題がありそうである。しかも四氏によると、それには玉日の子三人だけは一字高く記載してあるとのことだが、本願寺史料研究所が採訪した写真を見ると、親鸞の子七人はみな同じ高さで書かれている。これはどういうことなのだろう。

最後に付記しておきたいのは、九条兼実の子女についてである。兼実には著名な日記『玉葉《ぎょくよう》』が伝えられていて、彼の動静は審らかにわかるのだが、それを詳しく分析された多賀宗隼『玉葉索引』（吉川弘文館、一九七四年）によると、兼実には宜秋門院任子のほかにもう一人女子があった由である。しかしこの女子は四歳で死去しているから、玉日姫となり得ないことはいうまでもない。

三　親鸞から曾孫へ本願寺古系図諸本

これまでの本願寺系図研究

一般に家の系図は、それが制作された時点で、そのときの伝承に基づいていることが多いが、さらに後代の者がそれに改変を加えることもしばしばである。そのために歴史学でそれを史料として使うのには慎重な史料批判が要求される。しかしその一方で、そんな系図をならべてみると、制作された時代時代のその家の意識が変わっていくのがよくわかって面白い、ということもある。本願寺の系図はその典型のようである。

中世の代表的な系図として著名な『尊卑分脈』には、藤原氏北家の「内麿公孫」として本願寺系図を収載しているが、そこでは親鸞につながる祖先が、図2のような構成になっている。

ところがこれでは不合理な点が多い。たとえばこの系図で親鸞の伯父にあたる実光は延久元年（一〇六九）の生まれであることが他の史料から明らかだから、承安三年（一一七三）に生まれた親鸞との年齢差が一〇四年もあるなどはその一つで、こうした不合理性から、中沢見明はその著『史上之親鸞』（一九二二年。法蔵館より一九八三年再刊）において、有信の子に、有範なる人物があってその子孫なく、その事跡も明らかに知れていなかった人物が、日野系図中にあったから、聖人滅後何人かが、或目的の為めに、聖人及びその弟尋有等を、有範の子としたのではあるまいか。

と疑問を投げかけ、これが真宗史の学界に大きなショックを与えたのであった。

しかしそののち、大谷大学の山田文昭が『真宗史稿』（破塵閣書房、一九三四年）において、この『尊卑分脈』本願寺系図は後世の竄入によって誤ってしまったものであって、親鸞は図3のように庶流ながら日野家の家系に連なっていて、覚如の『親鸞伝絵』に記された家系は正しかった、と論証した。

図2

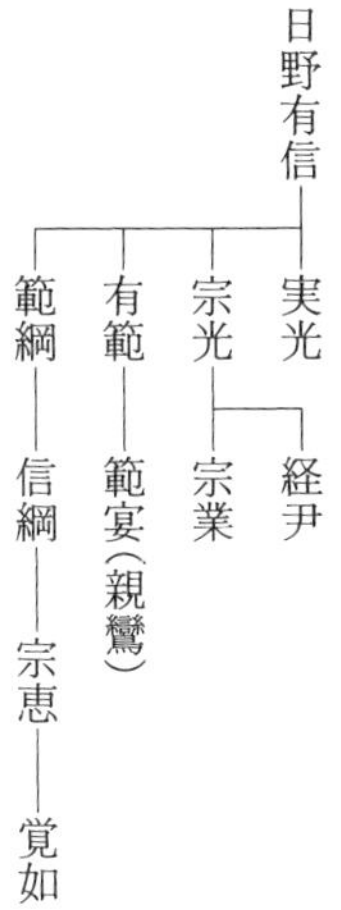

図3

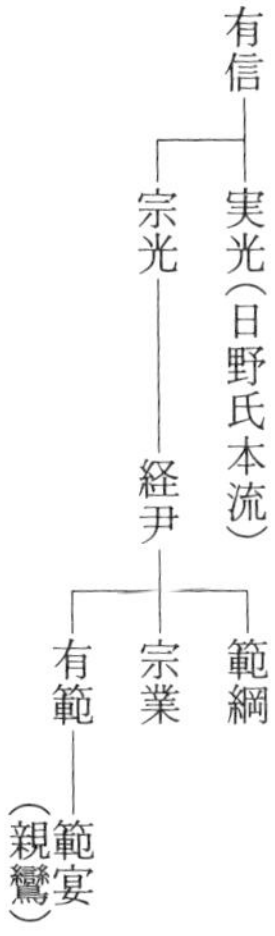

戦後になって赤松俊秀は、『尊卑分脈』本願寺系図が誤っているのは、親鸞の祖父にあたる経尹が「放埒人」であって世代から除かれたことによるのではないか、と推測し（『親鸞』吉川弘文館、一九六一年）、それがほぼ定説となっている。

九条植通筆本願寺系図

この『尊卑分脈』本願寺系図と大きくかかわっている、と見られるのが、西本願寺宝庫に収蔵される天文五年（一五三六）九条植通《たねみち》制作の本願寺系図である。

この系図は縦三四・三センチ、全長四五六・九センチの本紙に、幅二三・五センチの表紙をとりつけて巻子装としたもので、冒頭に大織冠鎌足から始まって九条兼実にいたる藤原氏の本流歴代を記し、それに続けて稙通にいたる九条家の略系図を載せている。次に「日野祖」として真夏（内麿長男）を挙げ、そのあとを日野氏の略系図とし、その中で、有信の子を実光・有範・範綱の三人とし、その有範の子孫を本願寺家系として詳記して、光教（証如）で終わっている。そして末尾に次のように奥書している。

右一巻者、本願寺開山範宴親鸞上人之累祖日野右中弁有信朝臣孫苗也、脈々相承頗明白者歟、故或顕俗姓之源、或注伝法之趣、然以当家系図為其端事、且者露月輪禅閤由緒之旨、又者為詳後慈照院猶子号、不顧后勘之嘲、手自書之而已、

天文第五暦南呂下澣　　大麓休兎（花押）

この「大麓休兎」という珍しい雅号は、前々年「拝賀等依窮困難叶」との理由で関白および内大臣の職を辞任した九条稙通が自分の現状をユーモアを交じえて表現したもののようで、これによってこの系図が稙通の自筆にかかることが知られる。

『天文日記』によると、この系図は天文五年九月十三日、九条家より本願寺へ届けられ、翌十四日、証如は一千疋（一〇貫文）の謝礼金を送っている。この系図が作られた背景については、『本願寺史』（第一巻、四三八頁）に詳しく紹介されているが、天文九年十月には宮廷より要請があって、天皇の御覧にも供せられるなど、当時としては権威のある系図であった。

ところで親鸞の祖先の記載を見ると右にも述べたように、親鸞の父有範を日野有信の子として位置づけ、宗光と経尹とを世代からはずして、図4のようになっている。

この構成は『尊卑分脈』の本願寺系図と同じである。右に引用した九条稙通の奥書に「当家の系図を以てその端となす」と記していることを思い合わせると、九条家相伝の系図がこのようになっていたのであろう。

次にこの系図で注目されるのは親鸞の子についての記載で、図5のようになっている。

図4

日野有信
- 実光(日野氏本流)
- 有範――範宴(本願寺家系)(親鸞)
- 範綱――信綱――広綱(覚信尼の夫)

図5

本願寺 少納言 範宴 伯父範綱朝臣為子 号善信房親鸞 慈鎮和尚門人遁世 法然上人弟子
- 寺大弐 印信 母月輪殿御女 雖為嫡子遁世間不続法流
- 宮内卿 慈信 母同印信 号善鸞遁世――如信――蔵人 有宗(ほか省略)
- 如信 印信遁世以後令続法流 実者慈信子――法印権大僧都 興中納言 宗昭 中納言兼仲為子 行寛法印弟子 一乗院信昭大僧正門侶 童名光仙 実者宗恵子――(本願寺へ)
- 明信 号栗沢信蓮房 母同印信
- 出家法名道往(ママ) 従五位下 号大夫入道 益方 母同
- 女子 母同上
- 女子 母同
- 女子 左衛門佐広綱室 母同

このように親鸞の子を、善鸞の子如信をも加えて八人とすること、しかもその配列を印信以下男五人を先に、女三人を後という順序にしていること、さらには如信の次に宗昭（覚如）を置いてここから本願寺の家系を始めるという構成をとっていること、この三点は『尊卑分脈』と全く同一である。したがって『尊卑分脈』本願寺系図の淵源はここにあったと断じてよいのではあるまいか（註記については別に述べる）。とくに「親鸞―如信―宗昭」のいわゆる「三代伝持」を家系化しているのは、先に引用した稙通奥書にいう「伝法の趣を注す」そのものであって、ここに稙通の意図が強く見られよう。

もう一つこの系図の特色は、親鸞の実子の七人について、母を「月輪殿御女」としているところにある。「月輪殿」とはいうまでもなく関白九条兼実であって、この系図の作者九条稙通の家祖にあたる。その兼実の娘（玉日）と親鸞とは法然の指示によって結婚し、在家仏教の手本となった、という伝承があり、『親鸞聖人御因縁』（『真宗史料集成』第七巻、同朋舎、一九八三年所収）などに記されていて、早くから真宗門徒の間に広く流布してきた。いわゆる玉日伝説である。

稙通はこの伝説を事実と信じ、「ここに九条家と本願寺との深い因縁のはじまりがあった」と喜び勇んで、それを系図上に書き表わしたと見られる。しかし親鸞と兼実の娘とが結婚したか否かもさることながら、七人の子全員を玉日の子とするのは、親鸞の家族についての稙通の無知からくる誤りである。

この当時はまだ恵信尼文書が西本願寺に伝えられていることは知られていなかっただろうけれども、覚如が『口伝鈔』の中で恵信尼を取り上げ、「男女六人ノ君達ノ御母儀」と註記していることもあって、教団の中では親鸞の妻としての恵信尼の存在は周知の事実だったと思われるから、恵信尼を全く記さないこの系図の誤りはすぐに気がつかれたにちがいない。

ところがどういう経緯があってのことか明確でないが、天文九年十月、この系図が天覧に供せられることになって、教団としては取り扱いに苦しんだのではなかろうか。このころ本願寺内部で系図についての動きが急に慌ただしくなっている。北西弘が指摘しておられることだが（大谷大学編『大谷嫡流実記』解説、一九七二年）、天文九年三月、広橋家が本願寺へ系図の借用を申し入れ、そのあと今度は本願寺が広橋家から系図を借用したりしている。九条稙通の系図はどうやらそのまま天覧に供されたようだが、本願寺内部では別途に系図作成が進められたらしい。そんな中で出来たのが次に取り上げる系図だと思われる。

証如本系図の問題点

西本願寺宝庫に伝わるこの系図は、縦五二・五センチの白楮紙二一枚を横に貼りつないで料紙としている。その一紙幅は二三・五センチ前後のものが大部分だが、中には四分の一ほどの短いものもあり、総長は四一七・〇センチである。表紙もつけられておらず、未表装で、次に述べるように親鸞の付近には小符紙二枚を貼って書き加えたり、末尾近くになると抹消訂正個所が何ヵ所もあるなど、草稿本的様相を呈している。稙通本とちがって、制作年代や制作者を示す奥書などが全くない。いまこれが収納されている箱に「証如上人御筆本願寺系図」との外題が墨書されているので、仮に「証如本」と命名しておくが、証如の自筆か否かはさらに詳しく検証する必要があろう。『天文日記』などに見られる筆致とは相当異なるからである。

逆に、いま門真市願得寺に蔵せられる実悟自筆の『日野一流系図』と比較対照してみると、その筆跡が酷似している。

図6

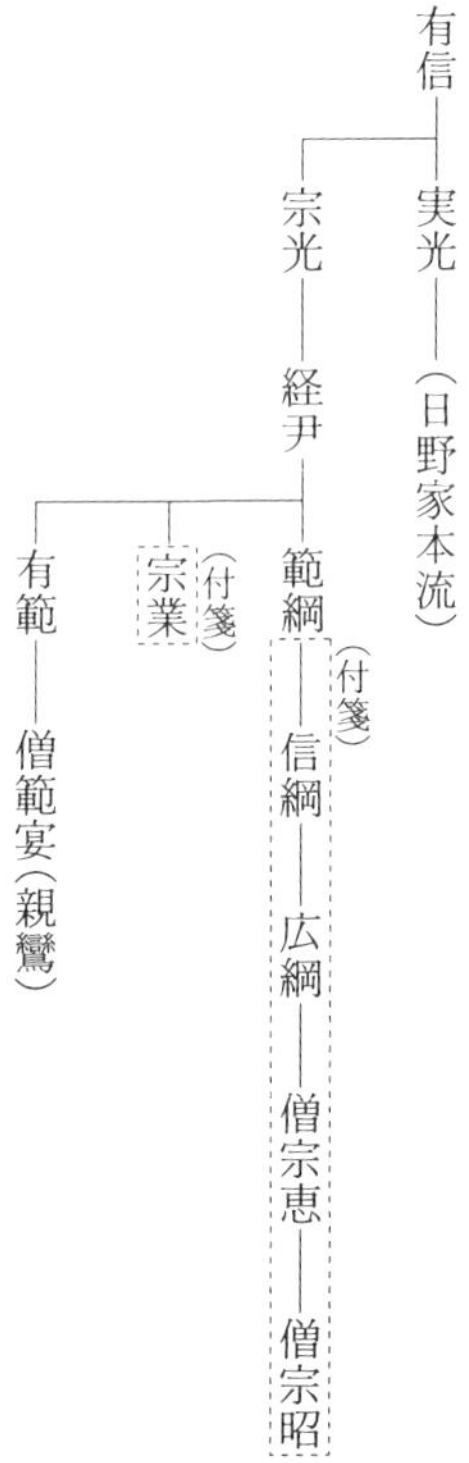

一部の字形に相違するものもあるから、執筆時点に若干の年月差はあろうが、筆致は全く同一だから、同筆とするべきではないか、と思われる。今後何らかの機会に実物による両者の対照を期待することとして、いまはそれを視野に入れつつ、この系図の特徴を検討することにする。

この系図の筆頭は真夏（日野家の祖）で、九条植通本のような大織冠鎌足から始まる藤原氏の系譜は記していない。「真夏―浜雄―家宗―（六代略）―有信」と続く世代は植通本と同じで、註記が少し増加した程度の違いがあるだけだが、その註記の中で家宗に「日野法界寺草創也」との註記が加えられているのは少し注目される。

有信の子からは植通本と大きく異なってくる。先に述べたように植通本は実光、有範、範綱の三人を有信の子と位置づけたところから大きな錯誤が始まったのだが、この本は、図6のように、宗光および問題の人経尹を世代に入れていて、修正されている。ただ点線で囲んだ部分は、大小二葉の付箋紙を貼ってあとから

図7

（親鸞）
僧範宴

僧、、　寺
大弐、遁世改印信
阿闍梨

女子
号小黒女房
母兵部大輔三善為教女

僧、、
宮内卿、遁世号慈信房
善鸞

僧明信
号栗沢信蓮房
従五位下

、、
出家法名道性、号益方大夫入道

女子
号高野禅尼
号兵衛督局
久我大政大臣通光公女房

女子
左衛門佐広綱室
宗恵阿闍梨母
出家法名覚信
母以上六人同

僧宗恵（註記省略）（覚恵）―僧宗昭（註記省略）（覚如）（以下略）

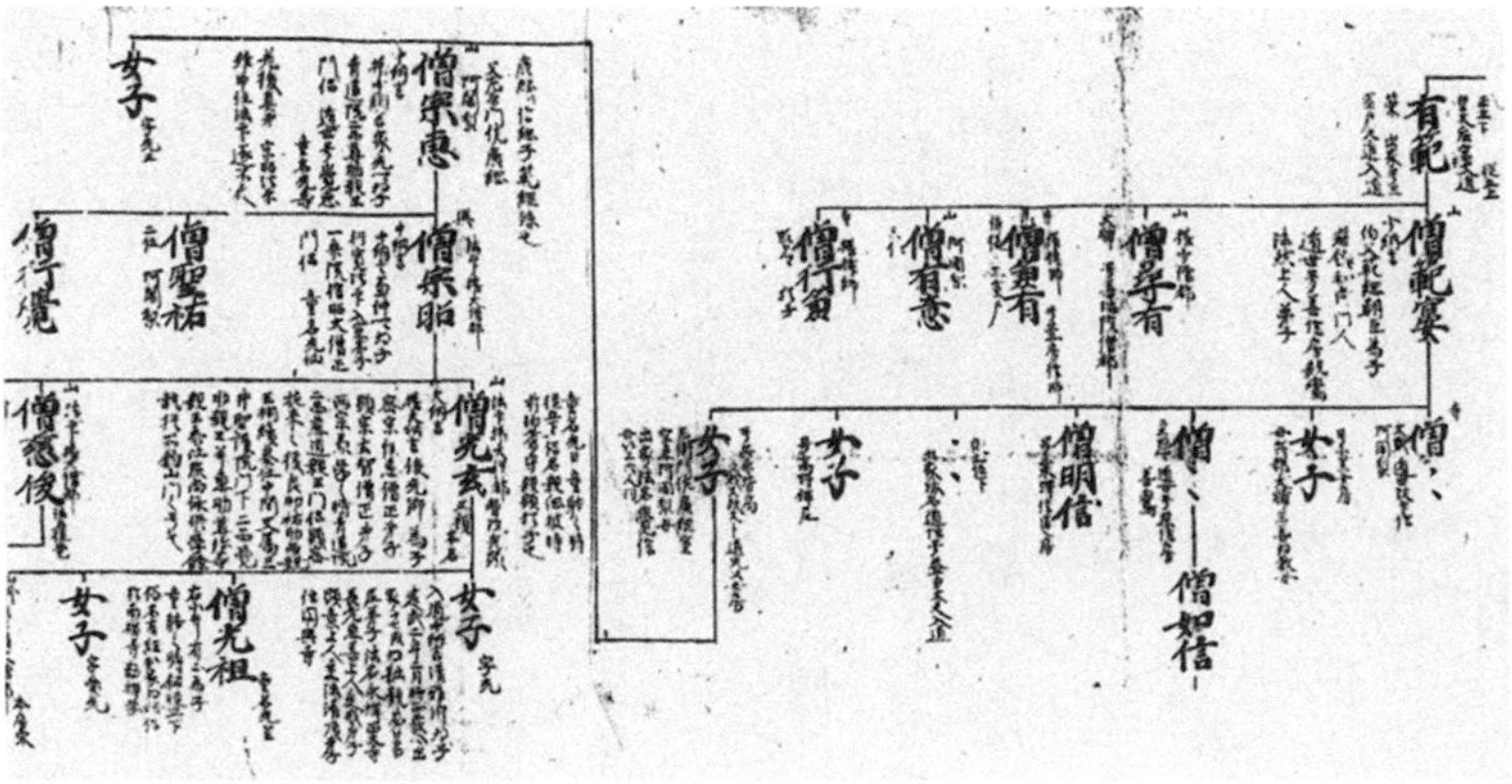

図8　古本本願寺系図（西本願寺蔵）

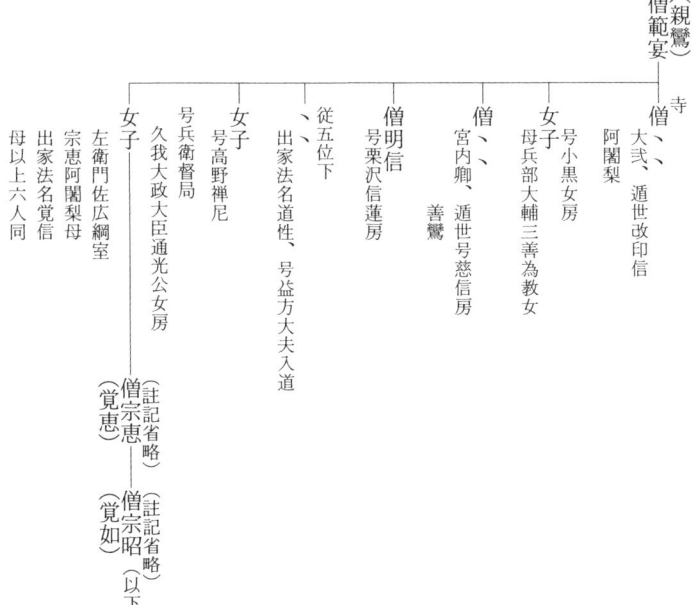

書き加えたものである。もっとも筆跡は同筆なので、当初に制作後、それほど時日を隔てずに書き加えられたものと見られる。

この系図で最も注目されるのは親鸞の子女についての記載で、図7のようになっている。

ここでまず眼につくのが、親鸞第一子、第三子、第五子の名前が「、、」と墨点だけとなっていることだろう。このような記載は、この系図の中では他に見られない。中世には尊敬する人の実名を書くときは一字欠字とする風習があったが、二字とも欠字にすることはないし、ここはそんな敬意をもってはばからねばならぬような人物ではない。また逆にここへ記すのが都合が悪いので隠すために伏字にしたとも思えない。となるとこれは名前が判明しないのでとりあえず伏せておいたものと考えざるを得ない。

その親鸞第一子は、稙通本では「印信」となっているのだが、この証如本の作者は、「僧、、」に「遁世改印信」と註記しているところを見ると、「印信」は遁世してから後の名であって、僧として得度した際の実名ではない、と判断したようである。つまりこの系図の作者は系図には実名を記載すべきだとの原則を堅持しているらしい。親鸞を「範宴」、蓮如を「僧兼寿」と表記しているのもそのためだろうから、この系図はそういう建て前から実名のわからなかった第一子の名を伏せておいた、と考えられる。これは系図作者としての正しい姿勢による表記と評価できよう。

ところでこの第一子は実悟撰の『日野一流系図』では「範意、遁世改印信」と記され、その後のほとんどの本願寺系図がそれを踏襲している。つまり範意という名は実悟系図制作時に初めて判明したらしい。ということになると「範意」の名を記さず、伏字としていることは、この系図が実悟系図制作以前に制作されたことを示す一つの徴証といえよう。実悟系図は奥書によって天文十年（一五四一）の制作が明確だから、この系図はそれ以前の制作ということになるわけだが、実悟は『日野一流系図』の奥書に、

当家一門系図、雖不委、少々見合諸本、注付之、先年享禄之錯乱、既可紛失之処、予数巻依書留、于今相残畢（以下略）

と記していて、これまでにも系図を作成していたことがわかるので、あるいはこの証如本がその一つなのかもしれない。

次に、親鸞の第三子「僧、、」を見ると、「遁世号慈信房善鸞」との註記がある。稙通本は「慈信」としているが、これは房号であって実名ではないとの判断から伏字にしたのだろう。「慈信」が房号であることは親鸞の消息にも見えるところであって、作者のこの措置は正しいといえる。『日野一流系図』ではこれを「善鸞」としているのは、実悟が後になってこれを実名と認定したからであろうか。

第五子の「、、」は稙通本では「益方」となっている。しかしこれも「出家法名道性、号益方《ますかた》大夫入道」と註記されているように、字名（通称名）と認定して、ここへ採用しなかったらしい。『日野一流系図』で「有房」となっているのは、実悟のその後の調査で判明したのであろう。

系図に現われた親鸞子女の生母

系図で注目されるのは、これらの子女の生母についての記述である。第二子の女子の註記に「母兵部大輔三善為教女」とあり、第七子の女子、すなわち覚信尼についていろいろ註記してあとへ「母以上六人同」としている。これが先にも述べたように『口伝鈔』の中で、恵信尼に「男女六人の君達ノ御母儀」と註記されているのと相応するものであり、これは事実として一般に認められている。

近年、親鸞が慈信房善鸞に宛てた義絶状の中に、「マ、ハ、《(継母)》ノアマ《(尼)》ニイヰ《(言い)》マドワサレタルトカ、《(書)》レタルコト、アサマシキソラゴトナリ」と記されていることを取り上げ、恵信尼は善鸞にとって継母だった、と主張する向きがある（『中外日報』二〇〇〇年四月八日号掲載、吉良潤・稲吉満子・稲田順学・加藤義諦四氏連名「親鸞の妻・玉日実在説」）。実は本稿もこの説に刺激されて書くことになったものなのだが、この説の致命的な欠陥は、義絶状の解釈を誤ったところにある。

この義絶状を静かに読むならば、善鸞が恵信尼を継母と呼んだ、というようなことは、どこからも出てこないはずである。この文面から知られることは、善鸞にとって継母と呼ぶ人物が存在したということ、すなわち親鸞の側から言えば、その生涯のうち二人以上の女性と妻と呼ばれるような関係をもったということ、それだけのことであって、その人物を誰と特定することは不可能なはずである。それなのに「恵信尼は善鸞にとって継母であった」と断定し、善鸞の生母を九条兼実の娘と記した江戸時代の系図を探し出して、それに高い評価を与えようとするのは誤っている。善鸞の生母などについての証如本や実悟本の価値は否定されるべきではない。

問題は図7の第一子「僧、、」の母である。証如本では他の六人については母を明記しているのに、この第一子だけには記入がない。制作当時伝承がなかったのか、あるいは信頼できる史料がなかったので、無記入のままとしたのかであろう。

ところが実悟の『日野一流系図』になると、ここに「母後法性寺摂政兼実公女」との註記が加えられ、この後の多くの諸系図にもこれが取り入れられることになる。最初にこれを取り入れた実悟の責任は重大なのだが、実悟は何を根拠にこれを取り入れたのだろうか。九条稙通をも動かした、あの『親鸞聖人御因縁』以来の根強い玉日伝説の力に圧倒されて妥協したのかもしれない。しかしいまはそれを追究する術がない。兼実の娘玉日と親鸞との結婚説話については、民俗学的見地に立っていずれ稿を新たに論じてみたいが、父九条兼実の動静については日記『玉葉』があって、その家庭状況までつぶさにわかっている。それを詳しく分析された多賀宗隼『玉葉索引』(吉川弘文館、一九七四年)によると、兼実には娘が二人あったという。しかしその一人は後鳥羽天皇の中宮となった宜秋門院任子であり、他の一人は四歳で夭死してしまっている。こうしてみると、兼実に玉日のような娘が存在した可能性はゼロに近いといえる。

血統か法統か家系か

この証如本でもう一つ重要なことは、本願寺家系の出発点が、親鸞の第七子女子(覚信尼)となっている

図9

親鸞——女子（覚信尼）——僧宗恵（覚恵）——僧宗昭（覚如）——┬僧光玄（存覚）
　　　　　　　　　　　　　　　　　　　　　　　　　　　　└僧慈俊（従覚）——僧俊玄（善如）——僧時芸（綽如）

ことであろう（図7参照）。稙通本では先に述べたように、善鸞の子如信を親鸞の子と位置づけ（猶子としたつもりかもしれない）、そこから本願寺の家系を出発させている。「三代伝持」説を生かした、言うなれば法統重視の系図になっている（図5参照）。それに対してこの証如本は、図9のように次第相承させている。これは親鸞からの血統が本願寺歴代へ続いているという点を前面に押し出した系図だと言えよう。たしかに親鸞から娘へ、そしてその子から孫・曾孫と血筋で継承されてきたのが本願寺である。それはまちがいない。

しかし一般に家の系図は、父から子への父系制で制作される。その点からいえば、親鸞の娘からの継承を図示するのは系図作成の原則にはずれている。したがって本願寺の家譜としては、図10のようになるのが正統であろう。そのように作られた系図も戦国期にはすでに作られていた、と思われる。龍谷大学図書館蔵の「大坂本願寺系図」（『真宗史料集成』第七巻所収）はその系統に属するものである。

実悟は血統か法統か家系かの狭間にあってどうするか腐心したらしく、『日野一流系図』のその部分は要点を略記すると、図11のようになっている（要点のみ表示）。

つまり宗昭（覚如）は、日野家の家系を継ぎながら、親鸞の孫如信から法統をも継承したとして、稙通本と日野家家譜とを折衷併合させる、という無理な系図に作っているのである。実悟苦肉の策だったのではあ

図10

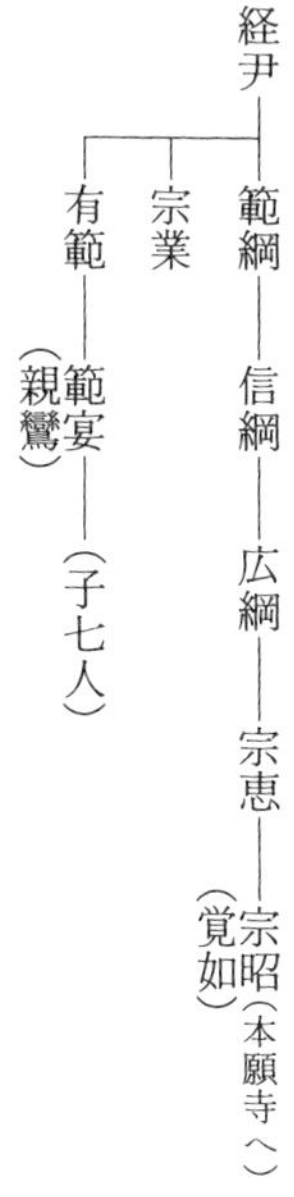

図11

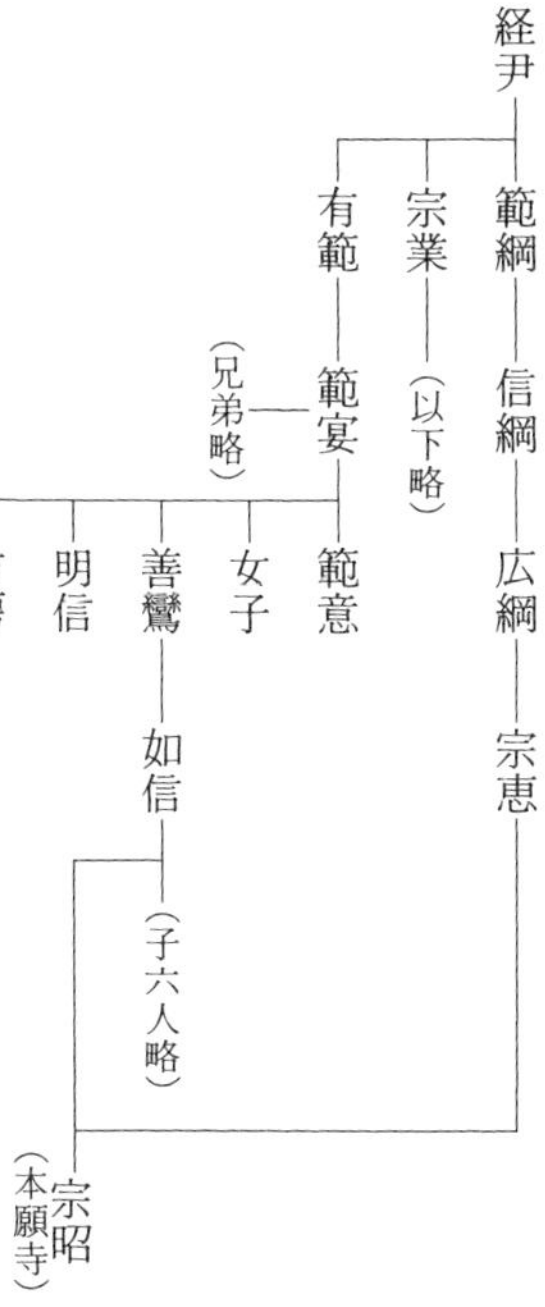

るまいか。

しかしこの形態は長くは継承されなかったと思われる。江戸時代に入って制作される本願寺系図はその多くが「親鸞―覚信尼―覚恵―覚如―」の血統重視の系図となっている。『続群書類従』系図部に収めるものは、流布本の代表といえようが、その形を踏んだ系図である。これはなにも証如本が重視されたからでもあるまい。教団も門徒も、本願寺が親鸞の血筋を引いていることを最大の誇りとし、したがってそのように表記した系図を好んだからにちがいない。系図の原則がどうあろうと。

四　善鸞義絶事件の根本的再検討

1　問題の所在

善鸞事件に触れなかった『親鸞伝絵』

親鸞の伝記としては、親鸞示寂後三十三年にあたる永仁三年（一二九五）、曾孫覚如が制作した『親鸞伝絵』が最も古く、かつ最も史料価値の高いものであることは言うまでもない。それは上下二巻からなる絵巻であって、上巻は出家得度から法然門下での研鑽状況を、下巻では流罪から関東地方教化と京都での示寂と廟堂創立までを描く。全体は一三場面（のち増補して一五場面）からなっている。初稿当時覚如は二十六歳の若者であったが、天賦の才能を発揮して見事な作品となっている。

ただ現代のわれわれから見ると、あれやこれや、もっと採り上げて欲しかった、と思われる点がいくつかある。その中の最大のものは善鸞義絶事件である。親鸞の晩年に起こったこの事件は、九十年のその生涯の中で最も心を痛ませた悲劇であったのだが、『伝絵』はそれに全く触れていないのである。

覚如がそれを知らなかったはずはない。覚如の次男従覚が制作した覚如の伝記絵巻『慕帰絵《ぼきえ》』にも、覚如の門弟乗専の著書『最須敬重絵詞』にも、覚如が東国へ下向した際に善鸞に出会った事実と、その当時の善鸞に対する教団の姿勢などが次のように明記されているからである。まず『慕帰絵』（第四巻）は善鸞を「慈信房元宮内卿公善鸞」と敬意を込めた表記をしているものの、その人物像については、

おほかた門流にをいて、聖人の御義に順ぜず、あまさへ堅固あらぬさまに、邪道をことゝする御子になられて、別解別行の人にましります

と評しているし、『最須敬重絵詞』（第五巻）も「コヽ慈信大徳ト申人オハシケリ」と尊称をもって紹介しながら、それへ次のように続ける。

如信上人ニハ厳考、本願寺聖人ノ御弟子ナリ、初ハ聖人ノ御使トシテ坂東ヘ下向シ、浄土ノ教法ヲヒロメテ、辺鄙ノ知識ニソナハリ給ケルガ、後ニハ法文ノ義理ヲアラタメ、アマサヘ巫女ノ輩ニ交テ、仏法修行ノ儀ニハヅレ、外道尼乾子ノ様ニテオハシケレバ、聖人モ御余塵ノ一列ニオボシメサズ、所化ニツラナリシ人々モステヽ、ミナ直ニ聖人ヘゾマイリケル

と教団外へ追放された人物であったことを記している。親鸞との親子関係の義絶という文言は見えないけれども、教団追放という最も厳しい処分には、その前段に親子という個人的関係が絶たれているのは当然で、この人々の間に義絶は周知の事実であったにちがいない。そこまで立ち入って書かなかったのには、ある種の遠慮があったのではなかろうか。

覚如は『伝絵』以外に、『執持抄』『口伝鈔』『改邪鈔』など何部かの著書を残しているが、そのどこにも義絶事件はもちろん善鸞とか慈信房の名さえ記すことがない。それは善鸞に触れるのを敢えて忌避した感じ

さえする。そんな古傷をほじくり出してみたって何のメリットもない、と思ったからであろうか。

善鸞事件に疑いを抱いた人々

近代になって親鸞伝の研究の中で善鸞事件にスポットライトがあてられるようになったのは、戦後の服部之総『親鸞ノート』（国土社、一九四八年）の中の「いはゆる護国思想について」であった。この著書が引き金となって親鸞消息の研究が進み、多くの研究者によって善鸞事件の大きな意義が再確認されるようになった。

ところが一部の研究者の中に、善鸞事件に対して否定的な見解を示す人々もあった。「善鸞は父親鸞から親子の縁を切られるようなそんな親不孝者ではない」というのである。そしてこの事件の根本史料である義絶状を偽文書だ、ときめつける。どうやらその根底には、本願寺第二世如信の父である善鸞を弁護したいという宗派的感情が潜んでいるらしい。もちろん客観的であるべき学問にそのような感情を持ち込むべきではない。そこで本願寺派の碩学宮地廓慧が「善鸞義絶状の史料性」と題する論文（『高田学報』五一輯、一九六四年。のち『親鸞伝の研究』百華苑、一九六八年所収）を発表して、そうした疑惑は不当であって、善鸞義絶事件の核心となる史料であることを論証せられた。私も「親鸞の慈信房義絶状について」（『田山方南先生華甲記念論文集』一九六三年。のち『親鸞真蹟の研究』法蔵館、一九八八年に補記して収載）と、「善鸞義絶状の真偽について」（『龍谷大学論集』四三二号、一九八八年）とを発表して、偽作説の不当であることを述べた。これによって義絶状についての疑惑は晴れたものと思われた。善鸞事件に関する研究は、その後多くの研究者の研究テーマとなり、いろいろと論文が発表されたが、義絶状の信憑性について云々されることはなかった。

今井雅晴氏の新説

ところが近年今井雅晴氏が親鸞とその家族についての研究を進められる中で、善鸞を「親不孝者ときめつけていいのか」という疑問を提起され、義絶状を偽作ではないか、との見解を示された。

私が氏の見解を明確に知るようになったのは、氏の著書『鎌倉新仏教の研究』(吉川弘文館、一九九一年)の第二章第二節「善鸞事件の真実」であるが、その後、氏は『親鸞とその家族』(自照社、一九九八年)や『親鸞の家族と門弟』(法蔵館、二〇〇二年)など出版して精力的にこの問題をアピールしておられる。また筑波大学の学内誌の『年報日本史叢』に「善鸞と浄土真宗」(上・中・下)を一九九七年から連載され、二〇〇二年に入っては、『自然・人間・文化——破壊の諸相——』に「鎌倉時代の信仰をめぐる破壊と創造」という論文を掲載し、活発な活動をしておられる。

今井氏は、この事件の枠組みを、親鸞の命によって関東へ下向した善鸞が、関東で勢力を伸ばしていた親鸞面授の直弟たちと対立するようになった結果であって、初期教団内部の主導権争い、と理解する。

善鸞事件についてのこうした視角は、従来の研究者にはあまり見られなかったところであって、注目される。また「善鸞だけが悪いのではない」といっても、それが宗派的感情に基づく善鸞擁護論ではない点でも従来とは異なる。

しかしながら、氏の立論はほとんどが感情移入的・心理分析的推測手法であって、史料に基づくものではない。ことに、善鸞事件の中心史料と目されてきた義絶状と、性信房への通告状とを偽作とすることが出発点となっているようであるが、義絶状についての宮地廓慧氏や私の論文には全く触れられていない。私は論争を好むものではないし、また不得手でもあるのだが、義絶状を偽作とする説には全く承服し難いので、前稿を補うために、もう一度論じ直すところから始めてみたい。

2　義絶状への疑惑の解明

親鸞自筆本が伝わらない理由

今井氏が義絶状に疑念を抱かれる原因は二点ある。その第一点は、この書状は親鸞自筆のものが伝わらず、直弟顕智《けんち》の書写した本がただ一つ高田派本山専修寺にだけ伝わっている点であり、第二点はその記載形式が他に例がなく、不自然だと考えられたところにある。

そこでまず第一点から検討しよう。今井氏は次のように述べている。

顕智は善鸞にとって、いわば敵方の人物である。敵方にのみ、どうして本書状の内容が伝えられるのであろう。私は本書状の存在に作為が感じられてならない。（『善鸞と浄土真宗』上、一一頁）

こういう疑念はなにも氏が初めてではない。先に紹介した昭和三十年代の偽作説が、この疑念から出発している。そして私は前稿においてこの疑問に答えたつもりなのだが、それを補って解明してみたい。

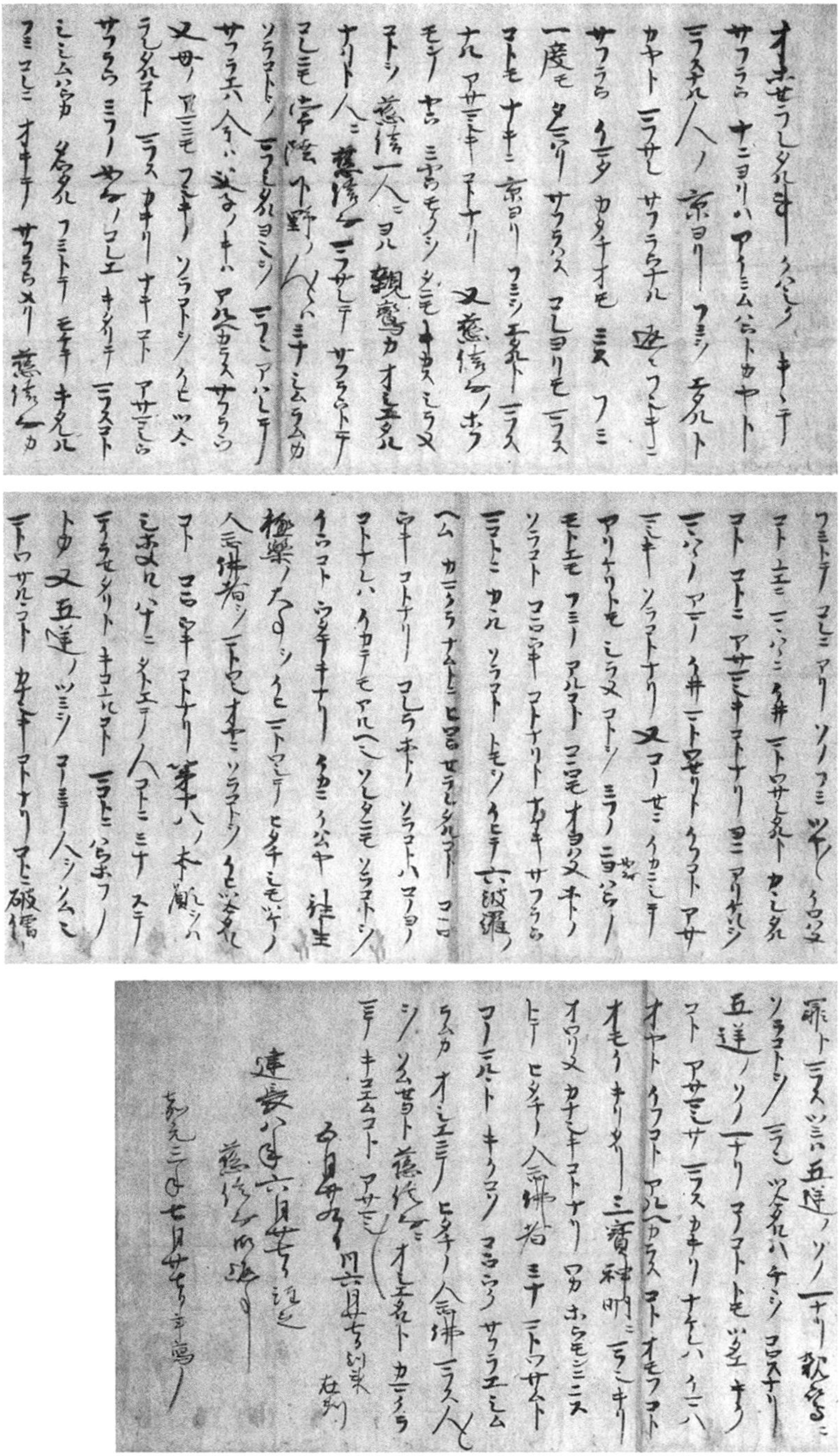

図12　慈信房善鸞義絶状（顕智筆、専修寺蔵）

まず親鸞の自筆原本が残っていないのは決して不思議ではない。現在親鸞書翰の自筆原本が残されているのはわずかに一一通。七百数十年の風雪に耐えて残ることの困難さを示しているが、この義絶状にいたっては、これを受け取った本人が先に引用した『慕帰絵』や『最須敬重絵詞』に記されているように、真宗教団から疎外され、交流が途絶えた人物である。彼に与えられた書翰が真宗教団側に伝えられるはずがない。自筆本が伝えられなかったのは当然のことである。

また今井氏は、義絶状と同日付で性信房へあてて善鸞の義絶を通知した書状も、一蓮托生で偽作と断じておられる。しかしこの書状は『血脈文集』という御消息集（性信《しょうしん》門徒系と見られる）だけに収載されて伝わっていて、高田門徒とは全く関係がない。そんな書状も偽作だとすると、性信の横曽根《よこそね》門徒と高田門徒とが口裏を合わせ、善鸞の義絶事件を画作した、ということにならざるを得ないが、そんなことがあり得ただろうか。ことに『血脈文集』は著名な「笠間の念仏者の疑ひ問はれたる事」と題する書状を始め、重要な親鸞消息を何通か収載しているのだが、それらは真作とし、この義絶通告の書状だけを偽作とするには、それなりの論拠が必要だと思われるが、今井氏はそれを示されていないようである。

直弟たちに義絶を通知するのは当然だった

さらに今井氏は「敵方にのみ、どうして本書状の内容が伝えられるのであろう」と疑われるが、義絶状のような種類の書面は、受取人に届けられたらそれで事が済む性質のものではない。この事件の関係者、とくに善鸞の行動によって被害を受けた側の人々、今井氏の言葉を借りれば、善鸞にとって「敵方」の人々へ周知されなければならない性質のものである。動揺した教団へ通告するのはむしろ親鸞の義務でもあったはずである。

だいたい義絶事件というものはそういう社会性を持っていた。手近なところで『国史大辞典』（吉川弘文館）の「義絶」の項を引いてみると「（義絶は）律令制では夫婦の義を絶つことを意味した。（中略）中世には義絶の語は親子の関係に用いられた。（中略）義絶の際は親は義絶状を作成し、一門あるいは在所人らの証判を得るとともに、官司へも義絶の旨を届け出た」と石井良助氏が解説している。

この点で著名なのは、『今昔物語集』（巻二十九）に収められた「幼児、盗《ミ》レ瓜《ヲ》蒙《ル》二父《ノ》不孝《ヲ》一語」という説話である。これは、幼児が瓜一個を盗み喰いをしたのを知った父が、その子を義絶し、その町の長老を呼び集めて、義絶状へ証判を取った。瓜一つのことでそれほどまでに、との声もあったが、後年その児は盗賊となった。そして検非違使に逮捕されたが、その義絶状の証判があったおかげで、親は連帯責任を追及されなかった、という話である。

鎌倉時代の義絶状は、古文書学でも古文書の一形式として採り上げられていて、相田二郎の『日本の古文書』上・下（岩波書店、一九四九・五四年）や中村直勝の『日本古文書学』下（角川書店、一九七七年）などで一項目を立てられている。そこには何通か実例を挙げて一般的な義絶状の様式が紹介されているが、たとえば応長元年（一三一一）閏六月二十四日付沙弥道本義絶状（『日本の古文書』下、五七二頁）では、まず「義絶　土与寿冠者事」と事書《ことがき》を掲げて、子息らしい土与寿冠者が白拍子を溺愛し、国分寺の年貢を着服して逐電したので、それを義絶する、という内容を記している。その文末は「以二此旨一、可レ令レ申二公家武家一、仍為二後日一義絶之状如レ件」となっているので、朝廷と幕府の出先機関へ届け出たにちがいない。

これらの事例から考えさせられるのは、親鸞の作成した義絶状が一般の義絶状とは大きく異なっていることである。一般の義絶状は、まず「義絶す〇〇の事」と事書きで始まっていて、相田二郎も「書出しに義絶すと書くのが書式のやうに思はれる」（『日本の古文書』上、九二九頁）と述べている。それに対して親鸞発出の義絶状にはそういう事書がなく、普通の返信書状と同じように「オホセラレタル事、クハシクキ、テサフラウ」で始まっている。義絶状としては異例の書式である。

このことはこれが偽文書でないことの一つの証左といえるかもしれない。偽文書とされる文書は、ほとんどが何かの文書を拠り所として、その書式にしたがいつつ、差出人や宛名を取り替えたりして制作されるのが常である。もし誰かが善鸞への義絶状を偽作しようとすれば、一般的な書式を真似て作ったはずだからである。

同意の証判が加えられていない理由

もう一つ異例なのは、この義絶状には同意者の証判が書き加えられていない点である。先に掲げた『今昔物語集』の説話に出てくる父親は、町内住民の長老から承認の証判を取り集めていたのが効を奏したという。

義絶状には何らかの証判のあるのが通例だったようで、先に紹介した沙弥道本は「公家武家」へ申し出て証判を得ようとしているし、『古事類苑』（政治部六十一）に掲載されている仁治三年（一二四二）七月の春日社執行正預中臣能基・次預中臣能行連署義絶状では、本文の文末を「載㆓賜五師三綱御証判於此状㆒、欲㆑備㆓向後証験㆒而已」と述べていて、この状の奥に五師として五名、三綱として九名の花押が据えられている。

また相田『日本の古文書』下（五七二頁）収載の元亨四年（一三二四）二月二日蒲生頼秀義絶状は、子息三人が博奕などの結果逐電したので義絶したことを記し、これに「一門証判」として九名が連署している。

こうしてみると、義絶状に加えられた証判は、その義絶が妥当であることを立証すると共に、その有効性を高めるための手段であった、と考えられる。ところが親鸞の発出した義絶状にはそうした証判を具備していない。本来ならばここへ関東直弟たちの中で有力メンバーの連署を取るべきであったろう。しかし親鸞一門の人々は多くが京都から遠く離れていてそれは不可能である。それは断念するより仕方がない。

以上のそうした条件が重なって、このような義絶状になったと考えられる。

異常にも見える到着日付などの記載

この義絶状の特異な状況は、この文書の末尾、日付や宛名の部分である。図13にその写真を掲げるが、五月二十九日の差出日付のすぐ下に「同六月廿七日到来」と到着日付があり、その日付と宛名の「慈信房御返事」との間に、「建長八年六月廿七日注之」という註記が一行あって、最末尾に「嘉元三年七月廿七日書写

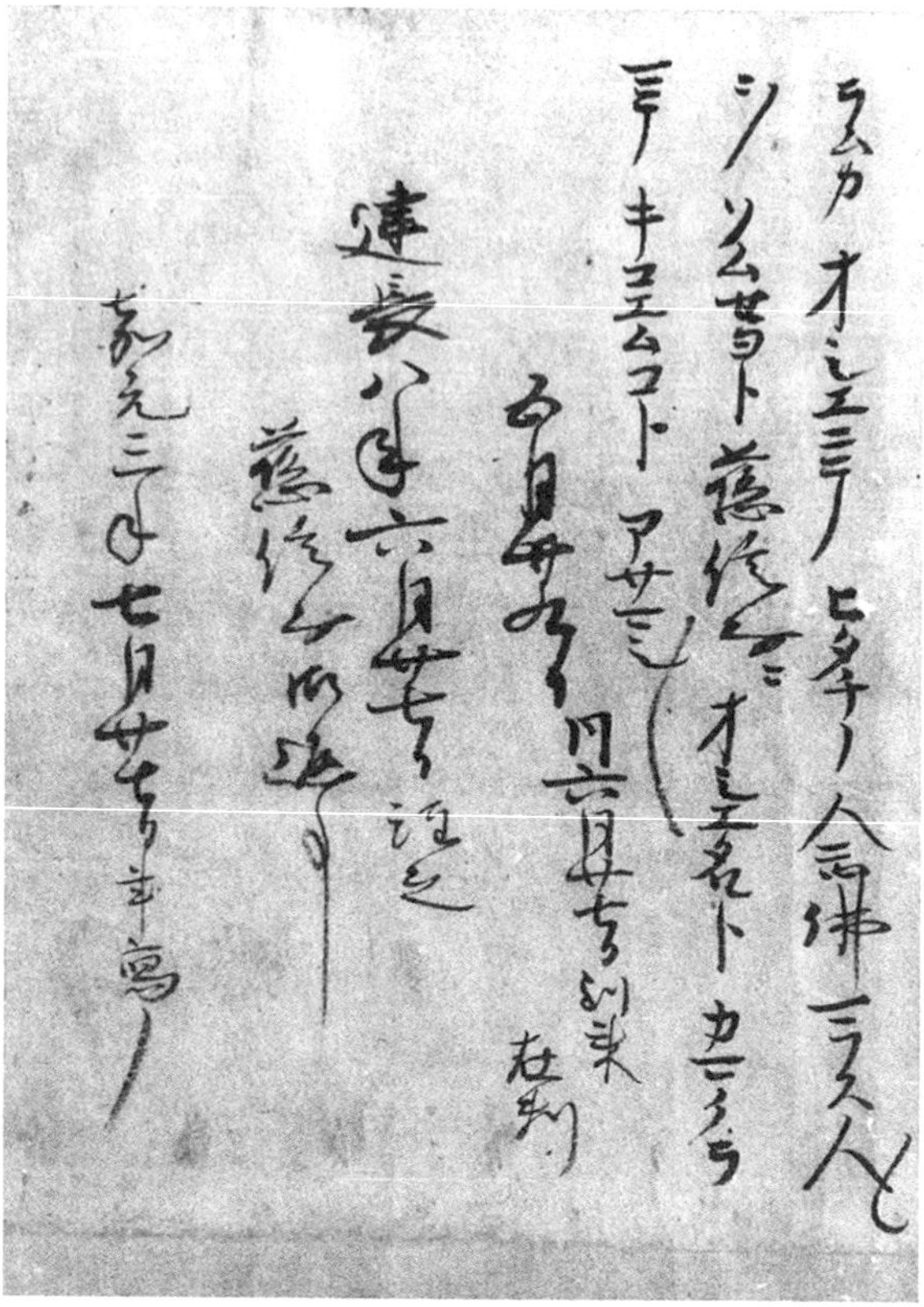

図13　善鸞義絶状（末尾部分）

了」との書写奥書がある。

今井はこれを疑問視して、

いかにも善鸞が記入したような注記がある。現在までに親鸞の書状として、真筆・写本・版本で知られている五十点近い文書のうち、このような注記のあるのは本文書だけである。なぜ注記があるのか。

と述べられ、この文書を偽作との疑念を強く主張しておられる。

たしかにこの註記は受信者善鸞が加えたものとしたら、実に不自然である。「なぜ注記があるのか」疑問なのは当然である。しかしそれは「善鸞が記入したような注記」と考えたからであって、これが善鸞へ届けられた書状に加えられた註記ではなく、他の直弟たちに周知するために作られた写しであって、これを受け取った者が「これは重要な書類だ」と感じ、さらに自分と同門の人々に告知する際の参考にと、受領月日を註記した、と見れば、何ら不自然ではない。むしろ当然の註記というべきだろう。

繰り返すようだが、義絶状という文書は、相手に通知するだけで済む文書ではない。関係者へ告知するのが絶対に必要な文書であった。義絶状と同日付で書かれた性信房あての消息は、まさにそうした意味を込めて書かれていることはいうまでもない。そしてそのように別途消息を差し出すと同時に、義絶状の写しを作って、それを関係者へ配布した、それがこの顕智書写義絶状の底本となった本と考えられる。

親鸞発信の消息は側近が控えを制作していた

晩年の親鸞の側近に蓮位房という門弟が常随していたことは周知のところである。彼は親鸞が関東の門弟へ書状を発出した際には、その控えを作ることがあったようである。『善性本御消息集』（専修寺蔵、『高田学報』一輯に複刻、『定本親鸞聖人全集書簡篇』に収載）に収められている十月二十九日付慶信房あての蓮位書状には、慶信房から親鸞へ宛てた書状を取り次いだ状況を報告したあとへ、近ごろ関東から上洛してくる人々から聞いたところによると、関東では「弥勒等同」という問題が議論されているとのことだが、それについて先に親鸞の発出された書状があるから、といって、それを写し与え、次のように記している。

マタノボリテ候シ人々クニ（国）、論ジマフストテ、アルイハ弥勒トヒトシトマフシ候人々候ヨシヲマフシ候シカバ、シルシオホセラレテ候フミノ候、シルシテマイラセ候也、御覧アルヘク候

蓮位が親鸞発出の書状すべてを写しとっていたかどうかは定かでないが、重要なものは控えとして写しをとっていたのではあるまいか。そうだとすると、義絶状のごときは、後証のためにはとくに重要な文書だから、写しを作っていたにちがいない。

顕智の書写は定本に忠実

そこで問題となるのは、顕智書写本が片仮名混じり文になっている点である。親鸞が書いた自筆原本が平仮名混じり文であったことは、現存する他の親鸞自筆消息がすべて平仮名混じり文であることから考えてまちがいない。したがって誰かが、平仮名混じり文であった原本を、片仮名混じりに改めたに違いないが、それは誰か。それを確かめる証拠はない。ただわずか二例ではあるが、顕智の書写した親鸞消息（『影印高田古典』第三巻、真宗高田派教学院、二〇〇一年所収）を見ると、建長八年五月二十八日付覚信房あての消息は、現存する親鸞自筆本（専修寺蔵、重文）そのままに平仮名混じり文で、各行の字配りも自筆本そのままであるのに対して、十月二十一日付浄信房あての消息は片仮名混じり文で書かれている。これを親鸞自筆原本（専修寺

蔵、重文）と比較してみると、平仮名が片仮名に変わっているだけでなく、漢字を仮名に変えたり、逆に仮名を漢字に変えたりしているし、宛名の「浄信御房御返事」を「浄信御坊御報」と変更し、原本は「親鸞」と署名するだけなのに、「親鸞在判」と花押があるかのように書いている。これらの点から、この浄信房あて消息の写本は親鸞自筆本を書写したのではなく、写本からの転写であることが明白である。

わずか二例であるが、これから知られることは、顕智の書写態度は、生真面目で、底本となった本に忠実だったらしい、ということである。先に述べたように、到着や註記の年月日まで書写しているのもそうした忠実な姿勢のさせるところでもあったのではなかろうか。こんな日付は義絶状の内容にはそれほどのかかわりはないものだし、ことに顕智がこれを書写したころにはほとんど無意味なものなのに、そこまで書写しているところに、顕智の忠実度がうかがわれるのではあるまいか。また本文の二四行目に「ニョハウ」の右側に同筆をもって「女房」という註記があるのも、顕智の忠実姿勢を示すものと考えられる。これは底本が仮名で「ニョハウ」とあるのを、漢字に書き換えずに仮名のままで書写した上で、わかり易いように「女房」と漢字で註記した、と見られるからである。

性信房へは消息、真仏房へは控えの写し

そこでもう一つ解明しておかなければならない問題は、この蓮位書写の義絶状が誰に送り届けられたものか、という点である。それが顕智によって書写されているところをみると、高田門徒の代表者真仏房へ送ら

れてきた、と考えるのが常識的であろう。もっともその蓮位本が伝わらず、それを写した顕智本が保存されている点に若干の疑問がないではないが、それは七百年の風雪の中で生じた何らかの偶然的な事情によるものと考えておくべきだろう。

とするとそこで問題になるのは、これが真仏房へ届けられたものとすれば、性信房へは親鸞が自筆をもって別に消息を発出して善鸞の義絶を通知したのに、真仏房へはなぜ蓮位の書写本が届けられたか、という違いである。真仏房も性信房もともに関東直門弟中の重鎮である。真仏房は下野国芳賀郡高田（いまの栃木県二宮町高田）如来堂を核とする門徒集団のリーダーであり、性信房は下総国横曾根（いまの茨城県水海道市豊岡町）あたりを拠点とする門徒集団のリーダーであって、親鸞にとって両者間に何らの軽重意識があってのこととは思われない。

ではどうしてこういう違いが生じたのか。それはこのときの親鸞と関東門弟との交信の状況がかかわっているものと思われる。このとき親鸞は義絶状と性信房あての義絶通知状と、その前日の五月二十八日に高田の覚信房あてと、二日間に三通の長文の手紙をたてつづけに書いている。そしてそれはどれも関東からの来信に対応するものであった。

覚信房あてのものは、冒頭は「四月七日の御ふみ、五月二十六日たしかに〳〵み候ぬ」とあって、信の一念と行の一念とについての質問であったために、これに答えている。性信房への消息も「コノ御文トモノヤウクハシク見候ヌ」と書き出されているから、性信房からの手紙に対する返信となっている。ところが義絶状の方は「オホセラレタル事クハシキ、テサフラウ」という書出しだから、直接親鸞あての書状を受け取っての返事ではなく、別人あての手紙を通して聞き、これに返答するという形になっている。そしてその手紙が善鸞から「ミフノ女房」へ宛てられた手紙であったことは、義絶状に、

ミフノ女房ノコレエキタリテマフスコト、シシムハウガタウタルフミトテ、モチテキタレルフミ、コレニオキテサフラウメリ

とあることによって明らかである。こうしてみると、このとき関東教団から親鸞とその周辺へ三通の手紙が運ばれてきていて、そのうち二通は親鸞あて、一通はミブノ女房あてだったわけだが、鎌倉時代の文通事情を考えると、この三通は別々に運送されて来たものではなく、おそらく一人の使者が三通まとめて持参したものと考えられる。

鎌倉時代の文通事情

この鎌倉時代の文通は、現代とちがって非常に困難で苦労が大きかった。朝廷や幕府は宿駅制を制定して公文書の運送を行っていたが、一般民間人の利用はかなわず、といって江戸時代の飛脚のような職人は未だ登場せず、荘園の年貢上納や霊場巡拝者にことづけるか、あるいは仲間同士で使者を立てるしかなかった。この覚信・性信・善鸞の場合もそうした好便に託したものだったにちがいない。この三通はおそらくその使者がまとめて持ち運んだのであろう。そのために覚信房の書状のように、四月七日から五月二十六日まで五

十日近くを要してしまったのであろう。

法然上人の行状の中に、関東にいた熊谷入道直実が使者に法然上人あての手紙を持たせてやったところ、法然は関東へ帰って行こうとする使者を待たせておいて返信をしたためた、という事実がある（『法然上人全集』一一四六頁「熊谷入道方へ状の御返事」）。この法然書状の信憑性については、かつて論じたところである（「名号本尊形式の成立と法然・親鸞」『伝道』四三号、一九九五年、本書第三部所収）が、この親鸞の場合もそれと似たような状況で、使者の持参した門弟からの書状を受け取り、それに対する返信が書かれたのではなかろうか。

五月二十八日返信執筆時の親鸞

以上のような想定が許されるとすると、親鸞は覚信房からと性信房からと二通の書状を五月二十六日に同時に受け取って読み、それを持参した使者の京都滞在日数などを勘案して返事を書くことを準備したにちがいない。重要なのはその段階では親鸞はミフノ女房へ宛てられたもう一通のことはまだ知らなかったのではないか、ということである。そんな情況の中で、親鸞は五月二十八日にまず覚信房あての返事を書いている。そこでは信と行とが不即不離であることを懇切に述べられている。しかし善鸞の件については全く触れられていない。これはもちろん覚信房からの質問が信と行との問題だったからではあろうが、一方覚信房の書状と同時に届いた性信房の書状には、善鸞の言動によってたいへん困惑していると報ぜられていたことは、翌日性信房に宛てて書いた親鸞の消息（『血脈文集』第二通）の冒頭が次のように書かれていることから明らかである。

コノ御文トモノヤウ、クハシク見候ヌ、サテハ慈信ガ法門ノヤウユヘニ、常陸下野ノ人々、念仏マウサセタマヒ候コトノ、トシコロウケタマハリタルヤウニハ、ミナカハリアフテヲハシマストキコエ候、……（谷大蔵恵空写伝本による、以下同じ）

ところが覚信房への書状には、こうした問題については一言半句も触れられていないのである。これは、二十八日現在、親鸞はまだ善鸞を義絶するというところまで考えていなかったことを思わせる。

その翌日義絶を決意して善鸞と性信へ書面をしたためるのだが、真仏房へは義絶状の蓮位写本を送るに留めたのは、持参させる使者の出発に間に合わないとか、あるいは善鸞と性信房への書面に集中した八十四歳の親鸞には真仏房への書状を書くだけのエネルギーが残っていなかったとか、の事情によるものではなかろうか。蓮位の写本には短い添状程度のものが付属していただろうが、それは伝わっていない。

3　義絶実現の経緯をめぐって

二十八日と二十九日との間の落差

右に述べたように、義絶状の前日五月二十八日に書かれた覚信房あて消息には、善鸞の問題には一言も触れられておらず、翌二十九日に突如として善鸞へ義絶の書面が書かれているのである。この大きな落差はどこから来たのだろうか。

親鸞の使者として関東へ下った善鸞が、誤った教説をまきちらして人々を勧誘し、関東教団に動揺をもたらしていたことについては、情報伝達が貧困な時代であったにも拘わらず、京都の親鸞の許へ次第に伝わってきていたらしい。このことについては何人かの先学の指摘しておられるところで、たとえば『親鸞聖人御消息集』に収める九月二日付の慈信房善鸞あて消息で、善鸞からの書面に、信願坊という門弟が造悪無导《ぞうあくむげ》を説いていると非難されてあるのに対して、「信願坊ガマフシヤウトハコ、ロエズサフラフ」、つまり信願房がそんなことを言うはずがない、とむしろ善鸞の報告に疑念を感じた返事になっている。

その後、また関東からの情報が入って、善鸞に対する疑念はさらに増幅したようで、同消息集第六通の十一月九日付慈信坊あて消息では「オホブノ中太郎ノカタノ人ハ、九十ナン人トカヤ、ミナ慈信坊ノカタヘトテ、中太郎入道ヲステタルトカヤ」という評判を聞いたことなどを記した上で、

イカヤウニス、メラレタルヤラン、不可思議ノコト、キ、サフラフコソ不便ニサフラへ、ヨク〳〵キカセタマフベシ、

と詰問するまでになっている。これらの消息は建長七年（一二五五）と推定されているが、こんな調子では親鸞と善鸞との間の溝はすでに深く、決裂寸前という深刻な事態になっていることを思わせる。それでも親鸞は我慢していた。というより何とか打開する道がないか模索していたのではなかろうか。親子の縁を切るなどして、善鸞を教団外へ追放することも選択肢の一つとしてすでにそのころから親鸞の脳裏にあったのかもしれないが、できるなら何とか穏便に済ませる方途がないか、必死に探っていたのではあるまいか。

義絶を決意させた引き金

それが五月二十九日になって、堪忍袋の緒が切れたかのように善鸞の義絶を決意している。その決意の引き金になったのは何か。それは二十八日までになかった新しい要素が五月二十九日になって加わった、と考えざるを得ない。

ではそれは何かというと、それまでの親鸞消息には全く見えず、義絶状に初めて登場するもの、「ミフノ女房」へ宛てた善鸞の書状しかない。その中味は詳しくはわからないが、「継母の尼に言い惑わされた」というような言葉が出ているところをみると、親鸞の家庭内のことが大きくかかわっていることはまちがいない。その部分は、顕智書写本で本文全体五一行のうち一八行で、三分の一に相当するが、その分量もさることながら、他の消息には全く見えない事項である。

だいたい親鸞は自分の家庭については全く語ろうとしなかった人である。触れられることを嫌がっていたかに思われる。その嫌な場所が表面に出て来たことが、決断させた、いわば「逆鱗に触れた」のではなかろうか。

ミフノ女房ノコレエキタリテマフスコト、シシムハウ《（慈信房）》ガタウタルフミトテ、モチテキタレルフミ、コレニオキテサフラウメリ、慈信房ガフミトテコレニアリ、

と親鸞はその手紙を眼の前に置いてこの義絶状を書いているその臨場感もまたこれが義絶を決意させた引き

金だったことを教えてくれるのではあるまいか。

ただこの家庭内問題が記された部分、一八行の記事は、その内容の読み解きが極めて困難である。まず「ミフノ女房」にしても「ミフ」は壬生家であろうか、これは地名なのかどうか。地名と考えて、これを下野国の壬生、または遠江国の壬生に比定する学者もあるらしいが、そんなに京都から遠い土地とは思われない。というのはこの女性は、親鸞の住居へ問題の手紙を持参したのだが、「フミ、コレニオキテサフラフメリ」と書かれているから、どうやら親鸞に面会したのかどうかも曖昧で、立ち去ってこの場にはいないらしい。ということは、容易に往き来のできる近い場所の住人であって遠国ではない、と考えるべきであろう。ということになると、壬生は京都の壬生ということになろう。そのころ親鸞の住む五条西洞院からはすぐ北西の間近い地域である。

しかし「壬生」は必ずしも地名とは限るまい。むしろ「壬生の女房」というからには、「壬生家に仕える女官」と考えた方がいいようにも思える。壬生家は平安末期以来、代々太政官の官務を司る家筋で、京都の壬生を住居としていたのでこの名がある。今も多くの史料を伝えるので、あるいはどこかで親鸞と繋がりがあるのではないか、と捜し求めているが、未だに該当するものに出会わない。諸賢のご示教を待っているところである。

継母の尼とは誰か

この義絶状の顕智書写本は大正年間に高田山の宝庫から発見され学界に報告されたが、そのとき最も注目を集めたのが、この家庭内記事の中に二度も使われている「マ、ハ、ノアマ」という字句である。善鸞にとって実母と継母とがあるということは、とりもなおさず親鸞には前妻と後妻というか、二人の妻があったことに他ならない。このことはそれまで全く問題にされていなかったことである。しかもこの義絶状発見と相前後して西本願寺の宝庫から恵信尼文書が発見されたことで、親鸞伝の研究を大きく活性化させたのであった。

その後の諸研究は継母の尼を恵信尼に比定する向きが多いようである。しかし私はその説に同意したくない。それは「マ、ハ、ノアマニイヰマドハサレタルトカ、レタルコト」という文句の解釈にかかわっている。この文句は善鸞が言い惑わされたと壬生の女房へ言ってきた、と解釈する向きが多いようだが、それに対して、親鸞が善鸞にとって継母にあたる尼から言い惑わされている、と解釈すべきだ、との説もあって解釈が分れるが、いずれの説をとるにしても、この継母の尼は親鸞の側近くに現住していることを思わせるからである。

ところが、この建長八年（一二五六）五月ごろ、恵信尼は遠く越後国に住んでいて、京都で親鸞と同居していたとは思われない。それは恵信尼文書の中に、建長八年七月九日付と同年九月十五日付と二通の譲状があって、どれも越後から京都の覚信尼へ送られたもので、その文面から相当以前より越後に住んでいたように見受けられるからである。

そうだとすると、このころ親鸞と恵信尼と善鸞の三人は、互いに数百キロもの距離に離ればなれになっていたわけで、当時の通信状態では手紙の遣りとりに片道三十日から五十日を要するのだから、簡単に言い惑わすというような通信などできそうにない。だとすると、その「継母の尼」は親鸞と同居ないしはそれに近い状態にあった別の女性と考えるべきではなかろうか。ではそれは誰か。親鸞の遺言状とも考えられる十一月十一日付の真蹟書簡を与えられた「いまこせんのは、」がそれにあたるか、と考えられないでもないが、今はそういう論議に介入することは差し控え、とにかく八十四歳の親鸞には側近くに別の女性がいて、親鸞の身近を世話していたので、それが「継母」と呼ばれたのではないか、という考えだけを表明するに留めたい。

義絶状の読解諸本に重大ミス

義絶状のこの部分は以上のように問題が多いが、最後に重大な事実を指摘しておきたい。それは継母のことを記したあたりで、『真宗聖教全書』宗祖部や『定本親鸞聖人全集』書簡篇が次の通りに掲載している本文である。

まゝはゝにいゐまどわせされたるとかゝれたること、ことにあさましきそらごとなり、又、この世に、いかにしてありけりともしらぬことをみぶのによばうのもとえもふみのあること、こゝろもおよばぬほどのそらごと……（『真宗聖教全書』宗祖部七二八頁）

この部分は図14と対照していただきたいが、原本は片仮名混じり文で、「この世に」の部分は「コノセ。ニ」

図 14　善鸞義絶状（顕智筆，部分，専修寺蔵）

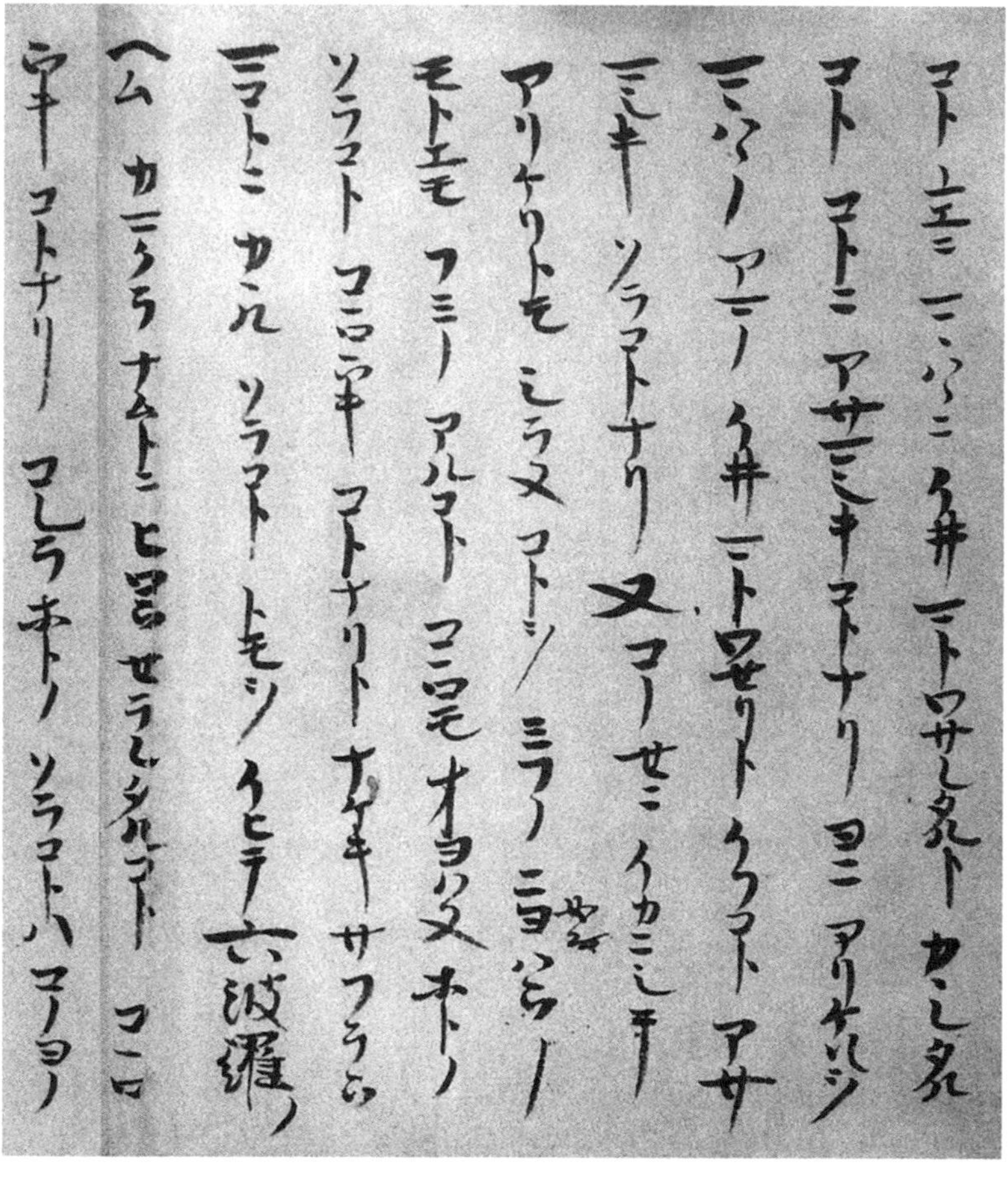

↑ヨ。ニアリ

↑マトワセリ。

↑コノセ。ニ

↑セ。ラレ

↑コノヨ。ノ

であって、「世」の漢字は使われていない。写真でおわかりいただけるように、その一行前で「マトワセリ」という個所の「セ」と同一字体である。この義絶状の中では、この他にも冒頭の「オホセラレタル事」とか「ヒロウセラレタル」とか「セ」は五ヵ所に出てくるがいずれも同一字体である。したがってここは漢字の「世」ではなく仮名の「せ」とするべきである。片仮名の「セ」も平仮名の「せ」もともに漢字の「世」を母型としており、しかも原形がよく残っているのと、原本は片仮名混じり文なのを、平仮名混じり文に訂正して収載したことも手伝って生じた錯誤と考えられる。

このためにこれらの出版物を典拠としてきた研究者はみな「この世《よ》にいかにしてありけり」と読んで解釈しようとしてきた。しかしここは「世（よ）」と読むべきではない。というのはこの義絶状の中で右の個所の前後に「ヨニアリケルヲ」とか「コレラホトノソラコトハ、コノヨノコトナレハ」と記していて、「此の世」というように「世」は「ヨ」と訓じていて、「セ」とは読んでいないからである。

したがってここのところは「又コノセニイカニシテアリケリトモシラヌコトヲ」と読まねばならない。従来の読解諸本は重大なミスを犯している。『真宗聖教全書』を始めとする史料集や真宗聖典などの諸本はこのように訂正されるべきである。

義絶には金銭問題が絡んでいた

そうなるとここはどう理解したらいいのだろうか。「コノセニ」の「セ」をいろんな漢字に置き換えてみても意味が通じない。そこで「セ」に濁点をつけてみると、このところは「コノゼニ（銭）イカニシテアリケリ」と読み下すことができよう。それ以外に読み様がないのではあるまいか。とするとこの部分は、「ここに置いてあるこの銭は、どうしてここへ持って来られたのか私は知らないのに、この銭について壬生の女房の許へ手紙で何とか言って来たのは、思いも及ばない虚構であって、実に歎かわしい」という意味に解釈されよう。

これは難解であった義絶状の家庭内記事を、これによってまた一段と難解さを増したという感があるが、「セニ」を銭と読む限り、どう解釈しようとも、義絶に金銭問題が絡んでいたことに変わりはない。何とも汚らわしいイヤな事項ではあるが、人間の凡悩をみつめて法を説いた親鸞らしい、と言えなくもなかろう。

もともと義絶を決意した理由の中に家庭内事情が相当のウエイトを占めていたらしいことは、性信房あて書状（『血脈文集』第二通）において、「親鸞カ子ノ義オモヒキリテ候ナリ」と宣言した文言に続いて、

世間ノコトニモ不可思議ノソラコトマウシ、カキリナキコト丶モヲマウシヒロメテ候ヘハ、出世ノミニアラス、世間ノコトニヲヒテモヲソロシキコト丶モカスカキリナク候ナリ、

と述べられていて、家庭内事情らしい俗世間のことが義絶の一つの原因でもあることは、門弟たちにも告知されている。従来の諸研究は、善鸞の異義だけにピントをあて、こうした面を顧なかった嫌いがある。その点でもこの「ゼニ」の問題は再検討をうながすものではあるまいか。

4　善鸞の人物評価と関東下向の目的

善鸞の生い立ち

親鸞の結婚については、赤松俊秀が『親鸞』(吉川弘文館、一九六一年)で主張せられたように、京都で法然門下生当時であったとの説が定着化しつつあるといってよかろう。山本摂「恵信尼文書再読」(『行信学報』一〇号、一九九七年)はその徴証を示したもので、ここに決定的となったし、私も『親鸞』(吉川弘文館、一九九八年)においてそれを補強する見解を述べておいた。

善鸞は親鸞の子息として京都で誕生したと考えられる。実悟(蓮如の第二十三子)の編纂した『日野一流系図』(『真宗史料集成』第七巻収載)には、親鸞の子七人のうち第三子として記されている。この系図に見える七人の子は、第一子の母を「後法性寺摂政兼実公女」とし、そのほかの六人については、「母兵部大輔三善為教女法名恵信」としていて、これは覚如の『口伝鈔』第十一章に見える「恵信御房男女六人ノ公達ノ御母儀」という記述と符合するので確実視されている。

近年今井雅晴氏が義絶状の文面を根拠にして、善鸞は恵信尼が産んだ子ではない、恵信尼は善鸞にとって継母だった、との説(前掲諸論文)を発表しておられるが、氏は一方で義絶状そのものを偽作文書と主張しておられるので、これは完全に自家撞着といえるし、先に述べたように、義絶状に記された「マ、ハ、ノアマ」は恵信尼を指すものではないと認められる点からも、氏の説は成立しないといってよかろう。実悟の

『日野一流系図』と『口伝鈔』の記載を覆すような史料はまだ現われていない。

天台僧としての善鸞

その『日野一流系図』によると、善鸞には「宮内卿、遁世号慈信房」という註記がある。これは彼が宮内卿というような高い官職に就いたことを意味するものではない。本稿の冒頭に引用したところだが、『慕帰絵』に慈信房「元宮内卿公」と割註しているように、彼の公名《きみな》であった。当時の天台僧は通称としてこういう公名で呼ばれていた。親鸞も比叡山では、「少納言公《きみ》」と呼ばれていたこと、『伝絵』の記すところである。つまり彼は天台僧であったわけである。そして親鸞の子女で恵信尼所生六人のうち、成人してから京都へ嫁いだ覚信尼を別とすると、他はほとんど越後とかかわりの深いことが認められるのに、彼は全くそうした形跡がないから、親鸞の越後流罪にも同行せず、京都に残って、どこかへ預けられて生長し、のち天台僧となったように思われる。したがって青少年期の善鸞は父親鸞の訓育を受けることがなかったわけである。

そして親鸞が関東から京都へ帰ってきたとき、彼はもう三十歳近くになっていたはずだが、その後どれだけ親鸞の教導を受けたのだろうか、私は疑問に思っている。それは当時の両者の関係を記した史料としてはやや後代の記録ながら『最須敬重絵詞』第十七段に次のような記事があるからである。

聖人五条西洞院ノ禅房ニワタラセ給シトキ、カノ大徳（善鸞）マイリ給タリケルニ、常ノ御スマヰヘ請シ申サレ、冬ノ事ナレバ爐辺ニテ御対面アリ、聖人ト大徳ト互ニ御額ヲ合テ、ヒソカニ言辞ヲ通シ給ケ

リ

以下この『絵詞』の著者は、「両者はさすが親子だけあって、師匠と弟子というのではなく、格別に親密な間柄であった」ことを強調しようとしているのだが、私はむしろ右の文面から、両者は全く別居していて、時たま訪問対面する程度であった事実を摑みとりたい。そしてそのことから、真宗の信心についての親鸞の善鸞に対する教育がどこまでできていたか疑わしい気がしてならない。そのことは善鸞事件が発生した際の親鸞の彼に対する評価の言葉もそれを裏付ける。

善鸞に対する親鸞の評価

この論文の冒頭で述べたように、善鸞は親鸞の使者として関東へ下向し、誤った言動によって関東教団を動揺させ、結果親鸞から義絶されたのだが、そのことを性信房へ通知した書状（『血脈文集』第二通）に、

慈信ホドノモノヽマウスコトニ、常陸下野ノ念仏者ノ、ミナ御コヽロドモノウカレハテヽ、サシモタシカナル証文ヲ、チカラヲツクシテ、カズアマタカキテマイラセテ候ニハ、ソレラヲミナステアフテヲハシマシ候トキコエ候ヘバ、トモカクモマウスニヲヨバズ候

との言葉が見える。「慈信ホドノモノ、マウスコトニ」という表現が注目されよう。「常陸下野の念仏者たちは、私が長年かかってくわしく教化を行ったので、みなきっちりと信心を固めていたはずなのに、慈信程度のレベルの低い者の言葉に心を動揺させてしまうとはなさけない」というわけで、親鸞の無念さが滲み出た

言葉である。慈信房善鸞に対する評価はここにはっきりと読み取られるのではなかろうか。つまり親鸞が教えた真宗の信心については、善鸞に較べて常陸下野の念仏者たちの方がレベルが高い、そう理解していたことを示す一語ではあるまいか。善鸞の能力をその程度にしか評価していなかったとすると、彼にはもともと関東の門弟たちを指導する力などなかったことを親鸞は知っていたことになる。それではなぜ彼を使者として関東へ下向させたのか、その使命はどこにあったのかが問題となろう。

老親鸞の「名代」説に問題あり

これまでの一般的な学説では、関東の門徒の間に造悪無㝵を主とする異義が広がり、教団に動揺が生じたので、それに対処するため、すでに高齢に達していた親鸞が、自分の名代として子息善鸞を派遣したのだ、ということになっている。しかしもしそうだとしたら、名代として派遣した人物が、親鸞の期待に反して異義を称え、かえって教団の動揺を増幅させたということは、言うなれば親鸞のメガネ違いでもあったわけで、親鸞にも責任の一半があったはずである。義絶して事の始末をするにあたって、自分のメガネ違いを詫びる一言もあって然るべきであろう。ところが性信房への長文の書状には、それらしい言葉は一言もないのである。詫びるどころか、善鸞ごとき者の言動に振り廻された念仏者たちが情けない、と門弟側を責めるような、愚痴めいた言葉さえ見える。この点からも「聖人の名代」説には問題があるといわねばなるまい。

では彼は何のために関東へ下ったのか。どういう役目だったのか。それについて私は『最須敬重絵詞』第十七段の記事を重視したい。それは覚如が関東を旅したとき、たまたま鎌倉の海浜で幕府の行事が行われたが、そこで善鸞を見かけた。その様子を次のように記している。

ソノ中ニカノ大徳（善鸞）モクハ、ラレケルカ、聖人ヨリタマハラレケル無㝵光如来ノ名号ノイツモ身ヲハナタレヌヲ頸ニカケ、馬上ニテモ他事ナク念仏セラレケリ

そしてそののち鹿島社へ参詣の際にもそれと同じ姿を見かけたと記している。彼は親鸞から与えられ京都から関東へ持参した十字名号を首にかけ、ひたすら念仏をつとめていたので驚いた、というのである。

この出来事は、『最須敬重絵詞』の文章をたどって調べると、正応三年（一二九〇）のことであったらしいから、義絶が行われた建長八年（一二五六）から三十四年も後のことになる。教団から追放されてそんなに年月が経過しているのに、父親鸞から与えられた十字名号と称名念仏を保持しているのに覚如は驚いたのだが、それはとりもなおさずそれが善鸞関東下向の当初からの姿であったことを意味するのではあるまいか。

「十字名号」とは、掛幅装に仕立てられた名号本尊で、天地に賛銘が書き加えられたものであったことは、右の『絵詞』の記載から判断してまちがいないし、「念仏」とは「帰命盡十方无㝵光如来」と唱える念仏であったと考えられる。

もっとも、この記事について否定的な学者もおられる。林信康氏は「親鸞の名号本尊――善鸞事件と関連して――」（『宗学院論集』五五号、一九八四年）という論文において、十字の名号本尊は、善鸞が六字名号に呪術的要素を介在させたことなどから、親鸞が案出し、覚如がそれを継承したと説き、右の『最須敬重絵詞』の記

事は著者乗専の覚如に対する配慮によるものとして史料価値を否定しておられる。

氏の論文はその教義的部分では教えられるところが多いが、右の『絵詞』の記事の否認は根拠が希薄であり、あまりにも恣意的で納得し難い。『絵詞』の史料価値は正当に評価されるべきである。したがって善鸞は京都で親鸞から掛軸になった十字の名号本尊を授けられ、それを後生大事に所持して関東に下ったと考えるべきである。

善鸞はこの名号本尊を門徒たちに見せびらかしつつ教化を行い、親鸞の息子であることをアピールし、親鸞への尊敬を背景にして自己のカリスマ性を高め、足下に多くの門徒を集めたことは、親鸞が善鸞に宛てた十一月九日付の消息（『親鸞聖人御消息集』第六通）に、

オホブノ中太郎ノカタノ人ハ、九十ナン人トカヤ、ミナ慈信坊ノカタヘトテ、中太郎入道ヲステタルトカヤキ、サフラフ、イカナルヤウニテサヤウニハサフラフソ

とあることによって容易に推察できる。

そこで疑問が生じるのは、親鸞は自筆の賛銘を加えた十字の名号本尊を一本だけ制作し、善鸞に持たせて関東へ送り出したのだろうか、ということである。というのは、先に記したように親鸞は善鸞に全面的な信頼を寄せていたわけではなかった。彼一人では能力的にも体力的にも限界のあることは眼に見えていたはずである。とすれば親鸞は同じような名号本尊を何本か作り、それを善鸞に持たせて関東直弟中のリーダー格の者へ伝達するよう命じたのではなかろうか。つまり善鸞の役目は、名号本尊を関東の門徒へ伝達すること

にあった、と考えるのだがいかがだろう。これは全くの憶測である。しかし親鸞の胸中を察すると共に、その後の関東を中心とするらしいこの種名号本尊の流布伝播を勘案すれば、推測が可能ではないかと思うからである。この件については別途稿を改めて論ずることとしたいが、とりあえず手がかりとなる一つの物証を挙げておきたい。それは高田専修寺に伝えられる紺地十字名号（本書口絵）である。

善鸞が搬入したと思われる名号本尊

この紺地十字名号は、絹本で紺地に金色で十字名号を描き、名号の下端に極彩色の蓮台を配して名号を受ける形をとり、さらに天地に色紙型を設けて親鸞自筆の賛銘を墨書する。銘文は第十八願文、「其仏本願力」の文、「必得超絶去」の文、世親の「世尊我一心」の文である。

この名号の制作年代を知る積極的な徴証はないが、同じ専修寺に伝えられる黄地十字名号の賛銘が同文で、しかも共に親鸞自筆であることから、比較対照することによる推定が可能である。そこで両者を詳しく比較してみると、筆致といい字体といい、紺地十字の方が早く成立していることは明らかである。黄地十字は賛銘末尾に「愚禿親鸞敬信尊号八十三歳」との款署《かんしょ》があって、建長七年（一二五五）に制作されたことがわかるので、それと対照してみると、その何年か以前と考えられる。この黄地十字の款署は、この名号を与えられる門徒側の要望によって記入するようになったものであろうから、款署のない紺地十字は親鸞が考案して制作させたばかりの原初性を持っているとすることも可能であろう。

一方、善鸞の関東下向は一般に建長四年前後と推定されているので、それとほぼ一致する。そのことから紺地十字名号は善鸞によってもたらされた可能性がある、と判断したいのだが、いかがなものだろうか。ともあれ、善鸞は親鸞が京都で制作させた掛幅装の名号本尊を関東の門徒教団へ伝達するのが役目だったと私は考えたい。関東へ下って門徒たちに名号本尊を授ければ、これを受けた門徒側はただ「ありがとう」というだけでは済まされないのは、今も昔も変わりはあるまい。当然京都の親鸞へなにがしかの献金をしたはずである。もちろん親鸞はそれを期待して行ったわけではあるまいが、晩年の親鸞消息にしばしば見える献金への謝辞は、そうした趣旨のものだったのではあるまいか。十一月九日付の慈信房あて消息（『親鸞聖人御消息集』第六通）に見える「御コヽロザシノ銭伍貫文」などは、そう考えなければ理解しにくいのではあるまいか。

私は拙著『親鸞』において、善鸞の関東派遣を、戦後労働組合の中央本部オルグに比定して解釈した。あまりにも不遜で失礼な比定であったと反省しているが、善鸞事件についてそういう経済的側面を考えるのは、再検討の重要な視角だと考えており、その点で誤ってはいなかったと信じている。

義絶状は偽文書ではあり得ない

本論は、義絶状についての疑念を晴らしてもらいたいとの思いが出発点となって執筆したものである。義絶状は親鸞の直弟顕智が、嘉元三年（一三〇五、顕智八十歳）に書写したものが高田専修寺に伝えられている。

他に一通の写本もない天下の孤本である。そのため高田派外の人々の中には、これに対して疑念を差し挟む向きがあったりする。しかしこれは学術的にみて、絶対に偽作文書ではないと認められることから、その根拠を提示すると共に、義絶状にまつわる諸問題の解明を試みたものである。ことに古文書学の研究に従事してきた者の一人として、古文書学の立場から、義絶状が偽文書ではあり得ないことを論証したつもりである。

中世には偽文書も多いが、それらは自分の家の家格を釣り上げようと謀ったり、領地の支配権を拡大しようとしたり、または職業上の特権を認めさせようとするものであったり、いろいろあるが、すべて自分の利益を目的とするものであった。それに対して、義絶状がもし偽文書だったとしたら、それは他人を貶しめるために作られた、ということになる。私はいまだ中世文書の中でそんな性質の偽文書に出会ったことがない。それは偽文書というよりも「謀書」の部類に属する。現代では「怪文書」と称されるものであって、卑劣極まりなく、最も悪質である。もし顕智がそんな悪質な謀書を作ったとしたら、これは許し難い犯罪者といわねばなるまい。

顕智がそんな人物であったかどうか、それは七百年の風雪を凌いでいまも専修寺に伝わる顕智自筆聖教類を見て判断していただきたい。真宗高田派では、『影印高田古典』の第二・三・四巻を「顕智上人集」（上・中・下）にあて、平成十一年（一九九九）から三年間かかって、顕智自筆聖教類二十三点ほどを影印により公刊した。ご一覧いただければたちどころに氷解するにちがいない。

［補記］「善鸞」という名について

本稿では言及しなかったが、慈信房善鸞の「善鸞」という名については問題があるように思われる。「慈信房」については、義絶状はもちろんのこと、『御消息集』に収める親鸞消息の宛名として明記されていて、問題はないが、「善鸞」という名は親鸞消息には全く見られないからである。

「善鸞」の史料上の初見は、ずっと遅れて観応二年（一三五一）覚如の次子従覚が著した『慕帰絵《ぼきえ》』の中であって、本稿でも述べたように「善鸞大徳」と記されている。だから彼の名（おそらく実名）が善鸞であったことはまちがいないが、その名がいつどうしてつけられたかはわかっていないし、これまでに研究した論文もないようである。

まず一般的には漠然と善鸞という名から父親鸞によって命名されたのだろう、と思っている向きが多いらしい。しかしどうもそうではなさそうである。というのは、右に述べたように親鸞消息の中には、「慈信」とあっても「善鸞」と書かれているところが全くないからである。それも消息の宛名には「慈信房」と房号をつけて書かれているけれども、本文中ではほとんどが「慈信」と呼び捨てにされている。たとえば性信房あての義絶通知消息（『血脈文集』第二通）では、何度も「慈信」の名を挙げ、吐き捨てるように書いていて、そして「自今已後ハ、慈信ニヲキテハ、子ノ儀オモヒキリテサフラフナリ」と義絶したことを通知しているのである。

父親が息子についてこのように書き送る場合は、実名を書くのが自然であり、また日本古来の慣行だろう。したがって我が子に「善鸞」と命名していたのなら、ここは当然「善鸞」と書かれるべきところである。ところがそれを「慈信」と書かれているのである。これだけでも、「善鸞」という名が父親鸞の命名ではなかったことは決定的であろう。少なくともこのとき、彼には未だ「善鸞」という名がつけられていなかったことはまちがいない。

またもう一つ合わせ考えねばならぬことがある。それは親鸞の門弟の中には、名前に「鸞」の字の付く門弟は一人もいないことである。これは「親鸞は弟子一人も持たず候」（『歎異鈔』）という有名な言葉の実践と考えられるが、その思想からしても、我が子だけにこんな名を付けるはずがないのではなかろうか。

では「善鸞」の名はどうしてついたのか。私は、関東へ下向した善鸞が、昭東の門弟たちに自分を親鸞ジュニアとして強くアピールしようとして、自ら名乗った名前ではないかと考えている。いかがだろう。

第二部　東国二十年の伝道の中から

一　草創期の親鸞教団をめぐる諸学説

1　社会的基盤論争

戦後の学界が親鸞に送った熱い視線

初期真宗教団に関する研究は、戦前においては、大谷派では山田文昭、橋川正、日下無倫、本願寺派では中沢見明、谷下一夢などが中心であった。それらはほとんどが真宗教団内部からの、教団史的な関心に基づいた研究であった。教団外からは、わずかに東京大学の辻善之助が日本仏教史研究の一部として首をつっこんだ程度であって、あまり活発であったとは言えない。

それが戦後になると、教団内部の学者はむしろ声をひそめたかのようで、日本の歴史学界全体に幅広く展開して、ひとしきり活況を呈することになった。それはいわゆる「初期真宗の社会的基盤論争」によるものであって、そのきっかけを作ったのは、服部之総『親鸞ノート』（付表1）、とくにその中の「いはゆる護国思想について」という一章であった。

この論文は、歴史学の論文としては、実にキズだらけである。ことにそこに使われている史料の信憑性において、致命的なミスを冒しており、論文の学術的価値は決して高いとは言えない。

しかしそこには、戦争とそれにいたる十数年間の国家主義的思想統制とによって窒息させられていた思いが、一挙に噴出したかのような情熱があった。

真宗寺院の子弟として生まれながら、マルクス主義者となって寺を棄て、教団に絶縁した彼であったが、親鸞にだけは心からの傾倒を惜しまず、親鸞を我が手にとりもどしたい、という切々たる思いがそこにあった。いまそれを読みかえしてみると、いささか饒舌という感がないでもないが、ドラマチックな表現と、読者を引っぱり込み、巻き込んでいくような巧みな文章とで、人々に大きな感動を与えたのである。

この書が刊行された直後、家永三郎が『読書倶楽部』昭和二十四年（一九四九）五月号に書いた書評がその感動をよく表わしている。そして服部之総その人が、翌昭和二十五年の再版（福村書店）に際し「新版への序文」に引用しているので、ここでもいささか長文ながら、以下にそれを引用することとする。

第一に、著者は従来親鸞が王法為本の思想を有つてゐたことの証拠として常に利用される「念仏まふさん人々は、わが御身の料はおぼしめさずとも、朝家の御ため国民のために、念仏をまふしあはせたまひさふらはば、めでたふさふらふべし」といふ消息文の一節を取り上げ、それが果して本願寺教団その他の人々によつて解釈せられて来た様な護国思想をあらはすものであるかどうかを、あらゆる角度から峻厳に追求した結果、実はそれが反語であつて、その中に護国思想などは毫釐も含まれてゐないことを明確に立証されたのであつた。「親鸞の如きは其の中心思想が全然来世的であると同時に現実生活に付ては個人主義的自由主義的傾向が強いのであるが、それでも尚或る場合に『朝家の御ため国民のため御念仏候ふべし』と教へて、国家生活と調和せんことを求めたのである」（小野清一郎博士「法律思想史概説」六八―六九頁）といふのが今までの学界の常識であつたとすれば、右の結論は、親鸞の思想研究史上まさに劃期的意義を有するものとしなければならぬ。私は「出家人の法、国王に向つて礼拝せず」と宣言した親鸞に護国思想などの有り得べき筈の断じてないことを確信してゐながら、この一句については十分な解釈がつかず、消極的に黙殺する外なかつたのであるが、今や氏によつてその真義が正解され、私の考への間違ひでなかつたことの裏附けを得、誠に欣快に堪へないのである。

第二に、このことを立証するために、著者は善鸞義絶事件関係の文献に精細な批判を加へられ、その結果従来何年のものか明でなかつた年紀不明の親鸞の消息の多数に編年を施すことに成功された。これは、そのこと自体一般の興味を惹くことではないけれど、親鸞研究の基礎作業として、その伝記を闡明する上に多大の貢献を加へたものとして特筆に値する功績である。

第三に、著者はその論証過程中、親鸞と善鸞との対立が「百姓」層と「領家・地頭・名主」層との立場の対立であることをはつきり立証された。恐らく唯物史観の歴史家たる著者の親鸞研究のねらひはこの辺にあるのであらう。親鸞が民衆の友であることは古くからの常識であつたが、それを根本資料に基づき、一層厳密に論証せられたのは、これまた親鸞研究史上の重要業績たるを失はない。著者の目的としてゐるらしい親鸞の社会史的解明は、本書にあらはれた限りでは未だ十分に実行に移されてゐないが、さうした方向への輝かしい成功は、右に挙げた僅かな例だけでもはつきり約束されてゐる。

教団の社会的基盤をめぐる諸学説

家永三郎は右の書評を書いた翌年、『大法輪』昭和二十五年（一九五〇）八月号に、「親鸞の宗教の社会的基盤」という題の論文を掲載した。これは服部の執筆意図については強い共感を示しながらも、学術論文としては問題のあることを指摘したもので、その後、その著書『中世仏教思想史研究』（付表2）の増補版に収載された。この論文の題名から、「社会的基盤」の語が使用され始めることになった点でも画期的な論文であった。その概要を紹介しておきたい。

家永は親鸞消息の解釈——朝家のため国民のための念仏を反語とする解釈——については、服部説に賛成する。しかし親鸞の門弟の中には、「しむしの入道殿」と呼ばれるような明らかに「武士階級に属する門弟の存在することも確実であるから、親鸞を領家・地頭・名主に対する百姓側にある、と云いきってしまうことは、甚だ問題であると云わねばならぬ」として、「親鸞を耕作農民から一元的に説明しようとする解釈は崩壊せざるを得ない」と論断している。そしてさらに重要なことは、親鸞の宗教の核心である「悪人正因説の形成が武士階級における罪業の自覚とそれからの離脱の要求、という思想史的事実を媒介としている」と結論したのであった。

この家永の論文が出された直後の昭和二十五年十二月、今度は赤松俊秀が、『史学雑誌』（五九編一二号）に「親鸞の消息について——服部之総氏の批判に答えて——」という論文を寄せ、その中で右の服部説を厳しく批判した。この論文は、主題が西本願寺に伝えられる四通の親鸞自筆消息にかかわるものであったが、その前段において、「朝家の御ため、国民のために」の親鸞消息に関する服部の「反語説」を、消息の解釈を誤ったものとして非難しており、その後の学界には、この論文の主題よりもむしろその前段の部分の方が大きな影響を与えたのであった。そこでは、その消息の全文を逐語訳することから始められているが、この論文が現われてからは、問題の中心にある史料を逐語訳することが流行する、という副産物もあった。

この逐語訳によって、この親鸞の消息が、鎌倉幕府で行われていた念仏者に対する訴訟事件にかかわるものであること、そして「性信が鎌倉へ提出した答弁書の出来栄えを称賛し、それに対する所感として、個人の往生極楽のため以外に、朝家国民のための念仏の存在が望ましいことを表明した」ものであり、「結局は、この消息は、念仏を通じて自他、上下が一つに結ばれると考えている親鸞の社会国家観を端的に示したもの」であることを確認した。そして服部の反語説、すなわち朝家のため国民のために念仏申し合わす人々は、「おめでたい人々だ」と皮肉にその念仏を否定している、という解釈は誤っていることを言葉を尽くして述べている。

もともと服部説は強引なものであったから、この赤松説が出るに及んで影は薄くなったのであるが、それをさらに決定的にしたのは、『史林』(三三巻六号、一九五〇年)に掲載せられた五来重の「北陸門徒の関東移民」(付表4)という論文であった。これは服部が茨城県下の真宗門徒の中には、「新百姓」と呼ばれて過去に差別的取扱いを受けていた人々が多数存在すること、そしてその人々の先祖は越後から移住してきた、との伝承を持つことを指摘し、そのことから親鸞が越後から常陸へ移ったのは、彼らと行動を共にしたからであろう、これも親鸞が耕作農民の味方であった一つの証左である、と述べたことに対するものである。

五来重の研究によると、「新百姓」と呼ばれた人々は、たしかに越後からの移民ではあったが、親鸞在世の鎌倉時代というような古い時代のことではなく、近々二百年ほど以前の江戸時代のことであった。その歴然たる証拠が提示せられたのである。ここに服部の説は全く学術的価値を失うことになった。

しかし、親鸞は弱い百姓の味方であったにちがいないとする服部の主張だけは、根強く学界の中に残って消えなかった。二葉憲香はその共鳴者の一人であって、著書『親鸞の人間像』(付表5)において、赤松の研究に強い反対意見を発表した。そこでは服部の「朝家の御ため国民のため」反語説が成り立たないとする点で赤松説を認めたが、「領家・地頭・名主」の語が現われている九月二日付「念仏の人々」あての親鸞消息については、赤松説とは異なった解釈を行い、そこから赤松説を批判したものである。

二葉はこの消息から、領家・地頭・名主らが、親鸞の弟子に対して、神仏蔑如などと事実無根のことを言いがかりにして、念仏を停止したことがわかるとし、親鸞はそのような領家・地頭・名主の行動はよくあることだ、と言い、それに対して抗議の姿勢を示したもの、と主張している。

この主張に対し、赤松は、次に取り上げる論文において反論し、それに対してまた二葉が反駁するという論争の形をとることになったが、いまそれを一々取り上げるだけの紙面は与えられていない。二葉の論説は『親鸞の人間像』とか『親鸞の社会的実践』(付表6)という著書となっている。

ここで付記しておきたいのは、その主張の中で、疑問と思われる点が残っていることである。それは問題の中心である九月二日付の「念仏の人々」あて消息における「念仏をとゞめんとするところの領家・地頭・名主の御はからひどものさふらんこと、よく〳〵やうあるべきことなり」とか「そのところの領家・地頭・名主のやうあることにてこそさふらはめ」という文章の解釈を、領家・地頭・名主の念仏禁止などというような非道な行為は「よくあることだ」という意味に解釈すべきだと思われるが、「しばしばある」という意味だと述べていることである。「やうある」とは「理由がある」という意味に解釈すべきだと思われるが、「しばしばある」という意味での「よくある」の音訓と解しているのはいかがなものであろうか。この消息は、この語の解釈次第で意味が逆転することを思うと、基本史料の逐語訳という考証方法の重要性を改めて思い知らされるところである。

社会的基盤論争の拡大

ところで、この二葉の批判に対して、赤松俊秀が再び世に問うたのが『真宗研究』一輯に掲載せられた「初期真宗教団の社会的基盤について」(付表7)である。この論文もまた画期的な内容をもっており、「社会的基盤論争」を大きく盛り上げる原動力の一つとなったものである。この論文にまつわる私の若干の想い出を含め、以下に概要を記しておきたい。

実はこの論文が生まれる機縁となったのは、昭和二十九年(一九五四)十一月、津市一身田町の真宗高田派本山専修寺で行われた真宗連合学会創立大会である。この大会の現地での設営は私が担当したのであるが、このときは専修寺が伝蔵する親鸞真蹟で、それまで滅多に公開されることのなかったものが、ほとんど展観されるというので、真宗各派の名だたる学匠たちが打ちそろって専修寺に集まった。当時はまだ宿泊設備も十分でなかったために、その先生方も修学旅行の小学生よろしく、山内食堂《じきどう》の大広間に布団を並べて寝てもらった。

翌朝の晨朝法要に出かけると、その先生方が「ゆうべは面白かった。しかし眠い」と一様に言っておられるので、事情を尋ねると、広間の中央で、赤松俊秀、宮崎円遵、藤島達朗などの先生方が中心になって、真宗教団の社会的基盤についての論議が始まり、とうとう夜が明けてしまった、というのである。来年の連合学会大会に赤松俊秀がその成果を発表するところまで話が行ってしまった、とのことであった。「眠い眠い」と言いつつ、満ち足りた先生方の朝の表情であった。そんな経緯があって、翌昭和三十年五月、龍谷大学で開催された真宗連合学会第二回大会での研究発表が、この論文「初期真宗教団の社会的基盤について」である。

赤松は、論争の経過をふりかえり、二葉説などを批判したあとで、親鸞の門弟の中には、商人がかなりいたのではないか、利潤をとる行為が罪悪視されていたことから、悪人正機の親鸞の教えは、商人階級にも受け入れやすかったのではないか、との新説を提示している。これは前年専修寺食堂での一夜で語られた結論であったらしい。

ただこの論文では、その根拠史料などを示されなかったが、『鎌倉仏教の研究』（平楽寺書店、一九五七年）

を刊行するに際して、「師子身中の虫と諸仏等同について」（付表8）という一文を書き下し、越後浄興寺に伝えられている「親鸞廿一箇条禁制」などを史料として、厳密な考証を展開している。「初期真宗教団の社会的基盤について」の続編とも言うべきものである。

以上の論争は、ともすれば赤松俊秀が史料重点に歴史学の方法論を駆使しての立論であったのに対して、二葉などは思想内容に重点を置いての論述であって、まま意見の噛み合わない感があったが、昭和三十一年（一九五六）には歴史学本流の中から、赤松・家永説を批判し、社会的基盤を農民に求める学者が現われた。笠原一男である。

その主要論文は「東国における真宗の発展とその社会的基盤」（付表9）で、関東地方の在地史料を使って、親鸞消息に見える人名の考証を行ったり、地頭・名主たちの百姓に対する非法行為を例示するなど、国史学の専門的知識を発揮した論文になっている。そして悪人正機説の形成については、領家・地頭・名主からの非法を受ける百姓に対し「現世ではその宿命を甘受させつつ、来世における極楽往生の実現を現世で約束した」と述べるなど、教団に属する学者を驚かせるような表現で論述が進められている。

笠原はこの論文を中心としつつ、他の研究成果を加えて、昭和三十二年には『親鸞と東国農民』（山川出版社）と題する著書を世に出した。これまた史学の専門家らしい独創的な見解を多く含むものであって、学界の注目を集めた力作であった。しかしこの書については、家永三郎が『史学雑誌』（六六編七号、一九五七年）に長文の書評を寄せ、多くの疑問点を指摘している。

たとえば、親鸞の思想について、家永が武士の罪業の自覚と悪人正機説との関係を重視したのに対して、笠原は武士にとって殺人は戦功であり、悪人の自覚と相反するとしている点について、家永は「殺人を栄誉とする世俗道徳を否定的に媒介するが故にかえって悪人の自覚が喚起され深化される、という逆説的関係が存在するのであって、（中略）意識の構造を少しも考慮されず、異なる次元の意識を同一平面で理解されようとしたもの」と強く批判している。また問題の九月二日付親鸞消息については、「地頭・名主対百姓の対立が自覚されるのであるが、これはどこまでも建長八年の法難という特定の事件の渦中での発言であって、その内容を親鸞の全宗教活動に拡大するのは、いかがであろうか」と、赤松俊秀の解釈とは一味違った立場からの批判が述べられている。要するに、社会経済史的手法によって初期教団の研究に新生面を開こうとした努力は多としつつも、思想史の専門家の側から見れば多くの問題があることを指摘したものであって、傑出した書評として注目された。

社会的基盤論争の終幕

その後の初期真宗教団に関連する著書や論文の中では、松野純孝の『親鸞——その生涯と思想の展開過程——』（付表10）がひときわ目立つ好著であった。この筆者はそれまで全く無名に近かったが、広い視野に立ち、博捜した史料を駆使したこの一書によって、一挙に学界の中央におどり出た感があった。『日本歴史』昭和三十五年六月号に掲載された誉田慶恩の「東国真宗教団の基礎構造」（付表11）もまたこの時期の好論文であった。笠原一男の後輩として、笠原と同じく社会経済史学殖を基礎においた研究であって、このころ歴史学界の関心を集めつつあった中世農村の社会史的研究に役立たせようとする論文であった。そこに真宗教団史研究に時代の移り変わりを感じさせるものがある。というのは、著者は服部之総と同じく真宗寺院（大谷派）に生を享けた由であるが、服部が史料の解釈をねじ曲げてでも親鸞を農民の側へ引き戻そうとし、それが引き金となって社会的基盤論争が巻き起こったのに対して、誉田の論文は純学問的な関心からの叙述になっている。それは個人的資質の相違によるものかもしれないが、やはりそこには時の社会の動きも底流にあるように思われてならない。

服部は昭和三十一年（一九五六）に死去している。そして日本の社会は、昭和三十年代後半に入って経済の高度成長の波に乗った。教団の社会的基盤に関する研究は誉田の論文を最後にして、急激に下火になっていったのである。終戦直後の狂おしいまでの熱気が、ここにいたってようやく鎮静したとも言える。

保井秀孝の「親鸞思想の歴史的評価をめぐって――初期親鸞教団の社会的基盤論争をふりかえって――」（付表12）は、それからさらに二十年を経過した時点での執筆である。この筆者はこの論争が行われた当時は少年であったはずである。論争を経験しなかった人の、全く客観的な立場からの評価であること、しかもその後の黒田俊雄の提言にかかる「顕密体制論」の中での、親鸞とその教団の位置付けを目指す論文として、次の時代への橋渡しとしての意味も持っている。

2 東国教団の形成

親鸞の門弟に関する基礎史料が、『親鸞聖人門侶交名牒』であることは言うまでもない。親鸞門弟の名に住所を略記し、それを系図化したもので、鎌倉末から南北朝にかけてのころに、官憲へ提出したものが基礎となっているらしい。その存在は江戸時代から知られ、玄智の『本願寺通紀』は、甲斐国等々力《とどろき》万福寺所伝本（現在は伝わらず）を収載している。

近代に入ってこの研究を行ったのは橋川正で、大正五年（一九一六）の『無尽灯』（二一巻四号）に、「親鸞門侶交名帳《（ママ）》と原始真宗」を発表し、当時知られていた三河妙源寺本、甲斐万福寺本、常陸下妻光明寺本、同稲田西念寺本についての書誌学的分析を行うと共に、これを使って初期教団の分布を論じている。山田文昭は右四本のうち疑問の多い西念寺本を除く古本三本を並記対照した本を編集し、西村護法館がそれを印刷して、関係者に配布せられた。

その後、仏光寺教団の寺院から、京都光薗院本、滋賀県津里光照寺本などが発見され、藤原猶雪がそれらを加えて、「親鸞聖人門弟の地理的分布」（一九二一年、東大図書館雑誌掲載。のち藤原猶雪『真宗史研究』大東出版社、一九三九年所収）を論じているし、その新発見の二本は大正十二年（一九二三）の『仏光寺小部集』（仏教史学会編）に、日下《くさか》無倫の解説をつけて全文複刻された。

仏光寺派佐々木篤祐の調査したところによると、滋賀県下の仏光寺派寺院今川光台寺、下多良仏道寺、樋口明照寺、世継深光寺にもそれぞれ一本が伝えられているというが（佐々木篤祐『仏光寺史の研究』真宗仏光寺、一九七一年）、初期教団関係史料としては既発表の五本をもって足りているようであって、『真宗史料集成』第一巻（同朋舎出版、一九七四年）も、細川行信の『真宗成立史の研究』（法蔵館、一九七七年）も、妙源寺本、光明寺本、光薗院本の三本を対照複刻するにとどめている。

この交名牒と、親鸞消息とを対照して、親鸞門弟の分布と動向を研究した論文は、右に掲げたもの以外にいくつか知られる。津本了学が『現代語訳しんらん全集』書簡篇（付表14）に寄稿した「書簡にみえる門弟とその門徒の動向」は、親鸞の門弟全体をよく展望した好論文である。津本は宮崎円遵の門下であって、宮崎の後継者と目されていたが、若くして病死した。

その交名牒に連なる門弟の中で圧倒的に多数なのは、高田の真仏門下である。その真仏と高田門徒について考究したのが、中沢見明の「真仏上人伝説に就いての考察」（付表13）である。中沢は大正十一年（一九二二）に『史上之親鸞』（文献書院）を著わし、辻善之助の推輓を受けて学界に登場した。三重県下の本願寺派の僧籍にあったが、合理主義と実証主義に徹した研究で知られ、昭和七年（一九三二）、高田学報社が結成されると、ただちにその同人となって健筆を振るった。

この論文は『高田学報』九輯の特集「真仏上人研究」に寄せられたもので、これまで伝説で塗り固められていた真仏像を、信頼できる史料によって実証的に解き明かしている。中でも真仏は在俗の時は常陸国真壁郡にあり、『法水分流記』に明遍門下として現われている真壁の敬仏およびその弟子心仏と関係ある入道僧であろうことを指摘している点や、真慧の『顕正流義鈔』古写本に「高田開山真仏上人」とあることから、「恐らくは、高田如来堂は真仏以前から存在して、真仏はその堂を継承した入道僧であったのだろう」というような推測は、高田派教団にとってショックであり、その後の高田学界に大きな影響を与えるものであった。

細川行信の「親鸞聖人門侶の研究——特に門侶の門徒形成について——」（付表15）は、関東に残された門弟がいくつかの集団を構成するようになって、集会する中心地の地名を冠して何々門徒と呼ばれたこと、それは地縁集団のように見えるものの、次第に地域を越えて発展していったことを述べる。博引旁証、しかも元気一杯な青年期の作品らしく、現地を隈なく自分の脚で踏査しての論述である点に、絶大な価値をもっている。中でも鹿島門徒が久慈川を遡って奥州へ入って行っていること、そしてその経路は鹿島社の分布と一致していること、奥州に入ってからは八幡社の分布との関連が考えられること、などは全くの新提案であって興味深いものである。その後の学界ではこの提案をめぐっての研究はあまり進んでいないが、今後に残された課題であろう。

菊地勇次郎の「親鸞とその門下」（付表16）も『茨城県史』の編纂に従事し、親鸞の関東教化足跡地に豊富な土地感を持っている、という強味の上に立つ論文である。ことに、従来の研究が、真宗寺院を中心とした調査に基づいていたのに対して、浄土教系寺院はもちろん、密教寺院の伝承や、茨城県の地方史的事実も史料となっているという視野の広さは注目すべきである。ただ現地の不確実な口頭伝承にあまりにも多くを依存している、との感を拭いきれないのは、この論文の掲載が『茨城県史研究』であって、読者を茨城県民と想定して執筆された、ということから来ているのであろうか。

3　東国門徒の展開

近年の真宗史研究に見られる新しい傾向の一つに、「初期教団の見直し」がある。それには外部的要因と内部的要因とが考えられよう。

外部的要因は仏教民俗学研究の進歩からくるものである。五来重の『高野聖《こうやひじり》』（角川新書、一九六五年。一九七五年増補版）以来、急激に多くの成果を挙げはじめた仏教民俗学は、浄土教系教団における「ヒジリ」の存在に大きなウエイトをかけるべきことを教えた。親鸞自体にヒジリ的性格が強く見られることを指摘したのは松野純孝（前掲）であったが、それ以来、仏教民俗学的手法はいろんなところで次弟に真宗史研究にも取り入れられるようになっていた。私の「高田専修寺の草創と念仏聖」（付表17）などはその傾向に乗った一つの作例であるが、この傾向は年と共に次第に顕著になっていった。

初期教団の社会的基盤の問題にしても、門侶交名牒に載っているような門弟は、大なり小なり「ヒジリ」的性格を持っていたのではないか、という考えが次第に浸透していったようである。すでに赤松俊秀が「師子身中の虫と諸仏等同について」（前掲）の中で、

親鸞が御消息集第七通の真浄宛の正月九日附の消息で、「そのところの縁つきておはしましさふらはゞ、

いづれのところにてもうつらせたまえ」と真浄に勧めたのは、真浄がその在所に生れ、育ったものではなく、他から移住して、親鸞の教えを説いていたことを思わせる。親鸞の晩年、神仏軽侮・造悪無碍を理由にして、領家・地頭・名主の干渉が教団に及ぼうとしたのは、真浄のような他からの移住者の活動によって、新しい教団の勢力が伸張し、権力者として無視できない存在となったことが、弾圧の一つの原因であったと云えないことはない。

と述べているが、この一言も親鸞教団のヒジリ的性格論に、大きな影響を与えている。

宮崎円遵のような、教団内部の研究者の大先達も、晩年になると、こうしたヒジリ的性格を講演でしばしば口にし、論文にもそのはしばしが現われている。その典型的な例として、「親鸞聖人と関東の門弟――聖人の在関時代を中心として――」（付表18）がある。宮崎はこの中で、初期教団のヒジリ的傾向を明らかに述べると共に、それをさらに細かく分けて、性信中心の横曾根門徒を「沙門」、信海の鹿島門徒を「沙弥」、真仏門下の高田門徒を「聖」、源海の指導した荒木門徒を「上人」というように、キャッチフレーズまでつけて性格規定を行っている。この文章は講演筆記であって、学術論文として周到な用意の下に書かれたものではないが、彼の永年にわたる研究の到達点を、ズバリと直截簡明に言い表わしていて、学術論文には見られない面白味がある。またその中には、真仏二人説などの示唆も含まれている。彼はこの講演筆記に病床の中で手を加えたという。そして翌五十八年（一九八三）二月死去したので、これは真宗史学界への彼の遺言のようなものであった。

真宗史研究に新しい傾向をもたらした内部的要因としては、新史料の発見による新しい歴史的事実の知見が挙げられる。中でも横曾根門徒が鎌倉幕府で権力を振るっていた武士に接近し、スポンサーとなってもらって、正応四年（一二九一）に親鸞自筆の『教行信証』を木版によって出版した、という事実は、学界に大きなショックを与えた。これは私が昭和三十二年（一九五七）の『高田学報』（四〇輯）において、「高田宝庫より発見せられたる新資料の一、二について」と題して報告したのが端緒であった。私は半信半疑のまま、また開板に援助を与えた人物がどういう人であるか十分な検討ができていないままに報告したのであったが、すぐさま赤松俊秀がこれを取り上げ、その人物を解明して、この事実の重大性を説いた（「本願毀滅のともがらについて――異義者と親鸞――」〈付表19〉）。その後、いろんな学者によって取り上げられたこの史料は内容が夢物語であることから、摑みどころのない一種の不安感が拭われなかったが、それを一掃したのが、重見一行氏であった（「教行信証正応四年出版に関する書誌学的考証」〈付表20〉）。重見は専修寺から発見されたその『教行信証』の本文を詳細に分析した結果、それが正応四年開板のものの書写であることを確認したのである。

この『教行信証』開板のスポンサーとなった平頼綱というのは、赤松俊秀の考証によって、当時「内《うち》管《かん》領《れい》」と呼ばれ、鎌倉幕府の中で絶大な権力を振るっていた武士であることがすでに明らかになっている。横曾根門徒は、よりにもよって、幕府の最高中枢へ接近し、その援助を得ていたのである。宮崎も、先の講演の中で、これを「驚くべき史実」と述べ、その『教行信証』奥書の全文を紹介している。

私の『真宗史料集成』第四巻「専修寺・諸派」解説（付表21）は、この新史料を含めると共に、先のヒジリ的性格を踏まえつつ、各真宗教団（本願寺教団を除く）の成立過程を展望したものである。

峰岸純夫の「鎌倉時代東国の真宗門徒――真仏報恩板碑を中心に――」（付表22）は、右の新史実をフォローすると共に、初期教団が幕府権力といろいろの面で接触し、かかわりを持っていた点を追究したもので、教団外の史料、とくに関東在地史料を活用して、真宗史に新しい光をあてようとしたものである。日本史全体の動き、とくに関東地方社会の中へ真宗教団を位置づけようとした、純歴史学の立場からの論文として注目される。

今井雅晴の「横曾根報恩寺の成立と性信・証智」（付表23）もまた同じく新史料、とくに新発見の仏像胎内墨書銘などを使って、横曾根門徒の活動を見直そうとしたものである。峰岸と共に真宗教団の外側から、真宗史に焦点をあてた示唆に富む論文である。

4　教団の組織

親鸞は「弟子一人モモタズサフラフ」とか「弥陀ノ御モヨホシニアヅカテ念仏マフシサフラフヒトヲ、ワガ弟子トマフスコト、キハメタル荒涼ノコトナリ」（『歎異鈔』）と言ったといわれ、師弟関係による教団の組成を否定したことは言うまでもない。しかし同信の人々が、聞法のため集合すれば、そこにグループが生まれるのは当然であり、それが教団となるのも自然の勢いである。しかしその初期真宗教団がどのような組織になっていたかの研究は、あまり多くはない。教団の社会的基盤については、先に見たように、戦後華やかな論議が尽くされたけれども、それに較べると、まことに寥々たる有様である。

日下無倫の「改邪鈔撰述の歴史的由来――本鈔を中心とする前後の事情について――」は、東本願寺の昭和二十六年（一九五一）度安居《あんご》において彼が講じた『改邪鈔序説』（付表24）の第三章をなすものであって、その章立ては、

第一章　真宗掟の変遷と改邪鈔の地位
第二章　改邪鈔所破としての仏光寺了源
第三章　改邪鈔撰述の歴史的由来
第四章　改邪鈔撰者と願主
第五章　改邪鈔一部の要旨
第六章　改邪鈔の古本と註疏
第七章　安居における改邪鈔の問題
第八章　改邪鈔本文に於ける問題の一、二

となっている。謄写版印刷であって、見るからに終戦後の気分が残っている。その説くところは、戦前の学風そのままであって、古いタイプの真宗史の一つの到達点を示すものと言える。

それに対して、昭和三十一年（一九五六）に赤松俊秀が書き下ろした「師子身中の虫と諸仏等同について」（前掲）は、越後浄興寺に伝わる「親鸞廿一箇条禁制」の検討に、叙述の多くを充当していて、初期教団の構成論と言ってもよい論文であるが、執筆動機が先に記した社会的基盤論争であったこともあって、新鮮な感覚で、しかも切れ味鋭い近代的な論文である。この種の教団の掟について見直しを求めたものであり、このののちの研究者に多くの影響を与えた。

宮崎円遵の「親鸞教団の構成」（付表25）と千葉乗隆の「親鸞門弟の教団形成」（付表26）とは、相次いで発

表せられたもので、題名のように、宮崎の方が親鸞在世時に形成された教団を、千葉は親鸞没後の教団の動向を取り扱っている。宮崎は、親鸞の教団が地縁集団ではなく、郷・荘を超えた広い地域にわたり、社会階層も超えた構成であって、名号本尊を掲げた道場を中心に集会したこと、そしてその経済基盤などについて述べ、すべての点で律令仏教と異なっていることを強調している。そこにはこの執筆の昭和三十五年（一九六〇）当時、親鸞の反律令的性格の究明に力をそそいでいた宮崎の姿がよく現われている。

千葉は初期教団における知識尊重の気風や、師匠の影像を描き加えた光明本尊や先徳像の依用は、真宗教義の正道からはずれがちであるが、教団の拡充・団結強化のためには、ある程度止むを得なかったこと、また教団を維持するために、いろいろな掟が作られたし、南北朝ごろからは、惣村的結合形態が門徒組織に採用される傾向が出てくるけれども、それには「真宗教学の純粋度の稀薄化によってそれが可能となったもの」などを説く。理想と現実との板ばさみになっている教団の実情が注視されている。そこにはこれまでの論文にも見られなかった真宗史研究者の深刻な悩みが率直に描き出されていて、共感を呼ぶ。

5　善鸞事件の研究動向と『歎異鈔』

親鸞が自分の実子慈信房善鸞との親子の縁を切った、いわゆる善鸞義絶事件は、晩年の親鸞にとって痛恨の大事件であったことは言うまでもないが、門弟たちの教団にとっても、その根底をゆるがす大きな出来事であった。

それは『親鸞聖人血脈文集』第二通の性信房あて消息に、「自今已後ハ慈信ニヲキテハ子ノ儀オモヒキリテサフラフナリ」と述べられているのと、『最須敬重絵詞《さいしゅきょうじゅうえことば》』に、善鸞を、

初ハ聖人ノ御使トシテ坂東へ下向シ、浄土ノ教法ヲヒロメテ、辺鄙ノ知識ニソナハリ給ケルカ、後ニハ法文ノ義理ヲアラタメ、アマサへ巫女ノ輩ニ交テ、仏法修行ノ儀ニハツレ、外道尼乾子ノ様ニテオハシケレハ、聖人モ御余塵ノ一列ニオホシメサス。

と記していることなどから、早く江戸時代から知られていたことではあった。

しかしまた『最須敬重絵詞』は、その善鸞の行動を「モシ外相ヲワサトカヤウニモテナサレケルニヤ、アヤシクミエ給フ事トモアリケリ」と言って、巫女たちを教化する方便であったかのように結論していることもあって、これがそれほどの深刻な事件であったとはされなかったようである。それは出雲路派など越前四派の本山が、善鸞を世代の中に加えていることでも知られよう。

それが切実な深刻さをもって研究者に取り扱われるようになったのは、親鸞が善鸞に勘当を言い渡した書状（義絶状）の古写本が、高田専修寺の宝庫から発見されてからのことである。中沢見明は『史上之親鸞』（付表27）に、

専修寺に聖人がその息男慈信を義絶せられた書状の古写本がある。私は昨年松山忍明氏の厚意でその写真を拝見したが、その書状は嘉元三年即ち聖人滅後四十年の書写であるけれども、顕智の他の筆跡に比較して顕智の書いたものである。

と、その発見を学界に報じているから、発見は大正九、十年（一九二〇、二一）ごろのことであったらしい。中沢に写真を見せた松山忍明は、当時専修寺の宝庫を管理していた高田派の学匠である。

その後のこの事件についての学界の評価は、山田文昭の「善鸞の異義」（付表28）に尽きている。史料に忠実に、綿密な考証によってこの事件の概要をまとめ上げていて、山田の本領を発揮した論文になっている。それは戦前の真宗史研究の一つの頂点を示すものであった。

戦後になって、それに新しい息を吹き込んで、研究を躍動化させるようになったのが、服部之総の『親鸞ノート』（前掲）の「いはゆる護国思想について」であった。これは本稿の冒頭で述べたように、親鸞を農民の手に取り戻そうという意図で書かれ、社会的基盤論争をひき起こす導火線となった論文なのであるが、彼はその主張をひっぱり出すために、親鸞の消息の中で、関係のあるものを並べてみせる、という手法を使った。それがほとんどこの善鸞事件にかかわっているものであった。もちろんそれらの多くは、すでに山田文昭によって善鸞事件の史料として指摘されていたものであるが、彼はそれ以外にも何通かを追加した。これもあれも、という具合に、親鸞消息の多くが、どこかで善鸞事件にかかわっている、というこの事件の影響の大きさを読者に訴えたのである。

しかもそれだけではない。彼の親鸞消息の解釈が誠に新鮮であった。その典型的なのが例の七月九日付性信房あての「朝家の御ため国民のために」の消息である。この消息の場合、あまりにも極端であって、結果的には失敗をまねいたのであったが、親鸞消息を、その文面の字句の解釈だけでなく、その背後にあるものを嗅ぎ出そうと、鋭敏な嗅覚を働かしている点に、それまでの研究にはなかった新鮮さがあったのである。たとえば『御消息集（広本）』第十六通（『末灯鈔』第十七通）の十一月二十五日付の真仏房あて消息についての記述にそれがよく現われている。この消息は、「他力のなかにまた他力」というようなことは聞いたことがない、と述べると共に、銭二〇貫文を受領したことを記したものであるが、服部の推理によると、善鸞が関東へやって来て、自分は父親鸞から「他力のなかにまた他力」という秘伝を伝授されている、と触れこんで多くの弟子を集めた。それを知った真仏が、自分もそれを伝授してほしい、と京都の親鸞へ二〇貫文（米にして二〇石分）という大金を送りとどけた。その返事がこの消息にちがいない、というのである。真仏からの書状と銭とを見た親鸞は激怒したが、辛うじて感情を抑制してこの返事を書いた。だから「この短い真仏あての消息の行間にゆらぐなまなましい不機嫌は、他に類のないものである」と評している。

この彼の推理は、真仏に対する親鸞の信頼が、他の消息では極めて厚くみられることを考えると、正鵠を得ているとは思われないが（この件については補記を参照されたい）、今はこの推理の当否は問題ではない。親鸞の消息から「なまなましい不機嫌」というような親鸞の気分を読みとろうとした彼の手法が、読者の心を抉ったのである。これまでの研究者は、親鸞の消息を史料として使うとき、そこに含まれている親鸞の思想、親鸞の教えを汲み取ることに専念した。それに対して服部は親鸞の気分を読み取ろうとしたのである。親鸞の消息をこのように読んだのは、服部をもって嚆矢とするのではあるまいか。

親鸞消息のこのような分析は、読者にまことに魅力的であった。とくに思想家とか評論家とか言われる人々から非常な歓迎をもって迎えられた。その証拠に、『親鸞ノート』から二十数年を経過した昭和五十年（一九七五）になってからなのだが、唐木順三はこの服部の消息解釈を題材として「親鸞の一通の手紙」（付表29）という評論をものしている。そしてまたそれが評判になって、吉本隆明の『思想読本 親鸞』（法蔵館、一九八二年）にも取り上げられているのである。

ともあれ服部の『親鸞ノート』は、善鸞研究にも大きなショックを与え、昭和三十年代に入ると、その研究はにわかに活況を呈することになった。その口火を切ったのは宮地廓慧である。宮地は『京都女子大学紀要』（付表30）に「善鸞の異義について」を発表し、親鸞消息を分析した結果として、善鸞は山田文昭の言うような現世祈禱を行う秘事法門の徒ではなく、極めて堅苦しい専修賢善を主張した人物であったはずだ、との新説を発表した。宮崎円遵もこれに賛成している（付表31）。

これに対して大原性実は、ただちに「慈信房善鸞の異義について」（付表32）を『龍谷大学論集』（三五三号、一九五六年）に掲載して、親鸞消息を解釈して知られる善鸞の異義は、秘事法門でなければならない、と反論した。

このあと宮地、大原両者は相譲らず、論争の形となって、いくつかの論文が発表されたが（付表33）、赤松俊秀も『親鸞』（付表34）において、善鸞を賢善精進の徒と認めており、歴史学の面からの研究者には、宮地説に加担する者が多いようである。しかし大原は異義異安心史研究の権威であっただけに、教義面では大原説を採る人が多いのではなかろうか。重松明久の「善鸞の宗教的立場」（付表35）はこれらの論争を踏まえると共に、鎌倉幕府の施策や、関東地方の天台宗を始めとする諸宗派の動向などをくわしく展望した中に善鸞事件を位置づけた力作である。

次に『歎異鈔』に関する論文を取り上げる。これは『歎異鈔』もまた善鸞事件にかかわっていると考えられるからである。従来は、その前半を占める親鸞語録の部分があまりにも有名で、これだけが独《ひと》り歩きしてしまっている感がある。しかし、異義異端を批判した後半部分こそ著者の重視する部分であったはずであり、『歎異鈔』の名の生ずる所以である。それは初期教団の実態をよく示すものでもある。また前半の親鸞語録にしても、「オノ〳〵十余ケ国ノサカヒヲコエテ、身命ヲカヘリミスシテ、タツネキタラシメタマフ御コヽロサシ」の人々が、善鸞事件によって信心を動揺させた人々であったとされ、この書全体が善鸞事件を背景にしている、との説が有力となっている。

そこで『歎異鈔』をそのように善鸞事件との観点から見た論文三点をあげれば、千輪慧の「『歎異鈔』成立期の諸問題——異義を中心に——」（付表36）はそうした問題を取り上げた最も早いころの作品であり、宮地廓慧の「『歎異鈔』と善鸞の異義」（付表37）も同じ立場で先に述べた大原との論争を踏まえつつ、善鸞事件とのかかわりを解明している。石田瑞麿氏の『歎異鈔——その批判的考察——』（付表38）は、それらとは一味違って、この題名の示すように、『歎異鈔』を批判的に読み直しつつ、真実の親鸞を追究しようとする厳しい著書である。その第二章は、「オノ〳〵十余ケ国ノサカヒヲコエテ……」について語っている章であって、石田の善鸞事件観がくわしく述べられている。そして当然のことながら、従来の諸研究を俎板に上せて批判している。読者は学問が次々と進歩を続けていることを痛感させられるであろう。

［補記］ 門弟から親鸞への銭について

本稿で、親鸞消息の研究手法が変化したことを紹介した中で、その一例として、『末灯鈔』第十七通の十一月二十五日付真仏あて消息を取り上げた。そこでは追而書に、「銭弐拾貫文慥々給候、穴賢々々」と事務的な言葉だけで、謝礼の言葉が記されていない。これについて、服部《はっとり》之総《しそう》・唐《から》木順三《きじゅんぞう》両名はこれを親鸞の「なまなましい不機嫌」と理解し、これからいろいろの憶測をひっぱりだしていることを紹介した。

しかし銭が送られてきて、それを受け取った手紙に感謝の言葉がないからといって、それをすぐに不機嫌の表現としてしまうのはいかがなものだろう。私はこれは親鸞が真仏からの依頼に応じて送り届けた品物の代金であって、親鸞からの請求に対して真仏から送金してきた代金の受取書であった、と考える。

今さら言うまでもないことだが、絵画や彫刻工芸などの美術品、中でも仏画や仏像などは、この時代は京都か奈良でなければ制作できなかった。したがって東国の親鸞教団でも、仏画や仏像の類は京都で調達したに違いない。関東から京都へ帰った親鸞は、その面でも世話をすることが多かったと思われる。

専修寺に伝わる黄地《おうじ》十字名号や紺地十字名号はその好例である。別稿で述べたように、黄地十字名号を描いた画工は、安城御影《あんじょうのごえい》を描いた法眼朝円《ほうげんちょうえん》と認められるし（拙稿「鏡御影と安城御影の問題点」『西本願寺教学研究所紀要』第二〇号、二〇〇〇年）、紺地十字名号も恐らくそうした画工の手にかかったものと見てまちがいない。とすれば相当の経費を支払ったはずである。親鸞はその名号に自筆で賛銘を書き加えて関東へ送り届けているのだから、これを受取った門弟はその代金を親鸞の許へ送ったにちがいない。

先の「銭弐拾貫文」がどういうものの代金だったかはわからないが、そうした品物の代金だった可能性は十分にあり得るだろう。とすれば「銭弐拾貫文慥々給候」は不機嫌でも何でもない、事務的な領収書であるに過ぎない。

そのほか、善鸞事件については、別稿「善鸞義絶事件の根本的再検討」（本書第一部所収）でも述べたように、従来の諸説はいろいろの点で再検討されるべきだと考える。

付表　本稿掲載文献一覧（本稿記載順）

1　服部之総『親鸞ノート』（初版、国土社、一九四八年。新版、福村書店、一九五〇年）
2　家永三郎「親鸞の宗教の社会的基盤」（『大法輪』一九五〇年八月号、のち家永著『中世仏教思想史研究（増補版）』法蔵館、一九五五年）
3　赤松俊秀「親鸞の消息について—服部之総氏の批判に答えて—」（『史学雑誌』五九編二号、のち赤松著『鎌倉仏教の研究』平楽寺書店、一九五七年）
4　五来　重「北陸門徒の関東移民」（『史林』三三巻六号、一九五七年）
5　二葉憲香『親鸞の人間像』（真宗書籍刊行会、一九五四年）
6　〃　『親鸞の社会的実践』（百華苑、一九五六年）
7　赤松俊秀「初期真宗教団の社会的基盤について」（『真宗研究』一輯、のち赤松著前掲書、更にのち『日本仏教宗史論集6　親鸞聖人と真宗』吉川弘文館、一九八五年）
8　〃　「師子身中の虫と諸仏等同について」（赤松著前掲書）

9 笠原一男「東国における真宗発展とその社会的基盤」(『歴史学研究』一九八号、一九五六年、のち笠原著『親鸞と東国農民』山川出版社、一九五七年、更にのち『親鸞大系』歴史編5巻、法蔵館、一九八九年)
10 松野純孝『親鸞—その生涯と思想の展開過程—』(三省堂、一九五九年)
11 誉田慶恩「東国真宗教団の基礎構造」(『日本歴史』一四四号、一九六〇年、のち『親鸞大系』前掲巻)
12 保井秀孝「親鸞思想の歴史的評価をめぐって—初期親鸞教団の社会的基盤論争をふりかえって—」(『仏教史学研究』二四号、一九八一年、のち『親鸞大系』前掲巻)
13 中沢見明「真仏上人伝説に就いての考察」(『高田学報』九輯、一九三四年、のち『親鸞大系』前掲巻)
14 津本了学「書簡にみえる門弟とその門徒の動向」(『現代語訳しんらん全集』書簡篇、普通社、一九五八年、のち『親鸞大系』前掲巻)
15 細川行信「親鸞聖人門侶の研究—特に門侶の門徒形成について—」(『親鸞聖人論攷』一号、一九五四年、のち『親鸞大系』前掲巻)
16 菊地勇次郎「親鸞とその門下」(『茨城県史研究』五一号、一九八三年、のち『親鸞大系』前掲巻)
17 平松令三「高田専修寺の草創と念仏聖」(『赤松俊秀教授退官記念国史論集』一九七二年、のち『日本仏教宗史論集6 親鸞聖人と真宗』吉川弘文館、一九八五年)
18 宮崎円遵「親鸞聖人と関東の門弟—聖人の在関時代を中心として—」(『龍谷教学』一七号、一九八二年、のち『宮崎円遵著作集2』思文閣出版、一九八六年、更に『親鸞大系』前掲巻)
19 赤松俊秀「本願毀滅のともがらについて—異義者と親鸞—」(『日本仏教』二〇号、一九五七年、のち赤松著『続鎌倉仏教の研究』平楽寺書店、一九六六年)
20 重見一行「教行信証正応四年出版に関する書誌学的考証」(『国語国文』四三巻四号、一九七四年、のち重見著『教行信証の研究』法蔵館、一九八一年)
21 平松令三『真宗史料集成』第四巻「専修寺・諸派」解説(同朋舎出版、一九八三年、のち『親鸞大系』前掲巻)

22　峰岸純夫「鎌倉時代東国の真宗門徒—真仏報恩板碑を中心に—」（北西弘還暦記念論集『中世仏教と真宗』吉川弘文館、一九八五年、のち『親鸞大系』前掲巻）
23　今井雅晴「横曾根報恩寺の成立と性信・証智」（『地方史研究』三七—二、一九八七年、のち『親鸞大系』前掲巻）
24　日下無倫『改邪鈔序説』（大谷派安居事務所、一九五一年）
25　宮崎円遵「親鸞教団の構成」（真宗連合学会編『親鸞聖人の教学と伝記』百華苑、一九六一年、のち『宮崎円遵著作集2』思文閣出版、一九八六年、のち『親鸞大系』前掲巻）
26　千葉乗隆「親鸞門弟の教団形成」（『龍谷大学論集』三六五・三六六合併号、一九六〇年）
27　中沢見明『史上之親鸞』（文献書院、一九二二年。再刊、法蔵館、一九八三年）
28　山田文昭『真宗史稿』第二編（破塵閣書房、一九三四年）
29　唐木順三「親鸞の一通の手紙」（『中央公論』一九七五年六月号）
30　宮地廓慧「善鸞の異義について」（『京都女子大学紀要』一〇・一一合併号、一九五五年）
31　宮崎円遵「晩年の親鸞」（『大乗』七巻一号、一九五六年、のち宮崎著『親鸞とその門弟』永田文昌堂、一九五六年）
32　大原性実「慈信房善鸞の異義について」（『龍谷大学論集』三五三号、一九五六年）
33　〃　「宗祖書簡に現れたる善鸞の異義—宮地廓慧氏の新著『御消息集講讃を縁として』—」（『宗学院論輯』四二号、一九七五年、のち『親鸞大系』前掲巻）
34　赤松俊秀『親鸞』（吉川弘文館、一九六一年）
35　重松明久「善鸞の宗教的立場」（『金沢文庫研究』一三七〜一四一号、一九六七年、のち重松著『中世真宗思想の研究』吉川弘文館、一九七三年、のち『親鸞大系』前掲巻）
36　千輪　慧「『歎異鈔』成立期の諸問題—異義を中心に—」（『日本教学研究所紀要』一号、一九六一年、のち『親鸞大系』前掲巻）

37 宮地廓慧「『歎異鈔』と善鸞の異義」(『高田学報』五七輯、一九六六年、のち『親鸞大系』前掲巻)
38 石田瑞麿『歎異鈔—その批判的考察—』(春秋社、一九八一年、のち、その第二章を『親鸞大系』前掲巻)

二　親鸞教団の地縁性について

——親鸞の念仏が東国に根付かなかった理由——

親鸞教団の規模

親鸞の東国での生活はほぼ二十年に及び、多くの人々がその教化に浴した、とされている。ただその具体的な状況については、逸話的な事実が三つ四つ伝えられているだけで、その全体を総括した史料などはない。

そこでまず、「教化に浴した人々がどれほどの数だったか」だが、学者の中には数万人とか数十万人という人がある。しかし当時の日本の全国総人口は一〇〇〇万人そこそこだったはずだし、当時の交通事情を勘案すると、これはちょっと誇大ではあるまいか。

親鸞示寂から四十七年後の史料だが、延慶二年（一三〇九）青蓮院が「親鸞上人門弟等御中」へ差し出した文書（西本願寺文書）の中に、

顕智・順性・信寂以下門弟等数千人、令レ散二在于諸国一

という文言がある。大雑把な数字だが、一つの目安になるだろう。

もう一つ考えられるのは、親鸞の門弟として知られている人々の数からの算出である。親鸞門弟の名簿と

しては、南北朝期に制作された『親鸞上人門侶交名牒』（以下『交名牒』と略称する）があり、これに直弟として四四名が登載されている。そしてこの直弟の弟子、つまり親鸞孫弟子の中に「上人面授」との註記のある名があるので、それを加えて、四八名ということになる。

仮に直弟一人についてその門下に一〇〇人の門信徒がいたとすると、四八〇〇人ほどになり、先の青蓮院発出文書にいう「数千人」というのが、ほぼ妥当な線ということになりそうである。

直弟の地域的分布

問題はそうした人々の地域的分布である。一般門信徒まではとてもわからないが、直弟については『交名牒』に居住地の記載があるので、それに基づいて分布地域を調べることができる。そんな研究は早くも戦前に藤原猶雪（「親鸞聖人門弟の地理的分布」『真宗史研究』大東出版社、一九三九年所収）があり、戦後もいくつかの研究が発表されている。そうした成果を踏まえて、直弟を国別にとりまとめてみると、次のようになるようである。

下野国	六名	常陸国	一九名
下総国	四名	武蔵国	一名
奥州	七名	越後国	一名
遠江国	一名	洛中	八名

不明　　一名　　計　　四八名

このうち洛中の八名の中には、親鸞の兄弟など親族が四名と秘書の蓮位が含まれている。ということは親鸞が帰洛後に京都で生まれた直弟は善善（善覚とする本もある）と浄信と賢阿の三名だけということになる。しかも学者の中には、「賢阿」というのは蓮位の号だ、という説もあって、そうだとすると、洛中で生まれた弟子はさらに減って二名ということになる。

これらのことを併せ考えると、直弟の分布は関東および奥州、いわゆる東国に集中しており、したがって親鸞の教化も東国に集中していた、ということになる。このことは何も目新しいことではない。早くから知

神奈川県	東北六県	全　国
相　模	奥　州	
0	7	その他を含め 48
62	152	〃 10,624
52	420	〃 8,881
6	10	〃 657
129	583	〃 21,401
1,881	5,671	〃 74,600
6.8%	1.0%	〃 28.9%
日蓮 289		真宗系

した．また下総は府県制により二分されたが，

『全国寺院名鑑』によった．

表１　親鸞聖人直弟及現在真宗寺院分布

地域別／種別		栃木県	茨城県		群馬県	千葉県	埼玉県	東京都
		下　野	常陸	下総	上　野	上総安房	武　蔵	
聖人直弟		6	19	4	0	0	1	
現在真宗寺院	西本願寺派	26	38		10	38	31	175
	東本願寺派	18	70		20	17	21	158
	高田派	5	3		0	0	1	17
	その他を含め合計	49	111		30	56	54	362
管内総寺院数		977	1,255		1,202	2,948	2,151	2,940
真宗寺院の占める割合		4.9%	8.8%		2.5%	1.9%	2.0%	12.3%
最も多い宗派と寺院数		曹洞宗 187	真言宗豊山 315		曹洞宗 362	真言宗智山 627	曹洞宗 522	日蓮435 浄土432

＊　直弟の数は，『親鸞聖人門侶交名牒』（妙源寺本）を使用し，誤写と認められるものは修正
直弟は利根川以北居住と認め，茨城県に算入した．

＊　現在の真宗寺院数は，真宗教団連合発表の資料に基づき，県内寺院数は，昭和45年発行の

られていたことである。それをここで取り上げたのは、このように流布された親鸞の教えが、その後どのように伝えられ、教団がどのように展開したかを調べてみたいからであった。本願寺第三世覚如は『親鸞聖人伝絵』の最終段を、

聖人相伝の宗義いよ〳〵興じ　遺訓ます〳〵盛なること。頗《すこぶる》在世の昔に超たり、すべて門葉国郡に充満し、末流諸々に遍布して、幾千万といふことをしらず

と述べているが、実態はどうだったか、を調べてみたいがためである。しかし残念ながら、東国のその後の状況を数字的に教えてくれる史料は現存しない。そこでやむなく、現代の真宗寺院の状況と対比してみることにした。その調査結果は表1の通りであった。

これによると、真宗寺院は全国に二万一四〇一ヵ寺があり、それは全国仏教寺院総数の二八・九％に達する。しかるに関東と東北地方の真宗寺院数は、東京を除くとすべて一〇％以下であって、全国レベルに達していない。もちろんこのような七百余年の歳月を飛び超えた対比は無謀だ、とのご批判はあろう。しかし現代の寺院数は、江戸・東京のように近世・近代に大きく変貌した地域を別とすれば、十七世紀前半期のキリシタン禁制のための宗門改め以降それほど大きな異動はないと見られるから、親鸞在世時との距離はもっと縮まり、親鸞の教化から三、四百年の間にこのようになってしまった、と考えられる。東国諸県の中では茨城県が八・八％と他県をリードしている点で、わずかに親鸞教化の余韻を感じさせるが、それにしても全国平均の三分の一にも達しない数字である。覚如が『伝絵』を執筆した当時の情勢が、文章表現上多少の誇張

は割り引くとしても、まずまずの展開をみせていたとするならば、それから三〇〇年の間に東国の様相はガラリと変わっていたことになる。なぜこうなったのだろうか。

東国教団の内部対立や他宗派との習合

親鸞の帰洛後、東国教団にはいろいろな異義が発生し、親鸞は京都からしきりに消息を出すなどしてその

図15　真仏報恩塔（埼玉県蓮田市）
延慶4年（1311）造立．名号の字体に時宗の影響が著しい．

修正につとめているが、親鸞滅後は異端異解は一段とひどくなったようで、唯円の『歎異鈔』や覚如の『改邪鈔』などの著作はそれへの対応であった。そしてそれは教義面の異義異端に留まらず、教団の行動面での対立抗争へと進んでいったようである。一例が埼玉県蓮田市馬込にある真仏報恩塔である。

この塔は、六字名号を大きく彫り現わした板碑で、地上露出部分だけで四メートル近い巨大な石碑である。名号の下方に、「報恩真仏法師」のため唯願という僧が発願主となって、延慶四年（一三一一）三月八日に建立した、との銘文がある。真仏といえば『交名牒』の筆頭に位置する親鸞直弟であって、唯願はその門下として『交名牒』にその名が見えるので、これが真宗初期教団の遺品であることはまちがいない。三月八日が高田派第二世真仏の祥月命日であることは諸史料の示すところであって、その点からも確認できる。

ところで真仏は『交名牒』に「下野国高田住」と註記があり、その遺跡は栃木県高田に専修寺となって伝えられているのに、その真仏への報恩の碑が、高田に建てられないで、高田から数十キロも離れたこの地に建てられているのはなぜか。その疑問を解き明かそうとしたのは、峰岸純夫氏であった（「鎌倉時代東国の真宗門徒――真仏報恩板碑を中心に――」『北西弘還暦記念論集　中世仏教と真宗』吉川弘文館、一九八五年所収）。

峰岸氏はそこに高田門徒の分裂がある、と推定する。真仏の跡を顕智・専空と継承した下野高田の正統一門に対し、確執を抱いた唯願一派が下総・武蔵に分布する門徒の総結集をはかるため、高田を離れた馬込の地に建てたのではないか、というのである。しかも彼らは鎌倉幕府の要人と密接な関係にあり、その経済的援助を受けていた可能性も指摘されている。

この論は博引旁証で説得力に富む力作である。ただ門徒集団が分裂した場合、一般的には堂舎を別立してそこを拠点とすることが多いのに、この場合、堂舎を営まず石塔を建立したのはどうしてか、という疑問がないではない。それは今後の課題だろう。

たしかにこの板碑を見ると、唯願一派が真仏門下でありながら、どうもその流儀をキッチリとは踏襲していないように見受けられる。というのは、この名号が「南無阿弥陀仏」と彫られているからである。周知のように親鸞は六字名号を書く場合、必ず「南无阿弥陀仏」と書いて、「無」の字は用いなかった。ところが、この報恩塔には「無」の字が使われているのである。真仏門下だというのに親鸞の流儀からはずれてしまっている。またこの名号の字型を見ると、明らかにその当時時宗で用いられた書体である。このことは早く宮崎円遵の指摘せられたところである（「真仏報恩塔の造立とその背景」『宮崎円遵著作集』第三巻、思文閣出版、一九八七年所収）。真宗教学の立場に立てば、この唯願一派は時宗と混濁している、とも言える。

また茨城県茨城町円福寺（天台宗）の本尊阿弥陀三尊立像は、胎内などの墨書銘によって、親鸞の直弟で横曾根門徒のリーダーだった性信の弟子能一が願主となって、徳治二年（一三〇七）に制作されたことが知られるが、胎内銘には聖道門の用語がしきりに使われるだけでなく、「醍醐三宝院門徒」の名が見えるなど、混乱を露呈している（『真宗重宝聚英』第三巻、同朋舎出版、一九八九年）。

こうした混乱は教団の発展を阻害し、勢力を萎縮させた原因となったにちがいない。しかしもう一つ重要なことは、親鸞教団には根本的に教化の成果をその土地へ定着させようとする姿勢が薄かったと思われる節があり、それも大きく影響していたのではあるまいか。

〝念仏の広まり候はんことも仏天の御はからひ〟

この言葉は、『親鸞聖人御消息集』に第七通として収められている、真浄坊あての親鸞消息に述べられた言葉である。念仏を禁止されて身動きがとれず困っている、と嘆いてきた真浄坊という弟子に送った手紙で、真浄坊への慰めの言葉に添えて次のように指示を与えている。

> 詮ずるところ、そのところの縁ぞつきさせたまひてさふらふらん。(中略)そのところに念仏のひろまりさふらはんことども、仏天の御はからひにてさふらふべし。(中略)ともかくも仏天の御はからひにまかせまいらせさせたまふべし。そのところの縁つきておはしましさふらはゞ、いづれのところにてもうつらせたまひさふらふて、おはしますやうに御はからひさふらふべし。

つまり念仏を禁止するような所は念仏の縁が尽きたのだから他へ移れ、というのである。私などは、念仏の縁は宇宙のどこにでもあるように思われてならないので、この「念仏の縁が尽きた」という言葉はどう理解したらいいのか、真宗学専門の方からご教示を得たいが、それはともかくとして、地域への伝道が行き詰まった場合、余りその地にこだわらずに他へ移れ、というのである。

親鸞のこういう指示は、真浄坊がその地域内に寺院はもちろん道場やそれに類する施設を何も持っていなかったことを思わせる。布教の拠点として寺院などを持っていたら、他へ移ることなどそう簡単に出来るはずがないからである。彼らの教化伝道生活というものが、地域へ何らかの施設をもうけて、そこを拠点として念仏を広めるというのではなく、何らかの縁によってその地へやって来ただけのことだったとしか考えられない。

「縁」にはいろいろあろうが、真浄坊の場合、この消息の中に「余のひと〴〵を縁として」という言葉があるから、この土地の住民、おそらく有力者をたよってこの地へ来て教化伝道していた、と思われる。ところがそこへ親鸞の息子という肩書を持つ慈信房善鸞が入り込んできて、それまで真浄坊の外護者であった有力者を彼から引き離してしまったらしい。縁を失った彼は居場所を失い、「所狭《せ》く」なったのだと考えられる。この真浄坊のような形態は、親鸞門弟たちの多くに共通するのではなかろうか。それは言うなれば、「在地性」のない教化である。「浮草稼業」という言葉は適当でないかもしれないが、そんな感じがしてならない。

それと似かよった形の生活は、親鸞自身の中にも見出される。それは親鸞が四十二歳、越後から関東への道中、「むさしのくにやらん、かんづけのくにやらん、さぬきと申ところにて」三部経の千部読誦を始めたが、四、五日ばかりして「名号のほかに何事の不足にて経を読まんとするや」（名号を称えてよろこぶよりほかに、何の不足があって経を読もうとするのか）と思いかえして、読誦を中止し、常陸国へ立ち去った、という出来事である。これは『恵信尼文書』に記されていて有名な事実だが、動機こそ違え、あっさりと現地を捨てて立ち去る、という点は共通している。そういう在地性を欠除しているところ、それこそ遊行し遍歴する「聖《ひじり》」

の姿であったのである。

組織化されなかった教団

ところで親鸞の門弟を分類して、「高田門徒」とか「横曾根門徒」とかいうように呼ぶことが多い。この呼称は門弟たちがその土地を拠点として集団をなしていたかのような印象を与えがちである。しかし果たしてそういう地域集団が形成されていたのだろうか。

たとえば、真仏門下の「高田門徒」と呼ばれる人々を『交名牒』によってその住所を調べてみると、彼らは各地に分散していて、国別にまとめてみると、

下野国	四名	常陸国	四名
下総国	一名	武蔵国	一名
奥州	二名	遠江国	一名
不明	二名	計	一五名

となる。これは真仏の教化活動が広範囲であったことをうかがわせるものの、こんなに広い範囲にわたっていては集団をなすことは不可能だろう。

横曾根門徒についてもほぼ同様のことが言える。リーダーの性信は筑波山の西方水海道市報恩寺の開基で、このあたりを拠点としていたと考えられているが、親鸞消息「笠間の念仏者のうたがひ問はれたること」に

よると、彼が教化した門徒は常陸国笠間付近に相当数いたことが推察されるし、同じく『血脈文集』所収の九月七日付親鸞消息によると、武蔵国から上洛したシムノ入道と常念坊とは性信の門下らしい。『交名牒』の性信門下には住所の記入がないので、真仏のように統計的データは作れないが、彼も真仏と同じような広い地域に門徒を持っていたと考えられる。

このように広範囲に散在していては、同じ門下として統一行動は不可能であろう。またそうした行動の形跡は認められない。これは親鸞が「弥陀ノ御モヨホシニアヅカテ念仏マフシサフラフヒトヲ、ワガ弟子トマフスコト、キハメタル荒涼ノコトナリ」(『歎異鈔』)と言ったといわれ、門弟たちに自分の弟子一門を統率するような教団の形成はさせなかったからでもあろう。

各地に散在する門徒たちも、その地域地域で交流するということもなかったようである。各地に道場ができると、そこへ集まる人々は「同行」として互いに睦み合うことが多かったらしいが、他の道場の同行と交流した形跡はない。したがって師を異にする他の門徒を加えた地域集団は成立していない。

以上のことを綜合すると、東国に分布した親鸞の門弟たちは、教団を組織することがなかった、と言える。それは先に引用した『歎異鈔』の言葉の趣旨に沿った指導によるもの、と理解する研究者が多いようである。たしかにそうであろうが、私はそのほかにもう一つの理由を追加してみたい。

法然上人遺言状の影響

それは「起請《キシヤウ》没後《モチゴ》二《ニ》箇《カ》条事《デウノコト》」と題される法然の遺言状である。法然は六十六歳のとき遺言状を作成し、門弟たちに提示しているが、その第一条は、

遺弟同法等、全《タク》不《ル》四可《カラ》三群二会《ス》一所《ニ》一者也

と仲間が集会することをきびしく禁じている。これは法然が念仏弾圧を恐れての遺言と理解する向きが多いが、この遺言が書かれた建久九年（一一九八）当時、念仏弾圧はまだ始まっていないし、法然自身がこの次の遺言の根拠を次のように明記していることでもあり、その文言を素直に受け止めるべきではないかと思う。その文言は次の通りである。

其《ノ》故何者《イカントナラバ》、雖《モ》三復《マタ》似《タリト》二和合《スルニ》一、集《レバ》則《チ》起《ス》二闘諍《ヲ》一、此《ノ》言誠《ナルカナ》哉

群会するのは外見は仲良いようだけれども、闘《たたか》い諍《あらそ》いを発生させる源になるという言葉があるがそれは事実だ、だから一ヵ所に集会するな、というのである。われわれ現代社会では「団結ガンバロー」という呼び声が圧倒的なのに、ここでは反対に集まるな、というのである。「言誠哉」というような表現になっているところを見ると、これは法然門下だけではなく、世間一般のことだったようである。鎌倉時代社会の世相にはそういう部分があったらしい。法然はそれを敏感に感じ取ったためか、あるいは法然門下にそういう憂慮すべき萌しがみえたためであろうか。集会を禁止しているのである。

親鸞は法然の教えの忠実な実践者であった。この法然遺言は彼が法然門下に入る三年前のものであるが、

門下生となっている間に学んだことであろう。越後で流罪の赦免を得たのち京都へ帰らず、関東へ向かったのも、この遺言に基づいたものと言われているし（細川行信説）、後年自筆で『西方指南抄』を書写した際は、この条項を詳しく筆写している。親鸞は自分の門弟たちに対しても、師の遺言に従って集会することのないように指導したものと考えられる。

以上のような事情から、東国の門弟たちは、一つの教団として統一的に組織されることなく、チリチリバラバラに分散していたのである。親鸞滅後一〇年、親鸞の末娘覚信尼が所有する大谷の地に廟堂が建立され、さらにその五年後、覚信尼はその敷地の所有権を門弟一同に寄進することとしたとき、彼女はその寄進状を四度にわたり作成し、その都度関東へ送り届けている。門弟が教団として一本に組織化されていたら一通で済むものを、四度も作って四人へ送っているところに、分断散在が如実に示されているのではなかろうか。

〃聖〃的教化の盛況と退潮

以上東国における親鸞教団の形態について詳述したが、その中で冒頭に提起した問題について最も大きな影響を持ったと思われるのは、〃聖〃的教化形態であろう。〃聖〃は在地性を欠除していたがために、成果をその土地に根付かせることができなかった。それは〃聖〃の宿命でもあった。

ところで〃聖〃的教化は、なにも親鸞教団だけに限ったことではなかった。それどころか、鎌倉時代にはむしろそれが社会全般の主流でさえあった。法然・親鸞・一遍などの鎌倉新仏教といわれる人々の教団はもちろんのこと、顕密仏教側でも同様で「高野聖」はその典型であった。

しかし鎌倉時代が終わると、この〝聖〟たちの活動も終息に向かう。南北朝期を経て室町時代に入るころになると、〝聖〟は衰弱すると共に低俗化する。代わって道場や仏堂の建立が普及し、そこを拠点とした教化が進行する。その潮流に乗って発展したのが、近畿・東海・北陸の真宗教団であり、東国の教団はその潮流に乗り遅れたようである。

こうした潮流がどうして生じたのか、それは近年注目されつつある日本社会全体の大きな構造的変化にかかわっていると認められ、今後その方面からの研究が望まれるところである。

三　善光寺の信仰とその勧進念仏聖親鸞

1　親鸞に勧進念仏聖の影を見る

越後流罪赦免後の行動

建暦元年（一二一一）十一月、親鸞三十九歳、それまで足掛け五年にわたる流罪が赦免され、しばらく越後に留まったのち、関東へ移った。その事情については、先に拙著『親鸞』（吉川弘文館、一九九八年）において述べたので、ここでは要約して述べるに留めたい。

親鸞が、赦免後も京都へ帰らなかった理由は、第一にその年の三月信蓮房が誕生していて、嬰児をつれての長途旅行が不可能であったこと、次に翌年正月師法然が死去したこと、法然のかねてからの遺言によって門弟は一ヵ所に「群会」せず、散在して専修念仏の流布に努めねばならなかったこと、さらには法然死後の教団が甚だしく右旋回して顕密体制化の傾向が極めて顕著であって、絶望的状態と認められたこと、などであった。

そして関東へ移ることになるのであるが、その理由についても、服部之総の越後農民移民説、笠原一男の三善家所領説、赤松俊秀の『教行信証』撰述資料説などがあったが、いずれも学界の賛同が得られず、現在

図 16　親鸞安城御影（国宝，蓮如模本，西本願寺蔵）

の大勢は五来重などの提唱による善光寺勧進聖説に傾いている。

絵画史料に見る聖的様相

この勧進聖説を最初に提唱したのは五来と竹田聴洲だったらしいが、それから示唆を受けて論文として公表したのは松野純孝（『親鸞――その生涯と思想の展開過程――』三省堂、一九五九年）だった。それは、親鸞八十三歳の建長七年（一二五五）、法眼朝円によって描かれた親鸞の寿像「安城御影」（西本願寺蔵、国宝）を題材とした卓抜な見解で、この画像についての『存覚袖日記』の註記によって、膝下の敷皮が狸皮であり、像の前に脱いである草履が猫皮製で、その前の鹿杖も猫皮で巻いてあることを取り上げ、そこに「親鸞の体臭ともいうべきものを感ずる」と記している。たしかにこの像には、真宗各派本山の御影堂須弥壇上に安置される「宗祖親鸞聖人」とは全く異なるイメージがある。敷皮にしろ、草履にしろ、杖にしろ、親鸞が愛用していたものだから画中に描き込まれたに相違ないが、肖像画にこのように像主の愛用品を描き込んだ例は極めて珍しい。日本美術史上、もっとも写実主義的・説明主義的だったとされる鎌倉時代なればこその作品なのだが、これらの品がどれも旅の生活用具と見られるところから、親鸞の過去に、旅の生活を常とする遊行聖の時期があったことを如実に示している。

ことに杖については、先ごろ蒲池勢至によって興味深い論文（「杖にあらわれたヒジリ性」『親鸞がわかる』朝日新聞社、一九九九年所収）が発表された。ここに描かれているような杖は、「鹿杖」と書いてカセヅエと読むのだが、旅の僧侶の中でも、ある程度高い身分の僧が持つものだったらしい、と指摘している。親鸞がこういう高い位置にあったとすることは、次に述べる説話にも関連するので、たいへん重要な指摘だと思われる。

親鸞伝絵に見え隠れする善光寺聖

西本願寺本親鸞伝絵（「善信聖人絵」、重文）は上巻の末尾に、親鸞の弟子入西房が親鸞の肖像画を制作させてもらいたいと思って、定禅法橋という絵師を呼びよせて写生させた、との説話を収載している。この段は専修寺本にはない説話であって、西本願寺本が覚如の初稿原本によっていったん制作を終えたのちに増補されたものであることは、赤松俊秀の高名な論文（「西本願寺本親鸞伝絵について」『鎌倉仏教の研究』平楽寺書店、一九五七年所収）によって証明されている。

その説話の中で、召されてやってきた絵師定禅は、親鸞の顔を見るなり、昨夜は夢の中で善光寺の本願御房にお眼にかかり、そのお顔を写生させていただいたのだが、あなたはその僧侶とそっくりだ、といって驚き、随喜の涙を流したという。詞書によるとこれは、仁治三年（一二四二）九月二十日の夜のことだったという。親鸞七十歳にあたる。

伝絵は、この説話によって「聖人則弥陀如来の来現といふこと炳焉《へいえん》也」というだけで「善光寺の本願の御房」についてとりたてては説明していないが、この説話は、絵師定禅法橋が、親鸞がかつて善光寺の本願御房（勧進聖たちのキャップ「勧進上人」のこと。最後のところで再論する）であったことを、直観的に見抜いた、というように読みとれる。

京都での親鸞の社会的地位

京都へ帰ってからの親鸞は、社会への教化活動はほとんど行わず、ひっそりと著述に明け暮れる日々だった、というのが一般的な見解で、定説化している。たしかに『親鸞聖人門侶交名牒』（『真宗史料集成』第一巻所収など）に、「洛中居住弟子」として掲げられているのはわずかに八名で、しかもその八名には、親鸞の肉親・親戚・秘書など五名が含まれているから、それ以外の一般の人は三名しかいない。しかもその三名のうち一名は重複記載だろうとの説が有力だから、そうだとすると二名しかいなかった、ということになる。これによって、京都では積極的な教化活動は行われなかった、とするのは無理のないことだろう。また伝えられている親鸞書簡の中には、関東からの志納金に対する丁重な謝辞がしばしば見えることから、経済的には貧しい生活だった、とする説さえある。

そうした洛中での生活をうかがわせる史料の一つに、洛中門弟の一人沙弥尊蓮が書写した『教行信証』の奥書がある。この『教行信証』の書写本そのものは伝わらず、奥書だけが大谷大学の暦応四年本などに写されて伝わっているだけなのだが、それは次のようになっている。

本云、寛元五年二月五日、以㆓善信聖人御真筆秘本㆒、加㆓書写校合㆒訖、隠倫尊蓮六十六歳

この奥書は、『教行信証』の最も早い書写を示す史料として著名なのだが、いま注目したいのは、尊蓮が親鸞を「善信聖人」と呼び、さらにその自筆本に対して「御真筆秘本」と最高級の敬意を払った言葉を用いている点である。

尊蓮は親鸞の父有範の兄範綱の子日野信綱の法名である。つまり親鸞にとって血のつながった従弟である。しかもその子広綱と、親鸞の末娘王御前（法名覚信尼）とは結婚して一子をもうけているという重縁関係にある。お互いに気楽に呼び合うことのできる間柄であったはずである。にも拘わらず「善信聖人御真筆秘本」とよそよそしいほどの敬譲表現をしているのはなぜか。

親鸞が法義上の師にあたる、というだけでなく、周りの人々から日常的に「聖人」と呼び慣わされていたからではないだろうか。そうでなければここまでの敬譲表現にはならない、と思われるからである。経済面でも貧困だったとは思われないが、とにもかくにも、京都でも親鸞は人々からうやまわれる存在になっており、その社会的地位は高かった、と考えられる。法橋という高い僧位についている絵師定禅から、「身《み》毛《け》竪《たち》たちて恭敬尊重をいた」されるほどの存在だったのである。

そこで、その親鸞がなぜ善光寺の勧進聖の仲間に身を投じたのか、またそれはいつのことか、本稿ではそ

の辺を考えてみたい。そのためには善光寺信仰の性格を追究するところから始めたい。

2　善光寺信仰と勧進聖

善光寺における勧進聖の形成

善光寺勧進聖そのものの史料上の初見は、『吾妻鏡』文治三年（一一八七）七月二十七日条で、去る治承三年（一一七九）の大火によって礎石のみとなった善光寺を復興させるため、「勧進上人」に協力するよう、源頼朝から信濃国の庄園公領沙汰人へ発せられた下文がそれである。その文面から推して、善光寺勧進上人から頼朝への強い要請を受けてのことであったことはまちがいないが、もしこの命にしたがわず、善光寺へ奉加しない者があったら、その所領を召し上げるぞ、と甚だ強圧的な文面なのが注目される。

この下命は、信濃国が善光寺の地元だというだけでなく、頼朝が支配権をもつ、いわゆる「関東御分国」に属するためだろうから、他の諸国についてはどうだったかはわからない。しかし善光寺に対する頼朝のこのような強い擁護姿勢は、信濃国以外でも、彼の部下である御家人たちに相当の影響を与えたにちがいない。「勧進上人」らはそれを受けて御家人の分布する東国一円に広く勧進活動を展開した、と思われる。

善光寺如来像の模像の制作

この善光寺復興事業は、四年後の建久二年（一一九一）まずとりあえずの工事が成就したらしく、『吾妻鏡』同年十月二十二日条は善光寺曼荼羅供の法要を報じている。そして『善光寺縁起』（『続群書類従』収載、いわゆる「応安縁起」）によると、その二年後の建久五年、定尊なる沙門が、本尊を模した新仏の鋳造を志し、四万八七〇〇人からの勧進を得て建久六年に治鋳に成功したという。この像は、いま甲府市善光寺の本尊となっており、中尊が像高一四七・二センチのほぼ等身大で、その彫刻様式は鎌倉時代初期を示しており、かつ脇侍の足枘《ほぞ》に「建久六年乙卯」などの刻銘があることから、縁起は事実を伝えるものと認められている。この像は永禄元年（一五五八）に、武田信玄が善光寺を甲府へ移すまで、善光寺前立本尊だったらしいから、本来の本尊が治承三年の火災によって相当な損傷を受けたためにそれを秘仏とし、新しく前立本尊として制作されたとも考えられる。

ともあれ、この像が鋳造されて以降、善光寺本尊の模刻像制作が始まる。この模刻造は、一般には、中尊が像高一尺五寸（約四五センチ）、脇侍が一尺（約三〇センチ）くらいの大きさで、全国には二〇〇体を超える模刻像がある、といわれる。そのうち銘文によって鎌倉時代の制作と判定されるのが二八体もあって、模刻像制作の盛んなことが知られる（『長野県史』通史編第二巻。実はこのうち津市の個人所有一体は、両手先が後補なので、善光寺式模刻像かどうか若干問題があるが、いまは『県史』の記載にしたがっておく。ただしその原所在地は鎌倉だったことがわかっている）。そしてその二八体のほとんどが鎌倉時代の中期ないし後期に属していて、初期に属するのは先の甲府善光寺像のほかには二体しかない。無銘ながら甲府像とほぼ同時期と思われる島根県善光寺像を加えても総数わずかに四体である。このことは後述するところと大きく関わってくるので、記憶に留めておいていただきたい。

そしてもう一つの特徴は、二八体のうち二体だけがいま関西地域に存在し、他はすべて信濃以東の東日本にあること、しかもその関西の二体も原所在場所が明確でなく、移動している可能性がある。これからみても、鎌倉時代に善光寺信仰の波及していた領域がおのずから明らかとなろう。

この事実から考えられることは、善光寺勧進聖に加わった親鸞が関東へ向かったのは、親鸞が自分の意志で関東を選びそちらを目指したのではなく、たまたま善光寺信仰が関東地方に流布しており、勧進聖たちが関東を目指したからそれにつれられて関東へ入ったということだろう。その点で、覚如の高弟乗専の著わした『最須敬重絵詞』に「事ノ縁アリテ東国ニコエ、ハジメ常陸国ニシテ専修念仏ヲス、メタマフ」と記されているのは、文章内容に具体性はないものの、事実をよく反映しているといえよう。

「ホトヲリケ」の仏さま

次に親鸞が善光寺に帰依したのはなぜだったのか、ということを取り上げねばならないが、それに先立って、当時の善光寺信仰の中味を検討しておかねばなるまい。というのは当時の善光寺本尊は「生身《しょうじん》の如来」と呼ばれて信仰を集めていた。『善光寺縁起』には「生身阿弥陀《しょうじんのあみだ》如来」という語が溢れている。鎌倉時代女流日記の名作とされる『とはずがたり』の作者二条は、善光寺参詣の場面で「生身の女らい(如来)と聞きまいらすれば、頼もしくおぼえて」と記している。この「生身」との語はかなり早くから使われたようで、平安末期ないし鎌倉初期の成立とされる歴史物語『水鏡』（前田家本）は、欽明天皇十三年の仏教伝来の条において「彼生身ノ善光寺ノ阿弥陀ノ三尊ヲバ、大和国高市ノ郡ノ難波ノ江ニシヅメ奉リ」と記している。「生身ノ弥陀」とか「生身ノ如来」というのは善光寺本尊のキャッチフレーズだったらしい。

この「生身」という語の意味だが、善光寺信仰に関する研究者として知られる吉原浩人は、「生身とは、端的にいえば、単なる金属製の像ではなく、なま身の、実際に生命が宿っている存在だ、ということである」と解説している（「善光寺本尊と生身信仰」『仏像を旅する＝中央線』至文堂、一九九〇年所収）。

そこで気づいたのが親鸞の善光寺和讃第二首の文言で、物部守屋《もののべのもりや》（実は物部尾輿《おこし》が正当なのだが）が、仏教を排除しようとして、善光寺如来に対し、「ホトヲリケ」と悪宣伝をしたとの表現である。

疫癘アルヒハコノユヘト　守屋ガタグヒハミナトモニ、ホトヲリケトゾマフシケル

私はこの「ホトヲリケ」を、それまで「疫癘」つまり「流行の熱病の気」と理解し、岩波文庫『親鸞和讃集』の校注（名畑応順）が、「仏像の肌が煖かかったので『ほとをりけ』と申した」となっているのを、どうしてなのか理解できずにいたのだが、この「生身の如来」の解説を知って、ようやく納得ができた。と同時に、親鸞もやはり善光寺如来を「生身の如来」と受けとめていたのだろう、とわかった。

そういえば、先に述べた『親鸞伝絵』（西本願寺本）定禅夢想段の中で、夢に現われた善光寺の本願御房を、「さては生身の弥陀如来にこそ」と尊敬した、との文言があるのも理解できる。

「生身」という語については『教行信証』真仏土巻の中に、『涅槃経』を引用して、「如来の身を説くにお

ほよそ二種あり。一つは生身、二つは法身なり」と述べられており、『真宗新辞典』（法蔵館、一九八三年）は「肉身」と解説している。教義的にはそういうことになるのだろうが、善光寺如来については吉原の言うように「なま身」の方が具体的で説得力がある。

しかし私は逆に親鸞ほどの人が、なぜそのような非現実的な伝承を信じたのか、と疑問を感じた。もしそんな伝承を鵜呑みに信じ、「人肌のようにあたたかい、有難い仏様だ」というだけで善光寺の維持活動に身を捧げる決意をした、というのだったら、いくら非科学的な時代のこととはいえ、あまりにも幼稚な思考でしかないのではないか、という気がした。そこで念のために、当時の善光寺信仰の中味を吟味することにした。

悩める女性の善光寺詣り

鎌倉時代の史料に現われる善光寺信仰の事実を拾い集めてみると、注目されることの一つに、女性の帰依者が何人かあることである。周知のように、当時、女性には、五障三従があって成仏できない、とする意識が一般的で、聖地には女人禁制が珍しくなかった。高野山・比叡山はその代表である。そんな中で、善光寺は積極的に女性を受け入れていた。

その筆頭にくるのは、鎌倉時代の初め、富士の裾野の狩場で、父の仇工藤祐経《くどうすけつね》を討った曾我兄弟の曾我十郎祐成《すけなり》の妾虎御前《とらごぜん》で、祐成の死後三七日の供養を営んでから出家し、善光寺へ赴いた。ときに十九歳、見聞く人々で涙せぬものはなかった、と『吾妻鏡』（建久四年〈一一九三〉十月一日条）が記している。

また『平家物語』巻十には、南都東大寺焼打ちの張本人として知られる平重衡をめぐる女性の善光寺参入のことを記している。捕えられた重衡は鎌倉へ送られ、源頼朝の前へ引き出されるが、その応対に感じた頼朝は重衡の身柄を狩野介宗茂に預ける。するとそこで重衡の身の廻りを世話した女性千寿前はやがて重衡を恋い慕うようになる。そして重衡が処刑されたことを知ると、剃髪して尼となり、善光寺に入ったという。

無住という禅僧が、弘安二年（一二七九）から書き留めたという『沙石集』は、彼自身が見聞した話を多く載せていて興味深いものが多いが、巻七に収める「妄執ニヨリテ女蛇ト成ル事」もその一つである。それは鎌倉の若宮八幡の稚児であった少年に恋をし、恋い焦れて死んだ娘の話で、両親がその骨を善光寺へ送ろうと箱に入れておいたところ、その死霊が大蛇になって稚児にとりつき、稚児を殺してしまう。稚児の遺体を棺に入れて葬ろうとしたら、大蛇は棺の中へ入って、その稚児にまとわりついた。そこで大蛇と共に葬りその骨を善光寺へ送ったのだが、その際、地元の寺へも少し置こうと思って分骨しておいたら、それが小さな蛇になっていた。このことはまだ十年にもならない以前に、たしかに聞いた話だ、と無住は念を押して書いている。

たしかにすさまじい妄執の話だが、善光寺がそんな女性の妄念にも対応して、その霊魂を救ってくれる寺と信じられている点がわれわれにとって重要である。そしてそれに加えて、もう一つわかることは、善光寺が西日本の高野山などと同じく納骨霊場になっていることで、その場合、高野山で高野聖がその納骨をとりまとめる役目をしたのと同じように、善光寺でも勧進聖が介在していたにちがいない。

この『沙石集』からは十年ほどのちの作品だが、先にも言及した『とはずがたり』の作者二条が善光寺へ参詣している。彼女は『沙石集』の娘のような妄念で詣ったわけではなく、和歌管絃の遊びなどもして半年ほど滞在しているのだが、彼女とて宮廷での爛れた愛欲生活に破れて出家した失意の身の上であった。失意悶々ゆえの参詣であったことはまちがいない。

これらの事実に共通しているのは、善光寺が単に女性というだけでなく、難儀に遭い失意の不幸な身の上の女性を喜んで迎え入れていたことである。善光寺史研究に新生面を開いた牛山佳幸は、『善光寺縁起』が女人救済を強調していたことから、女性の参詣者が最初から多かったのが特徴であり、本堂内陣・外陣は夜などは男女のいわば「雑魚寝」状態であったことが想定される。

（「中世律宗の地域的展開――信濃国の場合――」『信濃』四八巻九号、一九九六年、牛山A論文）

としている。

鎌倉武士の場合

女性に劣らず武士たちも善光寺に帰依し参詣する者が多かったことについては、牛山佳幸が史料を豊富に使った詳細な論文を発表しているが（「中世武士社会と善光寺信仰――鎌倉期を中心に――」、鎌倉遺文研究会編『鎌倉時代の社会と文化』所収、牛山B論文）、そこで注目されるのは、登場している武士が、源頼朝を始めとして、関東武士がそのほとんどを占めていることだろう。しかもその頼朝の参詣も、寺院への参詣という点では、東大寺への参詣が「東国政権の統治者としての自負を示すセレモニーであった」(牛山B論文)という政治的意味合いが濃厚なのに対して、善光寺への参詣は彼の個人的信仰に基づく、という点が問題だろう。

また頼朝の参詣が、それに随仕した側近の武士たちの心をとらえたらしいとか、頼朝亡きあと執権として鎌倉幕府を支えた北条泰時の寺領寄進が「その直接の契機が晩年の罹患にあった」という牛山の指摘も記憶しておかねばならない。

関東御家人層では、北関東の豪族宇都宮氏一族の善光寺信仰は早くから知られている。宇都宮頼綱・朝業兄弟が出家して上洛し、法然の門を叩いたことは『法然上人行状画図』などに記されているし、宇都宮一族では常陸国の守護をつとめた八田氏(のち小田氏)に善光寺信仰が厚く、それが親鸞を常陸へ招請した可能性があることについては、私も『親鸞』(吉川弘文館、一九九八年)で触れておいた。

宇都宮氏とならぶ関東の有力御家人小山氏も本拠地小山に新善光寺を建立するなど、厚い善光寺信仰をもったことを牛山が指摘しているが、その中でとくに注目したいのは、小山氏一族で善光寺地頭となった長沼五郎宗政の行状である。

宗政は、先に記した源頼朝の善光寺参詣に随仕した武士の一人らしい(牛山B論文)が、『吾妻鏡』承元四年(一二一〇)八月十二日条によると、彼は頼朝へ「私の前世は罪人だから、善光寺の生身の如来に結縁したい。どうか善光寺地頭に任じて下さい」と懇願して任命してもらったという。ところが、年月を経るうちに、逆に善光寺を悩ませるような所行が多くなったので、寺側からの告発を受け、この日解任されたのであった。

宗政が、何をもって「自分の前世は罪人だった」と言ったのかはわからない。むしろ頼朝を動かして地頭の職権を獲得するための口先だけの方便であって、どうやら本当にそんな信仰を持っていたわけではなかった疑いが濃い。というのはそれから二十六年後の嘉禎二年（一二三六）になっても、長沼宗政の代官が善光寺に対して非法を行っている、と寺側が幕府へ訴え出ているからである（『吾妻鏡』嘉禎二年七月十七日条）。いまは彼が善光寺如来を信仰していたかどうか、は問題ではない。「私は前世が罪人だから」とうまい口実をもうけて、頼朝をたくみにだますことができたのが重要なのである。その当時の一般社会で、善光寺は罪悪を犯し、通常では救われない人を救ってくれる寺と信じられていたからこそ、そんな嘘がうまく通用した、と考えられるからである。

「生身の如来」という属性

こうしてみると、先に述べた善光寺の女性救済と、この長沼宗政の口実にした阿弥陀の救済とには、共通するところがあるように思われる。先の女性たちは、もともと五つの障りを持つが故に、仏法から縁遠い存在であった上に、この世で耐え難い苦難に遭って、泣いている人々だった。宗政のものは実は口先だけの口実だったが、その口実の背景には、前世の罪悪を宿業として背負って生きているためか、その報いらしい徴候から恐怖におびえている人々の存在を示した。こうした信仰は彼らが善光寺の本尊に対しては、普通一般の阿弥陀如来にはない特別な、プラス何かを期待して信仰していた、ということを表わしているように思われる。そして善光寺本尊だけに備わっていて、一般の阿弥陀如来にはない、独特の属性といえば、それは先に述べた「生身《しょうじん》」という信仰である。

そう考えてくると、「生身の如来」というのは、像が人肌のように煖かいということもあるかもしれないが、それよりもっと「人間的な感覚を備えている阿弥陀如来」という意味があるのではなかろうか。それを具体的に言うなれば、泣いている人に対しては一緒に泣いてくれる、苦しんでいる人にはその苦しみを分かちあうように同情してくれる、というような豊かな人間性を持った阿弥陀如来、という信仰である。こういう特殊な信仰がなければ、「生身の如来」という信仰が人々の間にこれほどに拡がっていくことはなかったのではないか、と思われる。

生身如来信仰の由来

では善光寺本尊には、なぜにそういう信仰が生まれたのだろう。『善光寺縁起』を繙いてみても、なぜ「生身」なのか、そんな説明はどこにも書かれていない。天竺毘舎離国《びしゃりこく》から朝鮮半島百済《くだら》を通って日本へ初めて渡来した「三国伝来」の如来だとか、龍宮城からとりよせた閻浮檀金《えんぶだごん》をもって制作された像だという記事はあっても、そのどこにも人間味が感じられない。むしろ「閻浮檀金」などというと、この像が金属製であることを強調するものだから、「生身」伝説との矛盾をすら感じる。

そんな中で唯一つ人間味を感じさせるのは、日本へ渡来してから、崇仏排仏の争いに巻き込まれ、排仏派物部氏のために、鋳潰そうと火中に投ぜられたり、金槌で打ち砕こうとされたり、最後は難波の堀江の水中へ沈められたりという受難劇の部分だろう。

水中にあること三十余年、通りかかった本田善光めがけて水中から飛び出し、背負われて信濃国へ来ることになるのだが、この信濃へ下る場面については『平家物語』には、

信濃国の住人おうみの本太（田）善光と云者、都へのぼりいたりけるが、彼如来に逢奉りたりけるに、やがていざなひまいらせて、ひるは善光、如来をおい奉り、夜は善光、如来におはれたてまって、信濃国へ下り、……（『平家物語』巻二「善光寺炎上事」より）

と記している。この「昼は善光が背負い、夜は如来が背負い」というのは、大へん微笑ましい話なので、善光寺縁起の中での一つの名場面なのだが、要は「夜を日に継いで」急いで信濃国へ下った、ということの説話的表現に他ならない。なぜそのように急いだのか、縁起にはそれが書かれていないが、縁起の筋をたどって考えてみると、この部分はもとは都にいるとまた排仏派の迫害を受けるので、人目を避け大急ぎで全く懸け離れた片田舎へ逃げ込み、ひっそりと隠れ住んだ、という筋書きになっていたのではないかと思われる。そうでなければ「昼は善光が背負い、夜は如来が背負う」という話へ繋がらないと思われるからである。

つまり善光寺如来は、普通の阿弥陀如来とちがって、かつてたいへんな迫害を受け、つらい経験をしてき

たのだ、という来歴が、如来に人間味を付け加え、「生身の如来」という仇名までつけられることになったのではあるまいか。そしてそんな人間味が、多くの人々の共感を呼び、広く信仰されることになったと思われる。

源頼朝の生身如来信仰

「生身如来」をそのように理解してみると、善光寺信仰の謎が解けてくるのではなかろうか。たとえば源頼朝の善光寺信仰について、牛山が、政治的目的を持つものではなく、彼の個人的信仰によるものと推定しておられることは先に述べたが、頼朝がなぜ個人的に善光寺を信仰したか、については解明されていない。そこで「生身如来」についての右のような理解に立ってみると、彼の信仰の原因が浮び上がってくる。

頼朝は周知のように、十三歳のとき父にしたがって平治の乱に参戦し、敗れて伊豆へ流され、苦節二十年を送った。その苦難の思い出が彼を善光寺信仰へ押しやった、と考えられる。そうでなければ、東国にある多くの寺社の中から格別に善光寺を信仰し、火災後の復興事業に積極的に協力し、この事業に協力しない部下については所領を召し上げる、とまで言わせたのではあるまいか。また牛山が検証されたように、善光寺を奈良東大寺と同格に扱い、建久三年（一一九二）多くの御家人をひきつれて、わざわざ長野へまで参詣に出かけている、という力の入れようはそんなところに原因があるのではあるまいか。

親鸞の善光寺信仰も苦難の共有感から

以上多言を費やしてきたが、それは実は親鸞の善光寺信仰も全く同じ生身信仰によることを述べたいがためであった。本稿の冒頭で述べたように、親鸞は越後への流罪が赦免されたのち、善光寺勧進聖の一行に加わって関東に入ったと考えられる。しかしなぜ善光寺聖に身を投じたかについては、これまで先学の誰方からもご提案がなかった。そこで私は「生身」についての右のような理解に立って、親鸞もまた同じような視点から善光寺如来を信仰し、その如来のために自分の一身を預けようと決心したにちがいないとの説を提案したい。

この提案にはまんざら根拠がないわけではない。善光寺和讃五首がそれである。この和讃は親鸞自筆本はおろか鎌倉時代まで遡る古写本も伝えられていない。本願寺蓮如が文明五年（一四七三）に木版刊行した本に収載されているに過ぎない。しかも岩波文庫『親鸞和讃集』の校注者名畑応順が「親鸞の作としては、調子が低く、首尾も整わなくて、難解でもあるので、先学がとかくの疑義を挟んでいる」（三一五頁）と記しているように、疑義がないではない。しかし蓮如の聖教書写の姿勢に鑑みると、やはり親鸞作と断ぜざるを得ない（拙稿「蓮如の聖教書写と本願寺の伝統聖教」『講座蓮如』第二巻、平凡社、一九九七年）。そしていま伝えられるものが「首尾も整わなくて」と評されるように、もとは前後に続く和讃があり、その残闕本かもしれないけれども、「善光寺ノ如来ノ、ワレラヲアハレミマシ〳〵テ、ナニハノウラ《浪速の浦》ニキタリマス」で始まる五首が、すべて物部氏の邪見によって強行された仏教弾圧の事実を詠ったものばかりであることは、偶然にこの部分だけが残って伝えられたとは言い切れないのではなかろうか。後鳥羽院の専修念仏弾圧によって都を追われた親鸞にとって、物部氏の迫害を受けた善光寺如来は、まさしく苦難を共有するものであった。その思いが親鸞を善光寺如来の膝下へ赴かせた、としか考えられないのである。

3　高田山草創伝説と一光三尊仏

嘉禄元年の一光三尊仏感得

最後に残る問題は、現在も栃木県二宮町高田専修寺の本尊となっている像についてである。この像は一七年ごとに開帳される秘仏で、「一光三尊仏《いっこうさんぞんぶつ》」と称され、常時拝することはできないが、その像容はまさしく善光寺式阿弥陀三尊である（本書口絵）。高田派教団では、この像を嘉禄元年（一二二五）親鸞が五十三歳のとき、夢告を得て善光寺に参り、本尊と一体分身の像を感得し、下野国へ持ち帰り翌年これを本尊として専修寺を草創したと言い伝える。その代表的文献は、江戸中期の碩学五天良空の著わした『高田開山親鸞聖人正統伝』（略して『高田正統伝』）である。

夢告による感得というのは、寺院縁起伝説には通有な話法だから、この際それは問題外としても一光三尊仏を本尊としたことについては、明応三年（一四九四）に専修寺真慧の著わした『十六問答記』（岡崎市満性寺蔵、『高田学報』四九輯複刻、一九六一年、『真宗史料集成』第四巻、一九八二年収載）に見えるし、感得が「嘉禄年中」であったとするのは、天文十二年（一五四二）の「高田専修寺再興勧進帳」（専修寺文書第九二号、『真宗史料集成』第四巻所収）に記されていて、これが江戸時代の創作ではなく、中世からの古い伝承であったことがわかる。しかし鎌倉時代に遡る古い史料を欠いており、これがそのまま歴史的事実であるかどうかを判断する術がない。その辺については、「高田山草創伝説を分析する」（『高田学報』八七輯、一九九九年、本書次章）において考察を試みたのであったが、そこで残された問題は、「嘉禄年中」ということの意味である。古伝承がなぜ「嘉禄年中」となっているのか、という問題である。この古伝承には、「嘉禄年中」と年次を限定する必要性が示されていないからである。

親鸞は二十九歳のとき、自分の進路に迷って、京都の六角堂へ百ヵ日の参籠を試み、夢告を得て法然の許へ訪れ「雑行を棄てて本願に帰す」という人生の大転換を行った。その夢告が事実であったことは、すでに論証されている。その六角堂の夢告と、この善光寺へ一光三尊仏を拝戴に行く夢告とを較べてみると、前者の清冽な迫力に対し、後者の物語はあまりにもとってつけたようで、空虚な感がすることは、誰の眼にも明らかであろう。

また親鸞としては、流罪の赦免を得て関東へ入るとき、善光寺へ参詣したはずだし、そのときから善光寺の勧進聖となったはずである。だとすれば、夢告にせよ何にせよ、それから十年以上が経過したのちに、善光寺へ行くというのは、別に何らかの事情があってのことでなければならないのに、この高田山の縁起説話では単に「夢告」というだけで、その夢告が出現する状況についての説明、つまり夢告の必然性が書かれていない。それがこの「夢告」を内容のない空虚で軽薄な夢告にしてしまっているのである。

ではこの夢告は全くの創作であり、「嘉禄年中」の一光三尊仏拝戴も架空の話かというと、現在高田専修寺に伝わる一光三尊仏が、次に述べるように、彫刻技法から見て十三世紀前半の制作と認められ、「嘉禄年中（一二二五〜二七年）」という伝承と年代的にほぼ整合することになるので、一概に架空の夢物語として葬り去るわけには行かないのではないだろうか。むしろこの古伝承の背景に、時代の経過と共に忘れ去られてしまった何かがある、と考えるべきなのではなかろうか。

善光寺式阿弥陀三尊像の美術史上の論点

そこでその一光三尊仏を仔細に点検してみたい。この像は一つの大きな光背の前に阿弥陀三尊が並び立つ形式で、中尊の印相が右手施無畏印《せむいいん》、左手刀印《とういん》、両脇侍はいわゆる梵篋印《ぼんきょういん》で、臼型蓮華座上に立つことなどから、これが善光寺式阿弥陀三尊像であることは言うまでもない。もちろん金銅造で、専修寺第十七世円猷（在職一七一〇〜五三年）自筆の実測記録（専修寺蔵）によると、中尊が像高一尺三寸（三九・四センチ）、脇侍が九寸二分（二七・九センチ）、光背高二尺二寸（六七・〇センチ）と、最も一般的な寸法である。問題はその制作年代であるが、これまでに公開されている写真

図 17

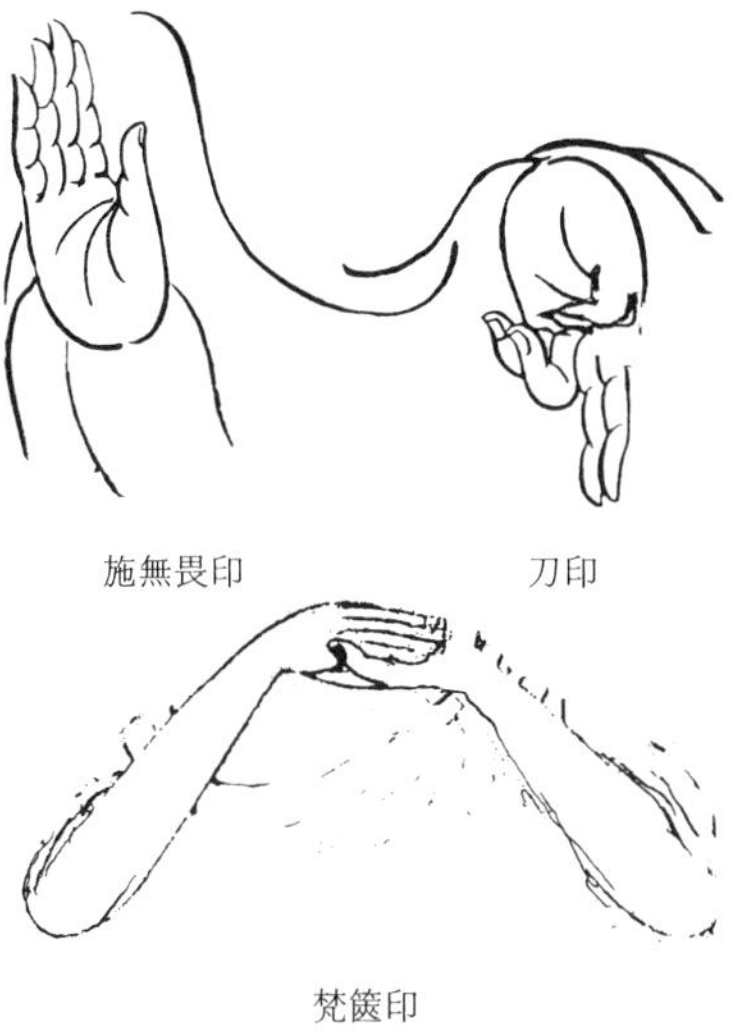

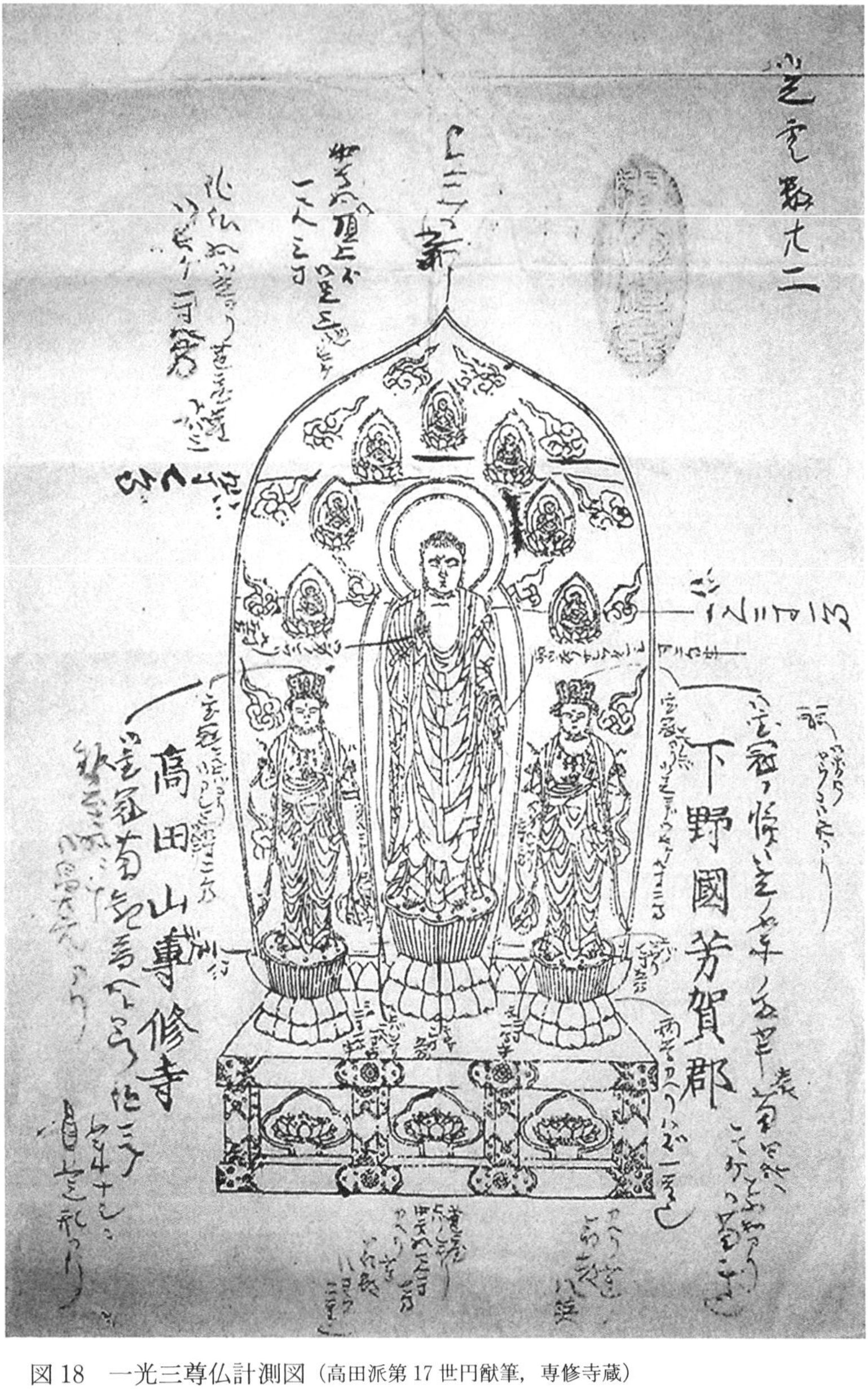

図 18　一光三尊仏計測図（高田派第 17 世円猷筆，専修寺蔵）

によるだけでも、仏像彫刻史研究に携わったことのある者ならば、誰でもこれを鎌倉時代の制作と判定するだろう。それは一目瞭然である。ただ鎌倉時代の前期か後期か、というような詳細なことになると、その判定はそう容易ではない。

図19　元久3年銘善光寺式阿弥陀如来立像（滋賀県・善水寺蔵）

そこで、現存する善光寺式三尊像のうち先に述べたように銘文などによって明らかに鎌倉時代制作とされる像二八体と、それに倉田文作（『仏像のみかた』第四章「特殊な題材の作例」一九六五年）によって鎌倉時代ごく初期と折紙をつけられた島根県松江市善光寺像を加えた総数二九体を年代順に並べることによって、善光寺式阿弥陀三尊像の様式上の推移を検証する作業を行い、その結果と対比しなければならない。

この二九体のうち、第一番目の建久六年（一一九五）の甲府善光寺像は、等身大という異常な大きさだし、倉田文作（前掲書）によって土型による制作とされるなど、特異な作例であり、島根県善光寺像も全く独特な作風なので、いまこの二つを脇へさしおいて眺めてみると、元久三年（一二〇六）銘の滋賀県善水寺像のように、柔和で穏やかな作風から、次第に過激な作風へと変化して行くのが見てとれる。和風から次第に異国風へ移ったともいえよう。それはおそらく、『善光寺縁起』によって善光寺本尊は天竺毘舎離国《てんじくびしゃりこく》で制作された三国伝来の仏像だという意識が働いたことによるものと思われる。鎌倉末期の像にはそういうエキゾチックな表現になっているものが多い。

そういう全体的な流れの中へ、この高田山一光三尊仏を位置づけるとすると、いかにもおとなしく、和風な作風は、ごく初期段階の作品とせざるを得ない。この像に最も近い作例は元久三年銘の善水寺像であろう。衣文に宋朝風の影響が少ないこと、とくに螺髪が通常の形でなく、渦状に縄を巻いたような形になっている点も全くよく似かよっている（この髪型が清涼寺式釈迦如来像との混線によることは、倉田文作の指摘の通りである）。

高田山一光三尊仏像を拝して

この像は一九九八年四月以来、三重県下での特別開扉が行われたために、至近距離で拝する機会に恵まれたが、そのとき実に素晴らしい彫刻なのに感動した。これまでの写真ではわからなかったところを、この眼で直接に観察することができ、その結果多くの発見を得ることができた。

たとえば、両脇侍の五面宝冠は、正面には化仏または水瓶を表わしていることは従来からわかっていたが、残りの四面にはそれぞれこまかい魚々子《ななこ》地《じ》に八弁の花文を彫っている。その彫金技の見事さに感嘆した。また脇侍の右腕に金鋲が残っていることも確かめられた。これは天衣の止め鋲であったにちがいない。とすると、恐らく別鋳による二条の天衣をここから膝前へ吊り下げていたと考えられる。善光寺式像の脇侍で、膝前に天衣を垂らした像は、甲府善光寺像以外にはほとんどない、古態な像容であることを示している。

そして最も注目されたのは、中尊の両手首から先だけが別鋳で、本体は完全に一鋳で、脇侍の両手も本体につながっていて一鋳と認められ、肌は滑らかで、しかも鋳バリが全く見えないこと、などから蠟型による鋳造と認められたことである。これまでの研究では、倉田文作の論文（前掲書）に代表されるように、善光寺式三尊像は、甲府善光寺像（土型による鋳造像）と広島県福山市安国寺像（木造）を例外として、すべて木型を原型として鋳造された、と考えられてきた。三重県名張市ではその原型ではないか、と思われる木像も発見されている。この木型説は、一つには『善光寺縁起』の承久三年（一二二一）の記事にもよっている。そこには「浄蓮上人源延」という僧が、善光寺へ参詣し祈願したところ、本尊が出現したので、それを絵に描き、その絵をもとにして木彫による模像を仏師に制作させ、それを原型にして鋳造させた、というのである。そしてこれまでの調査では現存する像はすべて木型鋳造と報告されている。

木型による鋳造は、原型から型をとる際に、型を数個に割って取り外さなければならないから、本体を鋳造するときに、その型の合わせ目に溶けた銅が入りこんで、鋳バリができるという欠点がある。もちろん製品にするのにはその鋳バリはヤスリで磨りおとし、磨きをかけるが、その痕を完全に消し去ることはできない。

それに対して蠟型は蜜蠟で作った原型を外型で包み、蠟を熱で溶かし排出したあとへ、溶かした銅を注入するので、鋳バリができないし、蠟型独特の精密な仕上がりになると、説明されている。ただこの蠟型技法は、飛鳥時代から奈良時代にかけて用いられ、平安時代からほとんど行われることがなかった、というのが彫刻史の常識のようになっている。蠟型は作品の精密さでは抜群だが、一つの原型から一つの製品しか作れない、という非能率性と、蜜蠟が高価で得がたかったからではないか、というのがその理由である。

ところがこの高田山像はどう見ても蠟型による鋳造としか思われなかった。蠟型でなければこれほどの像は作れまい、と思われるほどの見事な像だったからである。その点、常識を破る像である。今後、なにかの機会に専門家による判定をねがう気持が湧き起こるのを禁じ得なかった。

以上縷述したことから、この像は鎌倉時代の十三世紀前半の作品と考える。そこでこの像が十三世紀前半ということになると、先に紹介した高田山草創伝説で、親鸞が嘉禄年中（一二二五〜二七）善光寺から持ち帰った、との年代に一致する。これまで真宗史の学者たちの間では、誰も信用しようとしなかったこの伝説が、息を吹きかえすことになる。もちろん他にそれを立証する史料は全くない。しかしこれが事実だとすれば、なぜ親鸞はこのときこの像をもらいうけたのかが問われなければならないことになる。これも先に述べたように、親鸞は越後国府で善光寺勧進聖になる決意をし、善光寺に参詣して、四十二歳の建保二年（一二一四）には関東に入ったにちがいないのに、それから十年以上も経過して、どういう事情があって善光寺からこの像をもらい受けたのかである。

中世勧進聖の類型と親鸞

こうした問題について示唆を与えられるのは、近年の文献史学側からの勧進聖に関する一連の研究成果である。とくに中ノ堂一信（「中世的勧進の形成過程」『中世の権力と民衆』創元社、一九七〇年所収、「中世的勧進の展開」『芸能史研究』六二号、一九七八年所収）や永村真（「東大寺大勧進職と禅律僧」『南都仏教』四七号、一九八一年所収ほか）などによって、中世勧進聖たちの行動と勧進体制が明らかになってきたことは、この謎の解明に光明を与えてくれるように思われる。これらの研究によると、勧進聖たちは鎌倉時代に入ると、ほとんど集団を作って行動するようになったこと、そして遊行聖以来の巡歴戸別訪問型勧進から次第に摺仏・印仏などの勧進札配付型や、有力檀越を対象とした臨時課役賦課型ないし棟別銭・関銭徴収型、あるいは庶民層を主対象とした興行型勧進へと変化していったという。

この研究成果と親鸞の東国での行動とを対照してみると、この諸類型の中に思い合わされるものがある。たとえば恵信尼文書によって明確になった佐貫での「衆生利益のためにとて」浄土三部経の千部読誦を行ったことは、かつて拙稿「親鸞の三部経読誦と専修寺の千部会」（『高田学報』六八輯、一九七九年所収）でも指摘したように、興行型勧進の一つであったと見られる。また常陸国下妻坂井郷の堂供養の話は、夢中の出来事ではあるが、勧進のためのイベント的仏事が下敷きとなった夢と思われないでもない。また『親鸞聖人御消息集』第七通正月九日付真浄坊あて消息の中で、「そのところの縁つきておはしましさふらはゞ、いづれのところにてもうつらせたまひさふらふておはしますやうに御はからひさふらふべし」と指示しているのは、この真浄坊が有力檀越の権力をバックにして勧進を行っていたことを思わせる。

もう一つ問題になるのは、勧進聖の組織である。中ノ堂の指摘によると、十二世紀院政期には勧進聖の集団化が進み、その中に頭目的存在が現われ、それが「大勧進」と呼ばれるようになったことが史料上しきりに見られる。そして鎌倉時代に入ると一歩進んでそれら頭目は、朝廷あるいは寺院から「大勧進職」という役職に補任されるようになり、その創始が東大寺の俊乗坊重源であった、という。この重源の補任については上横手雅敬氏によって誤りが指摘されたが（「東大寺復興と政治的背景」『龍谷大学論集』四五三号、一九九九年所収）、重源の後を受けた栄西や行勇については認められている。

大勧進職についての研究は、これまで東大寺を中心に論じられてきたが、善光寺においてもそうした勧進聖の役職が存在したにちがいない。現在の善光寺山内にある「大勧進」と「大本願」とはその名残りと思われるが、鎌倉時代には「大勧進」とも、「勧進上人」とも呼ばれていたらしい。その「勧進上人」の名称は、先に引用した『吾妻鏡』文治三年（一一八七）七月二十七日条にのせる源頼朝下文がその初見で、同じく『吾妻鏡』嘉禎三年（一二三七）十月十六日条には「信濃国善光寺五重塔婆供養也、浄定上人為二大勧進一」とあり、寛元四年（一二四六）三月十四日条の善光寺供養の記事には「勧進上人親基云々」、建長五年（一二五三）四月二十六日条には「信濃国善光寺修造（中略）令二観養坊勧進一」などの記事がある。彼らはおそらく善光寺から大勧進職に任ぜられ、上人号をもって呼ばれるようになっていたと思われる。

そこで、これらの記事とならんで注目されるのが、滋賀県善水寺に所蔵される善光寺式阿弥陀如来立像である。この像は台座を含めた総高が三六・九センチという、善光寺式像としては比較的小ぶりな小金銅像で、像の背面に次のような銘文が陰刻されている。

奉レ移　善光寺本仏、鋳師万アミタフ
奉レ鋳阿弥陀元久三年歳次丙刀十月三日、本願聖人善金

これによって、この像が元久三年（一二〇六）に制作され、善金という善光寺の勧進上人によって所持されていたことが知られ、在銘のポータブルな善光寺式像としては現存最古の作品である。善金という勧進上人が勧進のために持ち歩いたものにちがいないが、この銘文の「奉レ移二善光寺本仏一」という文言からは、この像は勧進上人が自分の意志で勝手に制作したものではなく、この制作には善光寺当事者が積極的に関与していたことを思わせる。つまり勧進行脚用として善光寺がこの像を制作し、勧進上人に付与した、という風

に受けとることもできるように思われるからである。

かつて田中重久が「善光寺如来の原像等身説」（『仏教芸術』八二号、一九七一年）を打ち出したことがある。この説は必ずしも学界の賛同を得るにはいたっていないらしいが、原像はともかくとして、世上に流布する像が中尊一尺五寸、脇侍一尺前後となっているのは、勧進聖の携帯用であったための寸法であることについてはどの学者も異論のないところである。そこで先に述べたように勧進上人が善光寺からの補任であったとすれば、この種のポータブル像が補任の証しとして善光寺から付与されたものと考えるのもそう無理がないのではなかろうか。

ただ現存する鎌倉時代制作像の銘文には、造像目的を父や母のためとか、檀越誰々などと記しているのが多く、善光寺の下付と明記したものはないらしいから、軽々に断ずることはできないが、現存するそれらはどれも十三世紀の後半から十四世紀にかけてのものばかりであって、善光寺式三尊が世上に広く流布するようになってから後の作品である。

それに対して滋賀県善水寺像が作られた十三世紀初頭は、善光寺聖が勧進活動を行い始めてからまだそう日も経っていないころであって、善光寺当事者としてはその活動を展開させるための施策として「本仏を移した像」を交付して勧進を行わせた、ということもあり得たのではなかろうか。中ノ堂の指摘によれば、俊乗坊重源の東大寺勧進は、勧進帳と造営勧進の宣旨のほか、「大仏および脇士四天王像を描いた画像を一輪車に掲げて行われた」（中ノ堂前掲論文）という。善光寺側がこのことを知ってのことかどうかはわからないが（重源も善光寺へ参詣はしているが）、勧進を促進しようとする側に立てば、才能ある勧進聖の厚遇とか、模造小仏像の交付とかいう手段を思いつくのは決して不思議ではなかろう。

一光三尊仏は勧進上人へ就任の証し

善光寺勧進聖展開の荒筋を以上のように理解すると、現存する高田山一光三尊仏の十三世紀前半期制作の事実と、親鸞の嘉禄年中奉請伝説とを、その中へ位置づけることができそうに思われる。

まず親鸞が『伝絵』の定禅法橋段に記されたように「善光寺の本願御房」として崇敬される存在になっていたと思われることや、尊蓮によって「善信聖人」と呼ばれていたことから、善光寺勧進聖の中での頭目的存在となっており、おそらく善光寺から「勧進上人」として補任されていたと考えてまちがいなかろう。それは親鸞の人品才能をもってすれば至極当然のことであろう。しかし最初から頭目であったはずはない。佐貫で三部経千部読誦を行った四十二歳のころは、まだ勧進聖集団の中の並の一員ぐらいの存在であったにちがいない。それがやがて「頭目的存在」となり、勧進上人というポストに昇任したと考えられるのだが、その時期が東国教化中であったこともまたまちがいなかろう。

そのことと、十三世紀前半の善光寺式阿弥陀三尊像が関東の高田に現存すること、そしてその像を奉請したのが嘉禄年中（一二二五〜二七年）と伝えられていること、とを思い合わせると、その嘉禄のころ善光寺から勧進上人に補任された、という想像が可能になるのではないだろうか。つまり高田山の一光三尊仏は、親鸞の善光寺勧進上人就任の証しであるという推測なのだがいかがだろうか。ご批判を得たい。

［補記］

親鸞は、この一光三尊仏を拝戴から約十年のち、関東を去り京都へ帰ることになる。そのときこの像は携行せず、関東に留め置かれた。そして現に栃木県二宮町高田の専修寺に安置されている。その辺の事情については、本書第二部第五章「高田門徒が生き残った事情」において検討するので、それを参照されたい。

四　高田山草創伝説を分析する

『高田正統伝』の草創伝説

高田山の草創伝説として最もポピュラーなのは、五天良空著『高田開山親鸞聖人正統伝』（以下『正統伝』と略称する。『真宗史料集成』第七巻所収本による）五十三歳のころに記された伝説だろう。高田派の人々にはなじみ深い伝説なので、いまさらとりたてて記す必要がないかもしれないが、後に述べる論証との関係上、その大筋を段に区切って記すと、次のようになろう。

〔第一段〕親鸞五十三歳の嘉禄元年（一二二五）正月、下野国大内庄柳島《やなぎしま》に来る（理由など記さず）。

〔第二段〕「般舟石《はんじやせき》」と呼ばれる大きな石の上で野宿をして夜を明かしていると、「明星《みようじよう》マサニ出ントスルトキ」、一人の童子が現われ、「我ハ明星天子、本地極楽ノ聖衆虚空蔵《こくぞう》菩薩ナリ」と言い、水田を指してここは聖地だからここに伽藍を建てて仏法を弘めよ、と指示して、柳の小枝と菩提樹の実を授けて消える。

〔第三段〕翌朝、水田は高い地盤と変わり、柳と菩提樹が生い茂っていたので、これ以来この地を「高田」

という。

〔第四段〕そのころ宮村に居住していた大内国時《おおうちくにとき》は、この奇跡を見て親鸞の弟子となり、高田に伽藍建立を始める。

〔第五段〕同年四月十四日、親鸞の夢に聖僧が現われ、信濃国善光寺へ来るよう命ずる。

〔第六段〕横曾根の性信房《しょうしんぼう》、鹿島の順信房《じゅんしんぼう》が居合わせたので、お伴をして善光寺へ。

〔第七段〕善光寺では、寺僧の夢に如来が現われ、明日わが弟子善信法師が来るから、それに我身を分け与えよ、とお告げがあり、その像が壇上に出現する。

〔第八段〕親鸞は像を笈《おい》に入れ背負って帰途につく。性信・順信これを扶助する。

〔第九段〕四月二十八日、伽藍建築工事着工。

〔第十段〕この年十一月真仏が親鸞に帰依。

〔第十一段〕翌年（嘉禄二年）二月、天皇より勅願寺の綸旨と勅額とを賜わる。

〔第十二段〕伽藍は信濃善光寺を模した構成で、嘉禄二年四月十五日慶讃。

これらの伝説について高田派以外の学者は甚だ懐疑的である。いや全く信用されていない、といっていいかもしれない。まずここに記されている出来事が、いくつもの夢の告げの上になりたっているということが、合理的な思考を第一とする現代人には納得しがたいものがあるし、親鸞の信頼できる事績の中には寺院を建立した、という事実が全然ないからである。

『正統伝』引用史料の信頼度

だいたいこの『正統伝』そのものが、山田文昭の「今日では何等の史的価値を有して居ない」(『親鸞とその教団』一九頁、法蔵館、一九四八年)という言葉に代表されるように、学界の信用が全くない。『正統伝』はその凡例に掲げているように、『本伝』(顕智伝)六巻、『下野伝』二巻など「野州高田之宝庫」にある六種の聖人伝に基づいて著わしたというのだが、これらの史料がもし権威があるものなら、まずそれを世に公表すべきであるのに、秘して示さないこと自体が怪しい、という。

山田のいうところもっともではあるが、良空の『正統伝』執筆時に、これらの聖人伝が全くなかったとは思われない。『正統伝』が『本伝』として盛んに引用している本と覚しき本は、高田山に伝わっていないのではない。内題を「善信菩薩下野本伝」、尾題を「下野流義本伝」とする袋綴の写本一冊があり、『正統伝』が「本伝」として引用している個所を対照すると、文章がほぼ一致するので、これが良空の依用した本ではなかろうか、と思われる。ただ現存本は明らかに明治期の筆跡であり、表紙見返しに、

京都別院伝来、善信聖人下野本典写本一冊、明治三十三年六月廿七日、広演院宜聞納之。

と墨書した符箋紙が貼りつけられていて、四日市市小山田安性寺竹内宜聞の書写と認められる。宜聞は明治元年(一八六八)から三十八年間にわたって京都別院の輪番をつとめている(『高田の古徳』高田派宗務院、一九七三年)。

この書の著者を示す撰号も奥書もない。しかし書かれている内容から判断すると、江戸時代、それも五天良空とそれほど隔たらない時期の著作だろう。その点、本願寺玄智が『非正統伝』で疑ったように、あるいは五天良空自身の著作かもしれない。しかし、これも山田が「恐らくは良空已前に此等の書が、何等かの目的のために偽造せられて居たのを、良空が更に潤飾したものと見るのが穏当である」（前掲書）と述べているように、この当時このような縁起書が高田派教団内で作られており、良空がそれを利用し、編纂したものと考えるのが、やはり穏当だろう。

それは山田雅教の論考（「親鸞聖人正明伝の成立」、平松令三古稀記念会編『日本の宗教と文化』同朋舎出版、一九八九年所収）からも言い得るように思われる。山田雅教は精緻な考証によって、『正統伝』掲載諸史料のうち、少なくとも『正明伝』（『四巻伝』とも記す）は、室町末期に成立した談義本の一種である、と断定された。これによって『正統伝』の諸史料はすべて良空偽作とする疑いは少なくとも一つは晴らされた。『本伝』は『正明伝』のように中世へ遡らせることは不可能だが、江戸時代前期高田派教団で行われていた伝承に基づいた縁起書であって、良空はこれに共鳴したために、積極的に自著へ引用したのではなかろうか。

『高田絵伝撮要』の草創伝説

以上、『正統伝』の諸史料について少しこだわってみたのだが、それというのも、『正統伝』と、それより少し以前に編纂されたことの明らかな別の聖人伝とを対照してみると、興味ある事実が浮き彫りにされてくるように思われるからである。その聖人伝というのは、普門《ふもん》の『高田絵伝撮要《えでんさつよう》』(『真宗史料集成』第七巻所収、以下『撮要』と略称する)である。

著者普門は津の彰見寺第六世住職だったが、延宝二年(一六七四)住職を養子の長雄に譲って隠棲し、読書と著作三昧にふけって、元禄五年(一六九二)に五十七歳で没している(小妻隆文『彰見寺誌』彰見寺、一九七一年)。この『撮要』はその隠棲期間中に著わされたと考えられるが、正確な年次は審らかでない。没後十四年経った宝永三年(一七〇六)後住の長雄によって版行せられている。したがって彼は『正統伝』の良空より三十歳年長であり、『撮要』も『正統伝』よりも三十年ほど早く成立していると思われるのだが、『正統伝』との大きな差異は、高田派教団に対する意識の差異である。

『正統伝』を論難した西本願寺派玄智が『非正統伝』の中でこの『撮要』を取り上げて、

普門ハ高田派ノ英哲ニシテ述作公直ナリ。良空ガ愚勃兇強ナルニハ同ジカラズ。其言信ズベシ。

と評したように、本願寺とか高田とかに偏することなく、実に穏健そのものであって、『正統伝』のような我が田へ水を引こうとするような姿勢は全く見えない。題名の『高田絵伝撮要』の「高田」は、どうやら刊行者が刊行に際して付け加えたのではないか、と思われるほどである。

ところが、そんな性格の著作にも拘わらず、高田山の草創についての説話を収載している。それを読むと、大筋は『正統伝』のそれと一致している。親鸞が下野国大内庄へやって来て、水田の中の石上に座していたこと、明星が出かかったとき、童子が現われ、「吾ハ是レ虚空蔵菩薩」と称し、この地を「勝地」だと教えたこと、夢告によって信州善光寺へ行き、一光三尊仏を感得することなど、筋書は全く同様である。これは、高田山草創伝説が『正統伝』よりも早く、高田派教団内で行われていたことを物語るわけで、高田山草創伝説の初出文献ではないか、と思われるのだが、そうなると、『撮要』の方が古態で、『正統伝』はその後の変化改竄か、と思われないでもない。しかしこの種の伝説が年代上、古い方が必ずしも古態とは限らないことは、早く柳田国男によって説かれているところである。そこで少し慎重に両書を比較することによって、草創伝説を分析してみることにしよう。

『撮要』と『正統伝』との対照

この両書の草創伝説を対照してみると、右に述べたように、大筋で同様なのだが、それ以上に、表2のように共通した字句の使用が目立つ。

このように両書に共通の字句があるということは、『正統伝』の著者が『撮要』を読み、その影響を受けて『正統伝』を書いたか、それとも別にテキスト風の一冊の本があって、両書はそれを基にして書かれたかだろうと思われるのだが、両書には表3のように相違しているところもある。

これらの相違は、どうやら五天良空が、想像をふくらませて潤色したために生まれたと考えられる点が多い。(2)(3)(4)(6)(9)(11)などはその部類に属するのではなかろうか。そういう潤色は、こうした伝承の世界ではありがちなことだから、これはこの際問題にしないことにして、ここでは潤色と思われない相違を取り上げることにしよう。

そうすると、(1)(5)(7)(8)(10)(12)が問題ということになるが、(5)(10)のように、『撮要』には記されず、『正統伝』だけにあるのは、『正統伝』の著者良空が、文章構成の都合上、別に伝わっていた伝承をここへ取り込んだ、というようにも思われるから、いまはこれも除外することにしたい。(8)については一五八頁で述べる。

結局、(1)の親鸞が高田へやって来た年次「貞応元年」と「嘉禄元年」、(7)の第二回夢告の年次「元仁元年」と「嘉禄元年」、(12)の専修寺伽藍構成が残ることになるが、(12)は大きな問題なので、別に詳しく検討することにして、いまは(1)と(7)の年次を取り上げてみたい。

表2

掲載段	絵伝撮要	正統伝
第二段	明星マサニ出ントスルトキ、忽ニヒトリノ天童キタレリ(中略)我ハ明星天子、本地極楽ノ聖衆虚空蔵菩薩ナリ	明星マサニ出ントスル時、忽チ一童子降化ス（中略）吾レハ是レ虚空蔵菩薩
第三段	水四渠ニ流レテ、中央凸然トシテ高地トナルカ故ニ、高田ト云、	涌水四渠ニ流レ、中央凸然トシテ高堅ノ地盤トナル。是ヨリ此地ヲ高田ト称。
第五段	元仁元年甲申四月十四日ノ夜子ノ下刻、一老僧忽然トシテ来リ告テ云、汝カ願已ニ満足セリ	同年(嘉禄元年)四月十四日ノ夜子刻、聖人宮村ノ草庵ニマシ／＼テ霊夢ノ告アリ、謂、一人ノ聖僧化来シテ言ハク、師ノ願既満足セリ
第十二段	嘉禄二年丙戌四月中旬第五日慶讃也、	嘉禄二年丙戌夏四月十五日、造営ノ功成シ了ヌ

表3

該当段	記事内容	撮要	正統伝
(1)第一段	親鸞が高田へ来た年次	親鸞五十歳(貞応元年)正月八日	親鸞五十三歳(嘉禄元年)正月八日
(2)第一段	高田の場所	下野大内庄(栁島の名なし)	下野国大内庄栁島
(3)第二段	童子の持物	何も記さず	手に柳枝と白紗の包物
(4)第二段	童子の謡	謡わず	四句の漢詩を謡う
(5)第四段	下野国司大内国時のこと	なし	(詳しく記す)
(6)第五段	第二回の夢告	場所を記さず	宮村の草庵
(7)第五段	夢告があった年次	元仁元年(聖人五十二歳) 四月十四日ノ夜、子ノ下刻	嘉禄元年 (聖人五十三歳) 四月十四日ノ夜、子刻
(8)第六段	善光寺への往復	同伴者を記さず	性信房、順信房同伴
(9)第七段	善光寺如来の夢告	「汝ニ弥陀ノ尊像ヲ与ヘン」	「我身ヲ分テ、師ニ与ヘン」
(10)第九段	伽藍建築工事	記さず	大工名などを記す
(11)第十一段	天皇より勅許	「上人宣旨ヲ受ケテ建立」と簡略に記す	勅願寺の綸旨と勅額をもらったことを詳しく記す
(12)第十二段	完成した専修寺伽藍	本堂を中心に三重の堀と勧学堂、祈願堂など	金堂と影堂を中心に、四門を配し、勅額を掲げる

そこでこの二点だが、奇妙なことに両書の記事は年号が違うだけで、ともに元年だし、月日に相違はない。ということは、この伝承を記した原本に、年号の記載がなくて、ただ月日だったので、両書の著者が自分の想像によって適当に年号を書き加えた、という風に考えられるのではなかろうか。専修寺の完成を、両書と

も「嘉禄二年（一二二六）四月十五日」としていることから、両著者がこの完成日付に辻褄を合わせるために、適当に日時を遡及させて、年次を設定したための相違と考えておきたい。完成の嘉禄二年については後に述べる。

『撮要』の記す専修寺伽藍

⑿の専修寺伽藍についての記事は、両書の間で大きく異なる。なぜこのように大きく異なるのかを考えてみたいのだが、まず両書とも創立された専修寺伽藍が実に壮大なものだった、という点では一致している。そういう誇張は伝説の常なので、そこは大幅に割引して考えねばならないのだが、それにしても『撮要』は本堂を中心にして三重の堀で囲まれ、諸堂が並び立っていたとするのに対して、『正統伝』は金堂と影堂を中心にして四方に大門があり、善光寺を模範とした大伽藍だったという。この伽藍構成の相違は何によるのだろうか。

一般にこの種の伝説は、現実にある事物の由来を、過去の歴史的事実によるかのように説こうとすることから生まれる。先に述べた「高田」の地名説話、一光三尊仏感得伝説などどれもその類であった。ということは、伽藍についても現状は小さく粗末なものになっているけれども、創立時は盛大なものだったのだ、と過去を懐かしむような気持でこの伝説が語られた、と考えて差し支えなかろう。

そこで『撮要』に記された専修寺伽藍を見ると、三重の堀の中央に、一光三尊仏安置の本堂があり、第二重目の堀の中に山門・経蔵・宝塔、外側の堀にはまず四方に大門があって、その中に勧学堂（無量寿院）、祈願堂（勝鬘皇院）、墳墓堂（阿弥陀堂）、鎮守堂（虚空蔵院）の諸堂が建てられた、という。

これらの諸堂がどういう意味を持っていたかというと、勧学堂は「自らの寿像ヲ刻テ納之」というから御影堂に相当する。祈願堂とは、太子像を本尊として天下泰平を祈る堂だというから、太子堂そのものだが、墳墓堂は「本尊並ビニ高祖ノ影ヲ納メ」とあって、阿弥陀如来と法然上人像を本尊とし、しかも「墳墓堂」という名は納骨堂のようでもあって、正体がよくわからない堂である。鎮守堂が、虚空蔵菩薩を本尊とするのは、右に記した縁起からして当然だろうが、そこへなぜ「釈迦ノ像ヲ安ズ」るのか、この奇妙な取り合わせもちょっと理解しがたい。

こうして見てくると、これらの諸堂はテンデンバラバラな寄せ集め的であって、そこには統一された構成理念が見当らない。一つの寺院が創立の理念に基づいて伽藍を形成した場合には、こういうことはあり得ず、長い歴史の中からいろいろな堂宇が生まれた結果ではなかろうか。ということはこの『撮要』が編集された当時の下野国専修寺にはこのような諸堂がテンデンバラバラに散在しており、その現状を過去に投影した結果、こういう伝説になったとしか考えられない、と思うのだが、いかがだろう。

現在の建物はすべて江戸中期以降に建立されたものであって、この『撮要』執筆時にまで遡及し得るものはないが、前稿「下野国高田山専修寺史考」（『高田学報』七八輯、一九八九年）に記したように、専修寺は戦国時代に兵火によって炎上したが、約百年の後、江戸時代に入って復興が始まった。御影堂の本尊親鸞「等身の御影」は、寛永十五年（一六三八）に伊勢国一身田専修寺より移座されたものだし（専修寺文書二六九号、『真宗史料集成』第四巻、同朋舎出版、一九八二年）、真仏上人坐像と顕智上人坐像は胎内納入の木札によって延宝九年（一六八一）に修理されたことがわかっている。また梵鐘はその前年に鋳造されたことが銘文によって明らかである。下野専修寺は、十七世紀そんな復興気運に乗って、いろんな堂宇が建造されており、それが『撮要』に記すような壮大な伽藍を夢見て、こういう伝説をはぐくんだのではあるまいか。

『正統伝』の記す草創時の専修寺伽藍

それに対して『正統伝』が記している創立当時の専修寺は、壮大な伽藍だったという点では同様なのだけれども、『撮要』のそれとはひと味ちがう。『正統伝』によると、御影堂は「縦横七丈八尺」（二三・六三メートル）というから現在の御影堂（二三・七メートル×二〇・〇メートル）とほぼ同じ大きさだが、金堂の「縦横九丈三尺」（二八・二メートル）というのは御影堂よりも大きいことになり、現在の如来堂（一〇・〇メートル四方）に較べると、二・八倍という巨大なものだったというわけで、そのバランスにいささか異様さを感じる。もちろんこういう寸法そのものは、誇張されたものなのだから、それほど問題ではない。誇張という点では、『撮要』も相当な誇張だから。

『正統伝』の記す専修寺が『撮要』と大きく違っているのは、『撮要』が一光三尊仏安置の本堂を中心として、いろんな堂宇がこれをとりまいていたかのように記すのに対して、『正統伝』の方は、一光三尊仏安置の「金堂」と、親鸞聖人御影安置の「影堂」との両堂が中心で、それを築地で囲み、四方に大門があった、としていて、他の諸堂には全く触れていない点である。つまり『正統伝』は、現在の真宗各派本山伽藍のように、如来堂と御影堂の両堂併立配置がすでに草創時の専修寺に実現していたかのように記しているのが問題なのである。もちろんそんなことはあったはずがない。親鸞が自分の肖像を本尊として安置した堂を造るなど、ナンセンスでしかない。

しかし、このナンセンスな専修寺伽藍は、決して五天良空が勝手に描いた妄想ではなかった。当時の高田派教団の中には、『正統伝』が流布する以前から、草創期の専修寺をそのような伽藍だったと考える想念が抱かれており、良空はそれを文章化した、と考えられるからである。高田派寺院に下付される親鸞絵伝は、第三幅に「高田建立」という一段が設けられていて、そこに専修寺が両堂併立の形で描かれている。この絵伝の成立は次に述べるように『正統伝』の流布よりも先行すると認められるので、『正統伝』はこの絵伝を基にして記述された、と考えられる。

高田派絵伝に見る両堂併立

高田派教団での親鸞絵伝の下付がいつから始まったか明確でないが、京都別院蔵のものには元禄二年（一六八九）の寄進銘があり、四日市市の「三重郡廿八日大講」所蔵のものには元禄七年の下付銘があるから、少なくとも十七世紀末には制作下付が盛んになりつつあったことはまちがいない。そしてそれらの絵伝の原図となったと思われるものは、現在も本山専修寺の御影堂で使用されている四幅絵伝（『真宗重宝聚英』第四巻、

図 20　高田派依用親鸞絵伝（第 3 幅高田建立の段，尭秀銘，専修寺蔵）

同朋舎出版、一九八八年に全幅を掲載）で、画技から江戸初期の制作と判定されるだけでなく、第四幅最上段の銘札型に「高田専修寺前大僧正尭秀」との墨書銘があって、その制作年代を推定することができる。

　というのは専修寺第十四世尭秀は、寛永十八年（一六四一）大僧正に昇任したのち、住持職を子息尭朝に譲って隠居するが、正保三年（一六四六）尭朝の突然の死去に遭い復住する。そして大火によって焼失した伊勢国専修寺伽藍の復興に懸命の努力を傾注し、寛文六年（一六六六）御影堂の一応の完成を目にすると、その年の十二月示寂した。このことを思うと、この絵伝は御影堂の建設が始まった寛文元年から六年ごろまでの制作とすることができるからである。

　ところで尭秀の伽藍復興構想は、御影堂と如来堂とを東向きに併立させることを中心としたものだったらしい（拙稿「専修寺の成立と経過」、財団法人文化財建造物保存技術協会編『重要文化財専修寺如来堂修理工事報告書』掲載、一九九〇年など）。これは炎上焼失した伊勢一身田の伽藍（天正十年〈一五八二〉建立のもの）が南面する両堂併立だったためとも考えられるが、実はこの天正十年の伽藍が両堂併立だったとする史料にはいま一つ信憑性に欠ける点があるので、あるいはこのとき尭秀独自の判断で、東西両本願寺に倣って両堂併立が企画されるようになったのかもしれない。その辺のところは今後さらに検討を要するので、いずれ機会を見て詳しく論ずることとしたいが、尭秀による伽藍復興構想が両堂併立であったことはまちがいない。

その尭秀の、両堂併立を主軸とする伽藍復興への熱い想いが、親鸞聖人絵伝に反映して、「高田建立」の専修寺が両堂併立であったかのように描かれたのではなかろうか。とすると、それは『正統伝』刊行の享保二年（一七一七）より五十年以上も前のことということになる。『正統伝』刊行のころは、伊勢国の本山の伽藍は御影堂と山門が完成し、教団はひたすら如来堂建立を願っていた時期である。翌々享保四年には如来堂建立へ向けて、第十七世円猷の御書が発布されている。そんな雰囲気の内での『正統伝』の記述であった。『撮要』は下野専修寺の現状を拡大して過去へ投影したのに対し、『正統伝』はそのころ抱かれていた教団の希望を過去に投影したものだった、と言える。

明星天子出現の意味

話題を元へ戻して、草創伝説第二段の明星天子出現の場面について検討を加えてみたい。この段は両書に若干の差異はあるけれども、親鸞が大内庄高田の地へ来り、大きな石の上に坐して夜を過ごしていると、明星がまさに出ようとするとき、一人の童子が現われ、自分は虚空蔵菩薩だと名乗り、ここが寺地建設の適地だと親鸞に教える、という筋書は共通している。これが両書の著作された時期の一般的な伝承だったたと見られる。

問題なのは、ここに虚空蔵菩薩という真宗にとって馴染みの薄い菩薩が登場する点にある。親鸞が比叡山での修行に迷いが生じたとき、夢告で指示を与えてくれたのは聖徳太子だった。ここでも聖徳太子が示現したというのなら納得しやすい。あるいは太子でなくても、親鸞が崇敬する浄土七高僧、とくに法然が夢に現われて、というのであれば、なるほど、ということにもなろう。もしこれがテレビドラマだったら、原作者は太子かあるいは七高僧の一人が登場したようにシナリオを作るだろう。それがドラマの必然的な展開だろうから。

ところが、そんな必然的な筋を破って、突拍子もなく虚空蔵菩薩という縁の薄い菩薩をこの場へ登場させているということは、この伝承が真宗教団で作為されたものでないこと、つまり真宗教団の外部から持ち込まれたもの、ということを示していると考えられよう。真宗教団内の人間だったらこんな菩薩を頭に思い浮べるはずがないからである。ではそれを教団へ持ち込んだのは誰か。

この謎を解明する鍵は、童子の出現した時刻が「明星マサニ出ントスルトキ」であり、自分を虚空蔵菩薩と名乗っているところにある。虚空蔵菩薩はいろいろな性格を持った菩薩だが、平安時代にはとくに求聞持《ぐもんじ》の法の本尊として尊ばれてきた。この法は弘法大師空海が得意とした真言密教の修法で、この修法が成就し

図21　虚空蔵菩薩立像（柳植神社蔵）

たときは、東の空に明星が現われると信ぜられ、そのために明星は虚空蔵菩薩の使者ともされてきた。中世に入って古代的な求聞持法が勤修されることは少なくなるが、そうすると今度は一般的な除災招福の信仰対象としてかえって広がりを見せ、明星との関係から星神という民俗信仰へ転移していったとされる（『民衆宗教史叢書』第二四巻「虚空蔵信仰」雄山閣出版、一九九一年）。そしてその星神信仰は、とくに栃木県内には広く分布し、宗教法人登録社だけでも一五七社を数える由で（佐野賢治「星と虚空蔵信仰」右同書掲載）、その濃密な分布は、二荒山（日光）修験者の影響が考えられるという。

これらのことを考え合わせるならば、明星天子の伝説は、前々から高田の現地にあった伝承が、この草創伝説の中へ取り込まれたもの、と考えることができよう。前稿（「下野国高田専修寺史考」）でも触れたように、専修寺近隣に虚空蔵菩薩を御神体とする柳植《やなぐい》神社があり、地元ではこれを鎮守社としている。先に記したように『撮要』では、境内に「鎮守堂」があり、虚空蔵を安置していると記している。こうした状況がどの時代まで遡り得るか綿密に考証する史料を持ち合わせないが、これと思い合わされるのが、弘法大師空海が高野山を開創したとき、地主神である狩場明神を招いて鎮守神とした、というような地主神型寺院草創伝説である（清水喜三「神仏習合の実態」『図説 日本の仏教 第六巻 神仏習合と修験』新潮社、一九八九年所収）。専修寺創立にあたって、その土地古来の地主神である明星天子（虚空蔵菩薩）を鎮守神として取り込んだ結果だと考えるならば、この伝承の古さ加減が想像できるのではないだろうか。

言い換えるならば、高田の地は、元来星神信仰によって聖地とされていた土地だった、と考えられる。そこへ親鸞の念仏の教えが入り込んできたのである。

今後追究されるべき問題点

ここへ親鸞の教えを持ち込んだのは誰か。それについて私は前稿で、真仏と断定した。それは室町期の著作である真慧の『顕正流義鈔』などに、「高田開山真仏上人」と記されていることによるものであった。真仏が善光寺の勧進聖であって、この高田の地に一光三尊仏を安置していたところへ、親鸞を招いて教化を受けた、と推定しておいた。

しかし近ごろ、この推定は考え直す必要があるのではないか、と反省している。それはこの高田山草創伝説の中の、親鸞が長野善光寺へ赴き、一光三尊仏を感得して高田へ帰る段において、親鸞のお伴をして善光寺から旅をしたのが「横曾根ノ性信房、鹿島ノ順信房」の二人となっているからである。なぜこの二人なのか、高田の本尊となるべき像を戴いてくる旅であれば、当然高田の真仏房がお伴をしていたことになるはずだ、と思われるのに、真仏房の名がないのはなぜなのだろうか。

実はこの疑問を抱いたのはこの平成十年（一九九八）春、一光三尊仏の一身田特別開扉にあたって、法要事務局の作成したポスターに、一光三尊仏を頂戴して高田へ帰る親鸞一行の絵を背景としたことによっている。「この一行の中、親鸞の後で笈を背負っているのは誰か」という質問が多くの人々から法要事務局へ寄せられてきて、事務局は私へ問い合わせてきたのであった。

『撮要』はこの一行には触れていないが『正統伝』は、一光三尊仏を頂戴した親鸞は、「笈ニ入、ミツカラ負テ帰リタマフ。順信、性信カハル〳〵扶助ス」と記しているので、そのことを返答したのだったが、そのとき私には「なぜ真仏がこの一行の中に入っていないのだろうか」との疑問が湧いた。こんな江戸時代の伝説は、一般門徒が喜ぶようなお話に作られるのがほとんどなので、私としてはこれまで全く顧慮することがなかったのだが、自由に創作できるものなら、高田派第二世であり、室町時代には「高田開山」つまり高田派教団の創設者とされてきた真仏がその一行で親鸞のお伴をしてきた、という風に語られてしかるべきであろう。それがなされていないところをみると、「性信・順信」という伝承の成立は、高田派教団という意識が未だ稀薄な時代にまで遡らせるべきものではないのか、そんな疑問にとりつかれることになった。これについては未だ解明が進んでいない。

もう一つこの高田山草創伝説の中で解明の進んでいないのは、専修寺創立の時期が嘉禄二年（一二二六）四月十五日、とされている点である。この日付は『撮要』『正統伝』の両書が一致しているので、その源流には何かがあったと思われるが、四月十五日という日付まではともかく、専修寺の創立を嘉禄年中とするのは、少なくとも天文十二年（一五四三）の「高田専修寺再興勧進帳」（専修寺文書九二号、『真宗史料集成』第四巻）に、

尋《ルニ》二当寺元祖一、後堀河院御宇嘉禄年中比、親鸞上人之嫡弟真仏上人、為二天下安全興法利生一始《テ》草創之

と記されていて、古い伝承であることはいうまでもない。では「嘉禄年中」というのはどういう意味を持つのか、これも未だ解明が進んでいない。併せて今後の研究課題としたい。

五　高田門徒が生き残った事情

高田山専修寺の本寺化

東国諸門徒の中で、高田門徒だけは、細々ながら今もその伝統を継承している。他の諸門徒が開基したという寺院は、その多くが衰退し、わずかに残ったものはすべて本願寺教団へ吸収されてしまった中で、高田門徒だけは独自性を保ち、宗派としての活動拠点はその後伊勢国へ移したけれども、真宗諸派の中では、独特の存在感を持って継承されている。その原因はどこにあるのか。考えてみたい。

まず初期高田門徒の実態を教えてくれる第一級の史料は『三河念仏相承日記』である。この記録は和紙六枚を袋綴にしただけの薄い冊子で、建長八年（一二五六）十月、高田の真仏以下四人が、京都の親鸞を訪ねて、関東から旅の途中、三河国矢作の薬師寺に立ち寄り、念仏を勧進し、帰途に顕智が三河に留まって念仏を広めた、という記事から始まり、三河国内で念仏が広まっていく状況を記述したものである。末尾の識語から貞治三年（一三六四）の制作と認められる。岡崎市上宮寺に伝来していたが、先年の火災によって焼失した。

ここに登場する門徒はほとんどが名主クラスの有力者と見られ、中には自ら道場を建てて出家し、坊主となった者も何人かあるらしい。そしてとくに注目されるのは、それらの人々が何名かずつ団体を組んで、関東の高田まで参詣に出かけていることである。最初は顕智自身が引率したらしいが、そのあとは顕智の娘も加わり、三、四年ごとに「高田マイリ」を行ったらしい。三〇〇キロも離れた地への旅は、当時にあってはまさに命がけの旅だったと思われるだけに、篤信のほどが偲ばれるが、われわれとしては、そこに高田専修寺の本寺化が進行していると受けとめていいのではあるまいか。

真仏・顕智の僧侶身分

下野国高田の専修寺は、寺伝では親鸞五十三歳の建立というが、もちろんこれは信ぜられない。かつて中沢見明が「真仏上人伝説に就いての考察」(『高田学報』九輯、一九三四年)において、「高田如来堂は真仏以前から存在して、真仏はそれを継承した入道僧であったのだろう」と推定しているのは注目される。中沢見明はその根拠として、高田派第十世真慧が文明四年(一四七二)に著わした『顕正流義鈔』の中に、「高田開山真仏上人」と記されていることと、「真仏」という法名が「親鸞思想からでたものとしては相応しくない」こと、の二点を挙げている。

高田専修寺の前身を「如来堂」とする点については、私は後に述べるように別の見解を持っているが、高田には専修寺の前身となる仏堂が存在し、真仏がそこの入道僧であった、とする意見には賛成である。真仏の名についても、親鸞の思想にふさわしくないということもあろうが、私はこの真仏という名が、彼の法名であると同時に呼び名として使われている点に注目したい。

当時の浄土系の僧侶は、得度した際につけてもらった法名（実名）のほかに、道号や字名（呼び名）を持っているケースが多かった。善信房親鸞、法然房源空などのように。そして自分で署名する場合は必ず法名（実名）を書くが、消息などを差し出す場合、相手の名は必ず房号を書くのが礼儀で、それは日本古来のルールであって、親鸞も、特殊なケースを除いてキチンとそれを守っている。

ところが真仏についてみると、親鸞からの自筆消息の宛名には「真仏御房へ」とあるので、「真仏」は房号であると認められるのに、真仏自筆の『経釈文聞書』の表紙袖書には「真仏」、同じく自筆『皇太子聖徳奉讃』の表紙袖書にも「釈真仏」と自筆で明記されていて（『影印高田古典』第一巻）、「真仏」が法名でもあったことを示している。彼の場合、法名と房号の区別がないのである。

その点は高田派第三世顕智についても同様であって、自らは「顕智」と署名しているが、他人からも「顕智御房」と呼ばれている。それは本願寺の覚如が十三歳のとき聖道門の寺で得度受戒し、宗昭という法名をもらっていたが、浄土門に入って「遁世坊号覚如」となったのと対比される（本願寺留守職相伝系図）。つまり真仏も顕智も正規の得度を受けていなかったことから、法名も房号も共通する名だけしかなかった、と見られる。その点で真仏を「入道僧」、顕智をその娘ムコとする中沢の見解は、当を得ていると思われる。

一光三尊仏伝説の評価

ところで高田山草創縁起によると、親鸞は五十三歳のとき、長野善光寺に赴き、善光寺本尊と一体分身の像を授与され、それを専修寺本尊としたという。この記事については、「一光三尊仏」と称されるこの像が、善光寺式阿弥陀三尊像であり、様式的にはほぼその時期の制作と認められることから、ある程度歴史事実を反映していると考えられる。このことについては、先に申し述べたところである（本書第二部第三・四章）。ただこの像を専修寺本尊とするために拝戴したとの条項については、あまりにも我田引水であって信を置けない。しかしその像が現に高田専修寺に安置されている事実と照らしあわせると、親鸞は六十二、三歳ごろ帰洛するに際して、この像を下野国高田に留め置いたとしか考えられない。そこでその辺の事情に思いをいたしてみたい。

一光三尊仏の高田安置について

まず親鸞帰洛の理由についてであるが、いまだ有力な学説は現われていないが、常識的に、還暦を過ぎて社会的活動から身を引き、いわゆる隠居の身分になろうとしたためとするのが穏当なところであろう。とすればそれは善光寺勧進聖としての活動も停止することを意味する。ではその跡はどうなったのか。門弟の中に勧進聖的活動をした形跡のある者は全くいないから、誰も継承しなかったらしい。となると善光寺より拝戴の像はどうなるのか。現代のわれわれの感覚では、善光寺への返納ということが考えられるが、現に善光寺にはそのような勧進聖からの返却像は一体も伝えられておらず、返納というようなことは他にもなかったらしい。分身として勧進聖たちに授けられた像は、それを受けた銘々で措置することになっていたらしい。親鸞もその例にしたがったものと思われる。となるとこの像は自分が所持して京都へ帰っていくこともできたはずだが、それをせずに関東へ残したのは、親鸞にそうした専有欲がなかったことと、二十年間にわたって慣れ親しんだ関東の地への想いが強かったからであったのだろうか。

ではこの像をどこへ残すかだが、いろいろ検討されたにちがいない。その結果下野国高田が選ばれたことについて、親鸞の心中を推察してみると、まず真仏の人格見識力量が合格点であったことであろう。それと同時に、高田の堂舎や境内の状況が他の門弟より優っていたからではあるまいか。

その親鸞の付託に答えて、真仏はその像を本尊とする堂を建立したらしい。当時の史料は残っていないが、文和四年（一三五五）の「如来堂葺萱料足施入状断簡」（専修寺文書一一号）や応安二年（一三六九）の「如来堂職安堵状」（専修寺文書一二号）に見える「如来堂」とは、その堂を指すものと見てまちがいあるまい。

専修寺本寺化の進捗度

こうして高田の地は、堂舎が並び建ったことになった。そしてそれによって景観も整い、高田門徒の本寺としての貫禄が備わってきたと考えられる。先に述べた『三河念仏相承日記』にいう「高田マイリ」はそういう状況もあって生まれたのであろう。また『存覚一期記』によると、正和元年（一三一二）「専修寺」の寺額が掲げられているが、これも本格的な寺院としての威容が出来ていたからに違いない。

ただその「本寺化」がどこまで伸展し、いつまで持続したのかは問題である。というのは、『三河念仏相承日記』の記述によると、「高田マイリ」は、顕智の引率による第一回から約二十年間に三〜四回行われたことがわかるだけで、その後の記述はないし、性信や順信など真仏・顕智と同輩格の門弟等は高田に全く関心を示していないからである。師親鸞の護持仏ともいえる像を安置した堂なのだから、親鸞が京都へ去ったあとは、この像への参詣などが行われてしかるべきだと思われるのに、それが全然見受けられない。それは先に述べたような門弟間の横の連帯を欠いていたことの悲しい表われだったのであろうか。

ローカル色の顕著な専修寺如来堂建築の意味するもの

最後に申し残しておきたいのは、その如来堂の性格についてである。先にも引用した現存最古史料の文和四年如来堂葺萱料足施入状は、わずか一枚のみの残簡なので断定は不可能であるが、ここに記された寄進者十一名は、肩書に記された住所を見ると、ほとんどが高田からせいぜい一〇〜二〇キロ《キロ》程度の近郷在住者と見られ、この堂に対する信仰がローカルなものになっていたことを思わせる。親鸞の教化活動が広い範囲に及んでいたのに較べると、対象地域が狭小化しているのが注目される。その後の高田に関する史料もその傾向がさらに進んだことを物語っている。

現存する高田の如来堂は、一九九六年から一九九九年にかけて行われた修理工事の結果、延享元年（一七

図 22　栃木県高田専修寺如来堂（重文）

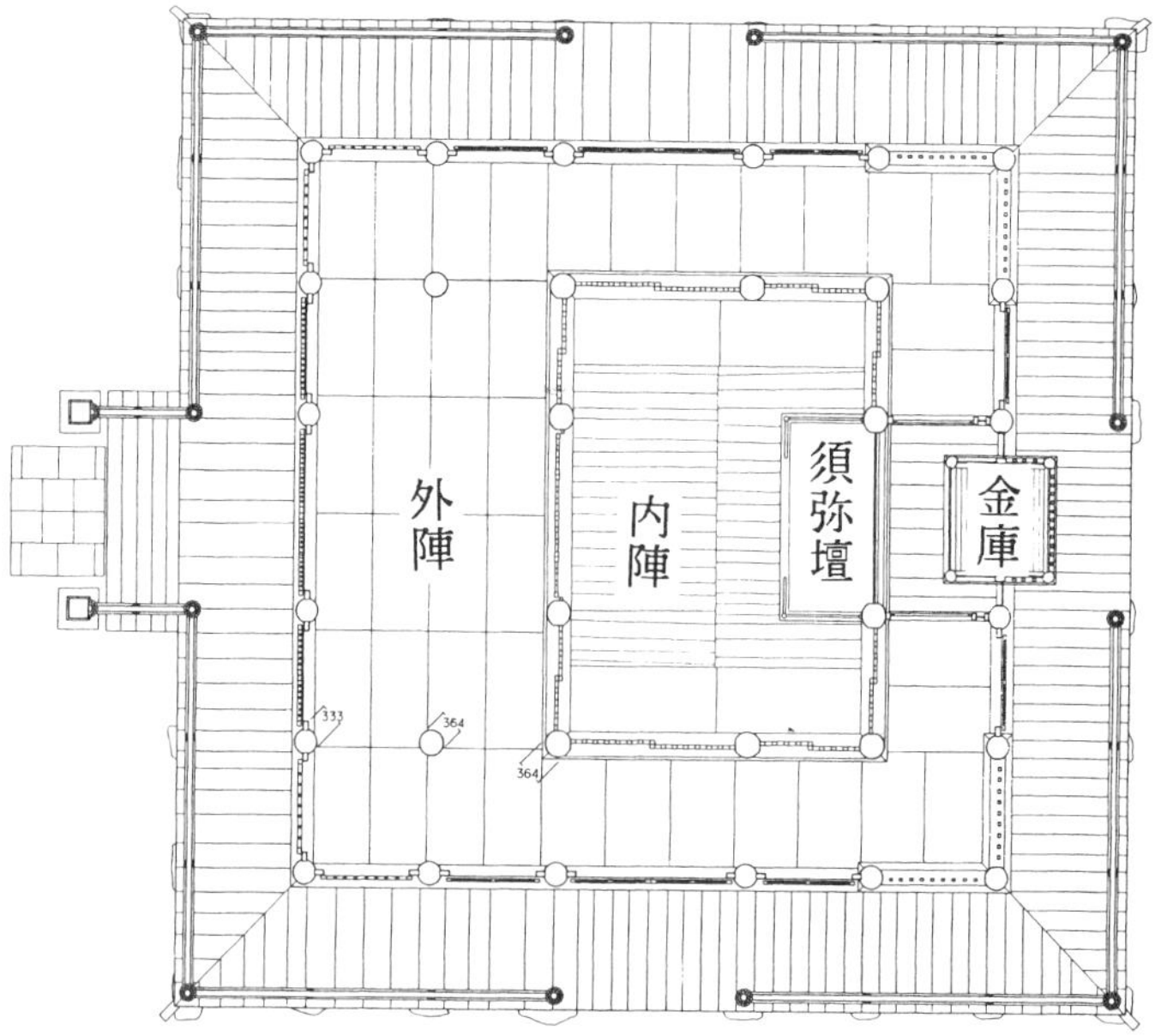

図 23　如来堂平面図（修理工事報告書より）

図 24　如来堂内陣外陣堺欄間彫刻（左より帝釈天，聖徳太子，梵天）

図 25　享保 3 年絵図の専修寺境内部分

四四）に再建されたことが明らかとなったが、如来堂と同時に建立された御影堂に較べると、建築様式に大きな違いがある。御影堂が純真宗様仏殿なのに対して、如来堂は甚だ異様なのである。まずその外観であるが、入母屋造の屋根の正面に、大きな千鳥破風《ちどりはふ》がとりつけられていて、権現造の神社社殿を思わせる外観である。真宗寺院としては極めて珍しい。

堂は桁行五間、梁間五間だからほぼ正方形の平面だが、後寄りの中央部正面三間、側面二間を太い黒塗りの格子戸で囲っていて、中が見えにくいようになっている。これは密教寺院の本堂に似ている。しかもその正面の内陣との境にある欄間の彫刻は、中央が黒駒に乗った聖徳太子像、その左右には梵天像と帝釈天《たいしゃくてん》像を配し、さらにその左右外側は四天王像四躯《く》が彫られている。

聖徳太子は、太子が善光寺如来と手紙のやりとりをしたという鎌倉時代の有名な伝説によってここに彫られているのだろうし、梵天帝釈と四天王は、親鸞の『浄土和讃』「現世利益讃」に「南无阿弥陀仏ヲトナフレバ、梵王帝釈帰敬ス」とか、「南无阿弥陀仏ヲトナフレバ、四天大王モロトモニ、ヨルヒルツネニマモリツヽ」とあるのを受けているのであろう。しかし全体として顕密仏教的な感じは否定できない。

この堂が建立された江戸中期には、真宗寺院の仏殿建築は完全に定型化しているのに、その趨勢を無視してこのような仏堂となっているのは、この堂が、前々からこのように建築されてきた伝統をそのまま踏襲したから、としか考えられない。

そしてそれを実証してくれるのは、現在の堂が建立されるよりも二十六年前の享保三年（一七一八）に落主大久保伊賀守へ提出された絵図（専修寺蔵）である。そこには現在の堂と同じく、屋根の正面に千鳥破風をつけた入母屋造の堂が描かれている。

この伝統的な形態がいつごろ成立したのか、それはもちろん定かではない。しかし少なくとも近世に定型的な真宗仏殿建築が普及するより以前であることはまちがいない。したがって中世のことで、顕密仏教的な仏堂しか存在しなかった時代のことであろう。しかも説話的な欄間彫刻は、あるいは鎌倉時代近くまで遡ることも考えられる。あるいはまた、先に指摘したようなこの如来堂に対するローカルな信仰の成立とかかわらせて考えるべきかもしれない。この高田周辺の人々の、顕密仏教とか浄土教とかの理屈を越えた、素朴な一光三尊仏への強い崇敬の念が、こういう形態を維持させるのに大きな力であったと思われるからである。

まとめ

ともあれ、東国に残された親鸞直弟の旧跡が次々と衰亡していく中で、わずかに高田専修寺だけが、往年の勢いは薄れはしたものの、独立宗派として、その存在感を示している。こうした事実に想いをいたすとき、やはり親鸞の念仏もその地域へ根付かせるためには、こうした仏像や仏堂と、それを支える人々の存在が必要だったのではないか、と思われてならないが、いかがだろうか。

第三部　親鸞著作の思想的理解と書誌学的分析

一　眼を凝らして見る国宝三帖和讃

1　真宗教団の中での和讃の位置

親鸞と和讃

キリスト教の教会で讃美歌が歌われるように、仏教寺院で歌われる仏教歌謡の一種に「和讃」がある。語源をしらべると、漢文で綴られた漢讃に対して、和文で仏法を讃嘆する歌謡だったので和讃と呼ばれたとのことである。

その成立は、大陸との政治的・文化的交流が打ち切られた平安時代の半ばころ、文化の和様化が進んだ時期であった。折からの浄土信仰の隆《たか》まりと軌を一にしていて、浄土教系の法会の中で詠唱されることが多かった。恵心僧都源信や空也上人などが和讃を作って、奨めたというが、「これがその和讃だ」と確認するだけの史料は伝わっていない。

和讃の形式もいろいろだったらしいが、やがて七五調の和讃が主流を占めるようになり、鎌倉時代に入って最盛期を迎えることになる。そこへ登場したのが親鸞であって、親鸞ほど数多くの和讃を制作した人は他にいない。

親鸞の和讃はすべて七五調で、四句を一首とするが、その制作数はいまわかっているだけでも優に五百首を超える。しかもそれらの多くは優雅で格調高く、文学作品として優れているだけでなく、高度な思想内容を持っている点で他に比類がない。和讃史上、質量ともに抜群の存在として評価されている。その代表作が『浄土和讃』・『浄土高僧和讃』（以下『高僧和讃』と略称する）・『正像末法和讃』のいわゆる『三帖和讃』である。

和讃制作の基本姿勢

親鸞の和讃制作の姿勢をよく示すものに「ヤワラゲホメ」という言葉がある。それは『浄土和讃』の中の「現世《げんぜ》利益《りやく》和讃」標題のところで、「和讃」の文字の左側に記された註記（こういう註記を「左訓」と呼びならわしている）なのだが、つまり親鸞は、「和」の字に、和文という本来の意味だけではなく、「和《やわ》らげる」という意味もあるのだ、と言っているのである。和讃を「和らげ讃《ほ》め」だというのは、強引なこじつけにも類する解釈だけれども、見方によっては和讃の持つ意義を言い得て妙なる註記ではある。

和讃が漢讃に対するものとして登場したことは右に述べたところだが、それは漢讃ではあまりにも難解だから、日本語のわかりやすい讃歌が求められたことによっている。「和らげ讃め」は、たしかに和讃が制作された目的を示す言葉であった。親鸞の著作の中に、

ゐなか（田舎）のひと〴〵の文字のこゝろもしらず、あさましき愚痴きわまりなきゆへに、やすくこゝろえさせむとて、おなじことをたび〴〵とりかへし〳〵かきつけたり（『唯信鈔文意』識語）

と書いているが、和讃もまたそのように「文字の心も知らず」「愚痴きわまりなき」人々のための讃歌だった。それが親鸞の和讃制作の基本姿勢であったことを銘記しておかねばならない。五百首を超える大量の和讃というこの数量は親鸞の民衆教化への熱意の強さを示すバロメーターだった、ともいえよう。

和讃制作の始まりは関東時代か

和讃がそのように民衆教化への熱き想いから産まれたとなると、その制作は関東在住中に始められたことを思わせる。親鸞の生涯の中で、民衆と直接に接触が続いたのは、この関東在住期間をおいて他に考えられないからである。越後での流罪中はそうした民衆教化はあり得ず、京都へ帰ってからは、民衆教化よりも筆《ひっ》硯《けん》を友とする生活だったことは、周知のところである。

ただ現在伝えられている和讃の諸本を調べても、最も古いのは複製が頒布されている高田専修寺の国宝本『浄土和讃』と『浄土高僧和讃』であって、その奥書には七十六歳の宝治二年（一二四八）の年記が見えるし、『正像末法和讃』にいたってはさらに後の正嘉二年（一二五七）八十五歳ころの制作にかかることが明らかである。

したがってこれまで和讃の制作を、親鸞帰洛後の晩年と考える傾向が強かったのだが、和讃を右のように民衆教化の産物と考えるならば、その制作の開始はやはり関東時代にあった、とするべきだと思う。そしてその和讃に改訂増補を加え編集したのが、帰洛後だった、と私は考えている。

もちろんそれをズバリと示す史料はない。しかし本願寺教団と、高田派など関東系教団との間で、和讃に対する取り組み姿勢に大きな違いのあったことがそれを思わせる。本願寺は覚如によって教団が組織されてから蓮如の父存如《ぞんにょ》が出るまでの間、和讃に対しては冷淡ともいえる態度であった。『本願寺史』が「本願寺系統では、覚如宗主以来『三帖和讃』の写伝の形跡は存せず、存如宗主にいたってはじめて現われる」（第一巻二七一頁）と記しているように、本願寺系での『三帖和讃』の古写本は、金沢市専光寺所蔵の永享九年（一四三七）存如書写本を以て最古とし、そののち蓮如によってしきりに書写し印刷して流伝されるようになったのであった。

それに対して関東に遺された親鸞の門弟教団である高田派では、親鸞の自筆を含むこの国宝本をはじめ、顕智の正応三年（一二九〇）書写本など最も権威のある古写本を伝え、鎌倉時代末期に高田派から越前へ分派した如道《にょどう》一門が和讃をしきりに詠唱したことについては文献があり、その一派である「三門徒派」というのは「和讃門徒」の訛伝と考えられるなど、関東系教団は和讃にまことに親近だったことを物語っている。こういう和讃への親近さは、親鸞が関東在住中に和讃を制作し、門徒に詠唱せしめた名残りではあるまいか。

高田派の『高僧和讃』重視

とくに高田派の場合、和讃については独特の伝統を持っている。それは、本願寺などでは和讃と言えばまず『浄土和讃』から始まるので、門徒の人々に最も馴染まれている和讃は「弥陀成仏ノコノカタハ……」だが、高田派では『浄土高僧和讃』を依用するのがほとんどで、高田派門徒に最も馴染み深いのは、龍樹菩薩讃第六首「不退ノクラヰスミヤカニ」から始まって、第十首の「恩愛ハナハダタチガタク」までの五首である。高田派門徒の私は、いまだかつて『浄土和讃』を詠んだ記憶がない。どうしてこうなっているのか。高田派の長老で和讃の権威だった故生桑完明《いくわかんみよう》和上に尋ねてみたことがあるが、全然わからないとのことだった。

この五首ずつ詠むという行儀も高田派特有のものらしい。これも原因不明なのだが、これは『高僧和讃』が、龍樹讃十首、天親讃十首、源信讃十首、源空讃二十首、というように、「五」でキレイに割り切れる数になっていることと関係するのではあるまいか。どうも高田派の『高僧和讃』重視の風は相当に根深いものがあるように思われてならない。

しかし、「それなら、曇鸞讃三十四首、善導讃二十六首、道綽讃七首というのはどう考えるのだ」との反論が出されるかもしれない。たしかにこの三高僧の和讃は半端な数であって、他とはひどいアンバランスになっている。

どうしてこうなのか、先学の論考の中ではあまり取り上げられていないらしいので、友人などに意見を求めると、「親鸞聖人はやはりそれだけ曇鸞・善導への崇敬の念が強かったのではないですか」というような答えが返ってくるのだが、果たしてそうだろうか。親鸞が七人の高僧の中で法然（源空）に対しては格別の感情を抱いていただろうことは当然だが、他の六人についてはそんな差異があったように思われないのに、和讃の数の上では曇鸞と善導が法然を抜いているのは、何とも不可解ではなかろうか。『正信偈《しょうしんげ》』を見ても、七高僧について論及した個所（「依釈分《えしゃくぶん》」と呼ばれる）では龍樹・天親・曇鸞が各十二句、道綽・善導・源信・源空が各八句であって、曇鸞・善導に対する特別扱いはなく、道綽も同等の扱いになっている。こうして見ると、当初『高僧和讃』が制作されたときは七人とも各十首だった、ということではなかったのだろうか。曇鸞讃の場合第十首までは曇鸞伝を和讃化したもので、第十一首以下と趣きを異にしているが、これは当初この十首だけが作られ、第十一首以下はのちに補足された、という感もないではない。

光明本尊と『高僧和讃』とのかかわり

以上、憶測を重ねたが、もう一つ積み上げることをお許しいただきたい。それは初期真宗教団で盛んに依用された礼拝対象「光明本尊《こうみょうほんぞん》」が和讃、とくに『高僧和讃』とかかわりを持っているかのように思われるからである。

光明本尊については『真宗重宝聚英《しんしゅうじゅうほうしゅうえい》』第二巻（同朋舎出版、一九八七年）にその重要なものを網羅して掲載しておいたが、大画面の中央に名号を金泥で描き、その向かって左側に、大勢至・龍樹・天親の三菩薩を始め、曇鸞以下中国の高僧、向かって右側に聖徳太子から始まる日本の先徳像を配置した燦然たる画軸である。このように、本尊の中に高僧像が描かれているということは、その前での勤行に、それらの高僧の徳を讃嘆する和讃が詠唱されただろうことを思わせる。

そして光明本尊が関東教団を震源として全国へ弘まっていったこと、しかも本願寺では光明本尊に対しては冷淡であって依用しようとしなかったこと、など和讃と共通する。両者は一セットとなっていなかっただろうか。これらは今後追究されるべき課題だと考えている。

2　浄土和讃と浄土高僧和讃

変転した『三帖和讃』の名称

親鸞制作の多くの和讃のうち、『浄土和讃』と『浄土高僧和讃』と『正像末法和讃』の三部を一括して『三帖和讃』と称することは先に述べたが、この名は観応二年（一三五一）、本願寺覚如の次子従覚によって撰述された『慕帰絵《ぼきえ》』にも見え、早くから一般に行われていたらしい。しかし親鸞自身がこの三帖を三部作とする意識をもっていたかどうかは定かでない。ただ『浄土和讃』と『高僧和讃』については一セットとして取り扱っていたことは、専修寺蔵国宝本『高僧和讃』の奥書に、

弥陀和讃高僧和讃都合二百二十五首

宝治第二戊申歳初月下旬第一日　釈親鸞七十六歳書之畢

とあって明確だが、『正像末法和讃』は江戸時代の宝永五年（一七〇八）に同じ表紙をつけて改装されるまで、体裁も全く異なった別仕立ての本であった。成立も全く別個の本だったのである。

ことのついでに和讃の名称に関して述べておきたいのは、右の奥書に「弥陀和讃・高僧和讃」と記されていることから、この奥書が記された宝治二年当時の名称は、『浄土和讃』が「弥陀和讃」、『浄土高僧和讃』が単に「高僧和讃」だったことがわかる。現在の表紙に『浄土和讃』、『浄土高僧和讃』と墨書されている外題は親鸞の筆跡だから、親鸞の意志によって後になってこのように改題されたことはまちがいないが、それがいつのことだったか知る手がかりがない。というのは、この外題はもとの表紙外題を切り取って貼りつけたものらしいからである。どうやら表紙がひどく磨損したので、外題の部分だけ切り取って保存しようとしたものだろう。これも宝永五年修理の仕業らしい。墨書の筆致から判断すると、八十三、四歳ころという感じである。

ところで、金沢専光寺所蔵永亨九年（一四三七）の本願寺存如筆『正像末法和讃』の「五濁悪世ノ有情ノ」の一首に、「御自筆浄土和讃下巻奥被レ載二此一首一」との註記がある。となると『浄土高僧和讃』を指して「浄土和讃下巻」と称していることになるから、このころは『浄土』『高僧』の両和讃を一組にして「浄土和讃」と称していたらしい。和讃の名称はいろいろに変化したわけである。

宝治二年の成稿とその後

右に掲げた奥書によって、この両和讃が、宝治二年一月二十一日にいったん成稿したことはまちがいない。しかしそこでは「弥陀和讃・高僧和讃都合二百二十五首」と記されているのに、この本は第一冊の末尾に

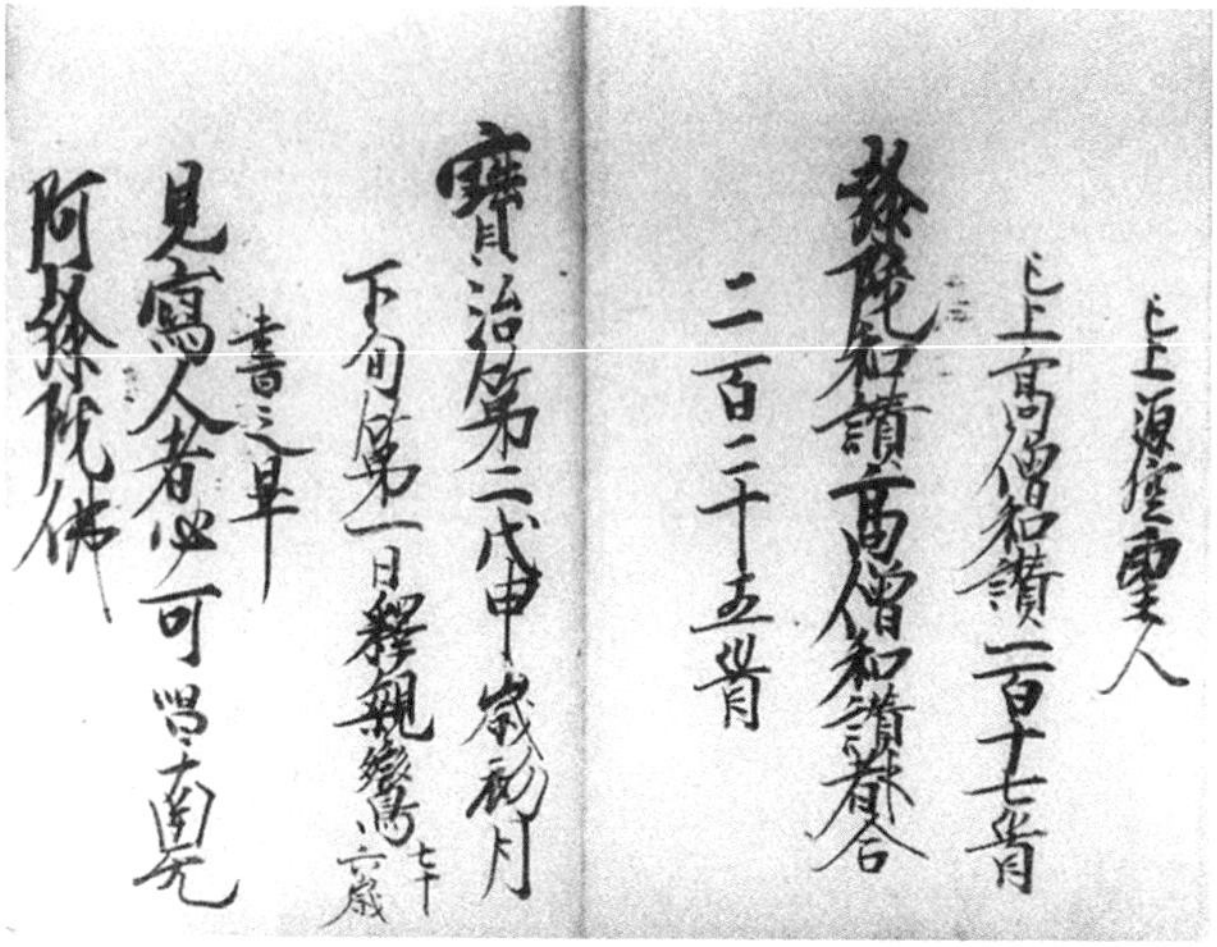

図26　『浄土高僧和讃』奥書（国宝，専修寺蔵）

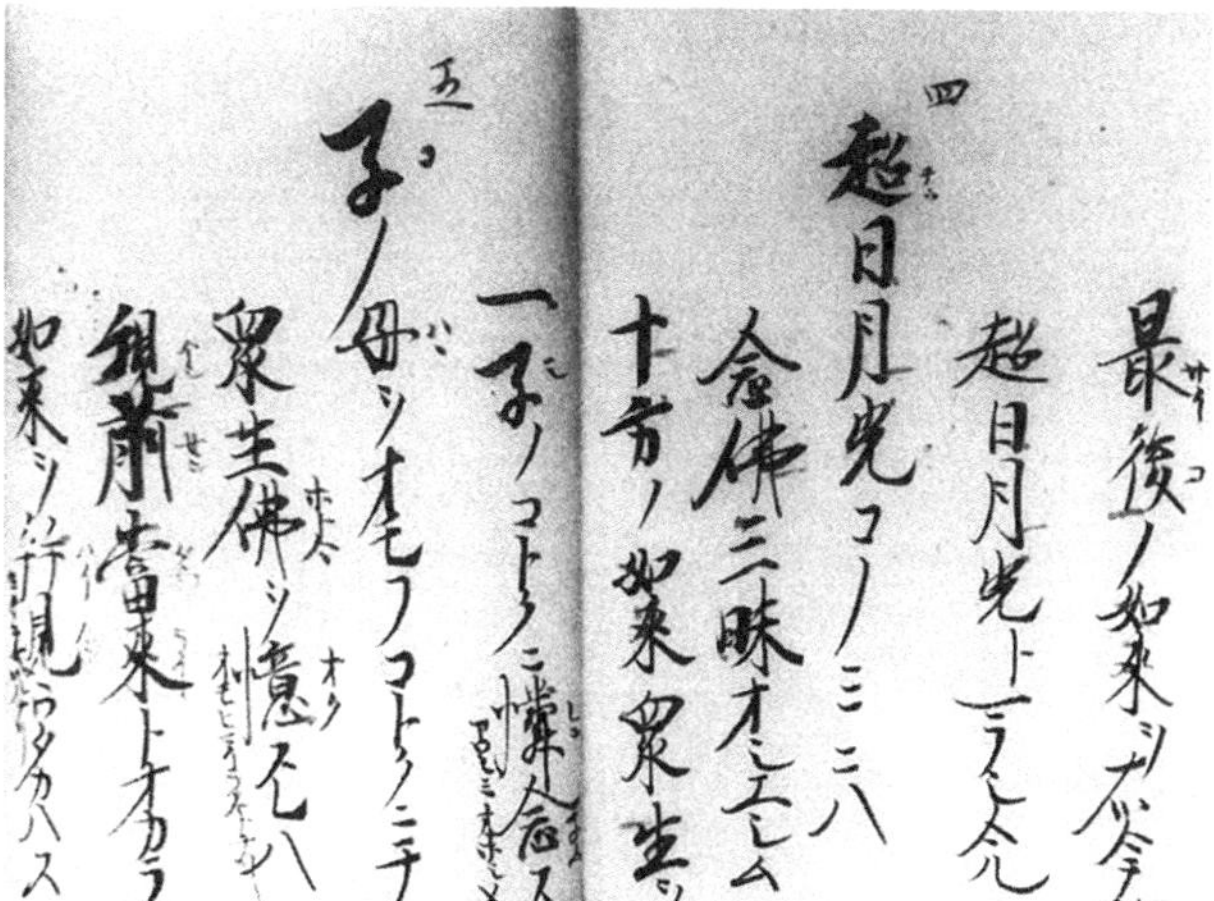

図27　『浄土和讃』のうち大勢至和讃の部分（国宝，専修寺蔵）

「首楞厳経ニヨリテ大勢至菩薩ヲ和讃シタテマツル」との見出しをつけて八首が追加され、全体では二三三首が収載されている。つまり宝治二年一月二十一日以後に追加されたことが明らかである。しかもその大勢至讃の記述の態様を見ると、一頁に五行書きなので、一頁が一首だけでなく、次の一首が入りこんできている。それまでの一頁一首の整然とした記述態様が破られ、不規則で不安定な形態になっている。これは坂東本『教行信証』化身土巻末巻に見られるように（赤松俊秀の解説による）、もとは巻子本であって、それを折って本文中へ綴じ込んでいるのに似ている。この書写の底本となった親鸞自筆草稿がそんな巻子本の綴じ込みだったらしい。とすれば、この大勢至讃の追加そのものが、宝治二年一月の成稿からそれほど大きな日時を経過してはいまい。

実は、この巻子本綴じ込み状況は大勢至讃だけではない。その直前に記されている現世利益讃十五首が同じような状況を呈しているのである。これは現世利益讃がこの「弥陀和讃」に取り入れられたのが、宝治二年一月の直前であったことを思わせる。次に述べるようにこの本は真仏の書写本なのだが、こういう不規則で不安定な状態は、この本を書写した底本がそういう不整理な状態であったことに他ならないから、これは親鸞自筆草稿の生々しい状態をそのまま書写したためとしか考えようがない。そんな点からも、これは親鸞の編集が出来上がった直後の状況を伝える本といえる。

『浄土』『高僧』両和讃の筆跡研究史

高田派教団では、この三帖和讃はすべて親鸞の真筆といい伝え、そう信ぜられてきた。これは高田派内部に限られたことではなく、親鸞研究史上画期的な業績とされる辻善之助の『親鸞聖人筆跡之研究』（金港堂書籍、一九二〇年）もこの伝承を支持している。しかし昭和に入って、懐疑的な見方をする向きも現われてきた。

それは意外にも高田派教団内部であって、『高田学報』五輯の「親鸞聖人筆蹟研究座談会」（一九三三年。『論集高田教学』一九九七年へ複刻）でそれが論議されている。高田山宝庫は『西方指南抄』をはじめとして多くの聖人真蹟を所蔵していることから、それらとの対比から言い出されたのであった。

しかしながら、これを真蹟ではなく門弟の書写本だと断定し公表したのは、やはり戦後のことであって、昭和三十五年（一九六〇）親鸞聖人七百年遠忌記念として高田派から複製本が刊行頒布されたとき、これに付属した生桑完明の解説書（のち『親鸞聖人撰述の研究』法蔵館、一九七〇年所収）においてであった。それは氏の多年にわたる親鸞筆跡研究の成果だったが、その根拠史料としては、源空讃第十一首第二句の左に、「クヱンク《（源空）》ヒシリ《（聖）》トシメシツ、トアソハシタルホンモアリ」との校異が、同筆を以って記されていることを挙げている。実は、この校異が何を意味するのかよくわからないのだが、ともかく「アソハシタルホン」という最大級の敬語が使用されているところに、この筆者が聖人の門弟であることを露呈していることはまちがいない。

いうまでもなく生桑完明は高田派の碩学であり、高田山の宝物を最高至上の宝物として庇護し続けてきた人である。その人がこれまで真筆と言い伝えられてきたその伝承を否定したのであって、学界を驚倒させると共に、その学問的良心に高い讃辞を送る人が多かった。

広がる親鸞真筆部分

生桒は『浄土』『高僧』両和讃の本文および左訓などはすべて門弟の筆にかかるものと断じ、親鸞の真筆は『浄土和讃』では外題、表紙見返しに書かれた「称讃浄土経言……」の四行、最末尾紙に書かれた「経(首楞厳経)言、我本因地……」の三行であり、『浄土高僧和讃』では外題のみとした。

しかし詳しく点検してみると、和讃本文の筆跡は鋭角的でスピードと若さを感じさせるものであって、柔らかく雅味のある親鸞の筆跡とはたしかに異なっていて、門弟(のちに述べるように真仏)の筆跡であることはまちがいなく、振り仮名や左訓も大部分はこれと同筆と判定される。しかしその一部に、ふるえがちな老筆で、柔らかい筆致のものの混在が認められる。墨色も異なっていて、青墨に近い。これらは、親鸞自筆として差し支えない。それは次の部分である。

(1) 『浄土和讃』巻頭の「讃阿弥陀仏偈曰」以下七頁にわたる仏名等を列記した部分の振り仮名全部

(2) 『浄土和讃』末尾の大勢至和讃の振り仮名と左訓の大部分(第一頁の振り仮名だけは親鸞筆ではないものが多い)

(3) 朱筆による圏発点や註記

この朱筆の点と線は、筆跡による判定は不可能だし、片仮名の筆跡も朱と墨という材料の差異があるので、対比が困難な点もないではないが、やはり親鸞の筆癖と認められる。というのは「讃阿弥陀仏偈和讃」第二首第二句の左訓「キカホトリ」の「カ」を抹消して「ワ」とした朱筆や、第十七首第二句「照曜シ」の左訓が「テラシカ、ヤク」と「ツキヒノヒカリカ、ヤクニカク」とが別行になっているのを、繋いで読むように指示した朱筆、同じく第二十四首第一句の左訓が「ワカチカヒヲシンセムモノ、モシムマレスハ、ホトケニナラシト」で終わっているところへ、「イフコ、ロナリ」と書き加えた朱筆など、書写したあとでの校正と認められ、こういう校正は原著者でなければなし得ないと思われるので、朱書の筆者は親鸞と考えられるからである。

ということになると、親鸞は、この本を門弟に書写させたあとで、自らこれを校閲し、振り仮名や左訓の足りないところを加筆するとともに、朱筆をもって漢字に圏発《けんぱつ》点を加え、左訓などを補正したということになる。これは親鸞がこの本を以て証本として、今後へ残そうとしたためと考えられる。

本文の筆者は真仏

この本文の筆者について生桑は、親鸞の門弟とするだけで誰とも名指ししなかった。ところがこれとよく似た筆跡の聖教は高田山宝庫の中に多い。そこでそれらと対照してみると、真仏の袖書を持つ『皇太子聖徳奉讃』や『経釈文聞書』と一致する。これらは戦前まで親鸞の筆跡とされてきたものだが、『経釈文聞書』の中に「親鸞聖人曰、教行証言」と同筆で記されていることが発見されて、親鸞ではなく、真仏の筆跡とされるようになった。

真仏は『親鸞聖人門侶交名牒《きょうみょうちょう》』では筆頭の位置に記されていて、親鸞門弟中の代表的人物であり、「下野国高田住」と註記されているように、高田を本拠地としていた。いま高田派では親鸞を開山、真仏を第二世とするが、実は真仏が高田派教団の実質上の創設者であったことは諸史料から確認されるところで、この略伝については、平成四年（一九九二）に高田派が刊行した『影印高田古典』第一巻真仏上人集の解説において述べておいた。

真仏の筆になる聖教は数多く高田山宝庫に伝えられているが、そのほとんどは親鸞の手許にあった本を書写したもの、と思われる。なかでも法然の法語・消息・行状記などの類をとりまとめた『西方指南抄』は、親鸞の自筆本と、それを書写した真仏本とが併せて高田に伝えられ、国宝に指定されているが、その奥書を見ると、親鸞の筆写からわずかに三〜五ヵ月後に真仏が書写しており、しかも書写の順序が巻次の順序通りではない。このことから、真仏は上洛して京都で親鸞からその本を賜って、そこで書写したものと考えられる。しかも親鸞の『西方指南抄』は粗末な楮紙を料紙とした袋綴本なのに対して、真仏の方は、上質の鳥の子紙を用い、粘葉綴《でっちようとじ》の本格的な本である。証本として後世に伝えようとする意図が見える。

これは『浄土』『高僧』両和讃についてもいえるのではなかろうか。料紙は鳥の子のような上質紙ではないが、まずまずの紙質の楮紙が用いられているし、何といっても「現世利益和讃」や「大勢至和讃」について指摘したように、巻子本を折り畳んだ状況をそのまま残して書写されていることは、底本とした本が親鸞の手許の本であったことを物語り、『西方指南抄』と同じように書写が京都で行われただろうことをうかがわせる。もちろんその年代は『西方指南抄』が親鸞八十五歳、真仏は四十九歳だったのに対して、和讃の方は親鸞七十六歳ころ、真仏四十歳のころという違いはあるが。

3　正像末法和讃

改められた体裁と表紙

いま見る『正像末法和讃』は、『浄土』『高僧』両和讃と同じように蜀江錦《しょくこうきん》の新しい表紙を付け、白紙二五枚を袋綴としてその第一枚に旧表紙を貼りつけている。この蜀江錦表紙が宝永五年（一七〇八）の修理にかかることは先に述べた。

そこでこの修理が行われる以前の状態なのだが、保存されている旧表紙を見ると、金銀砂子を少しだけ蒔《ま》いた白紙で、中央に「正像末法和讃」の外題、その左下部に「釈覚然」の袖書を墨書している。その筆跡は本文第十首以下の和讃と同筆である。ただこの表紙は相当に破損していたようで、周囲が失われて小さくなっていて、それを梨子地粉《なしじふん》を蒔いたと思われる厚手の紙に貼りつけている。これは『浄土』『高僧』両和讃の表紙の状況と全く異なるが、このような梨子地風の表紙は、高田山所蔵聖教にもまま見られるもので、顕智筆『延書選択集《のべがきせんじゃく》』（正安四年〈一三〇二〉十一月二十七日奥書）などの例がある。

この旧表紙に記された「釈覚然」の名は『親鸞聖人門侶交名牒』などの諸史料には見えず、親鸞の高田入道あて自筆書状（専修寺蔵、重文）に、「かくねんばうのおほせられて候やう」と記されているのがその人ではないかと推定されている。またここに「釈覚然」の名が見えるので、この本の第十首目以降の筆者が覚然と推定された時期があったが、この袖書はこの本の所持者を表わすものであって、筆者を示すものではなく、筆者は後に述べるように真仏と認められる。

料紙に紙質のちがい

本文は白紙二四枚を袋綴としているが、そのうち墨付は二二枚で、他の白紙二枚は修理時に補足されたものらしい。墨付紙はいまはみな裏打ちが施されているので同一寸法になっているが、もとの紙の寸法と紙質には少々異同がある。

まず寸法だが、第一紙から第三紙までと第五紙は縦二六・〇センチなのに対して、第四紙だけは縦二六・三センチとやや大きい。そして第六紙以降は縦二五・八センチとやや小さく、全体としてわずかではあるが不揃いなのが指摘される。

問題なのは第一紙から第五紙までと、第六紙以下とは紙質を異にしているらしい点である。紙質と言っても科学的に分析したわけではないので、どう違うかと具体的に説明できないのだが、外見上大きく違っているのは、第六紙以下は表に墨書された文字が、裏にまでにじみ透っている点である。こういう裏うつりは、第五紙までは全く見えないのに、第六紙以下には顕著に現われている。

どうしてこういう裏うつり現象が現われているのかを考えてみると、これはどうやら紙の表裏両面に墨書したためとしか考えられない。ただ現状は裏打紙が貼ってあって、紙の片面だけに墨書されているようになっているが、もとは表裏両面になっていたのでなければ、こういう現象は起こり得ないから、原型は紙の表裏両面に文字が書かれていたのを、修理時に一枚の紙の表と裏を二枚に割り剝いで、これに裏打紙を新しく貼りつけたに相違ない。いまこの紙を光線に透かして見ると、もとの紙に厚薄の斑《むら》が著しいように見えるのもそのためだろう。ということになると、第六紙以下の原型は袋綴ではなく、粘葉綴だったということになる。一般に粘葉綴の場合、料紙は厚手の鳥の子紙を使用して裏うつりを防ぐのだが、これは料紙がそれほど厚手でなかったので、裏うつりしてしまったらしい。

親鸞自筆の九首とその左訓

第一首からの九首は、その筆跡からみて親鸞の自筆であることはまちがいない。一見して老筆で、枯淡そのものといえる筆致である。それでいてしなやかな柔らか味があって、しかもピーンと張りつめた緊張を感じさせる素晴らしい筆跡であって、数ある親鸞筆跡の中でもとくに傑出した名品と言える。漢字の右側に付けられた振り仮名も、朱筆による圏発点も親鸞自筆と認められる。

ところが左訓を見ると、字体は親鸞の筆癖を模してはいるが、振り仮名の筆致と較べると硬さがあり、違いは歴然としている。この筆跡は『浄土』『高僧』両和讃の仮名と一致するので、真仏と判定される。

そこで、親鸞の自筆和讃に、真仏が左訓を付加した事情が問題となるだろう。左訓とは右側の和讃の文句についての解説だから、『浄土和讃』の「大勢至和讃」の左訓のように、真仏に書写させた和讃へ、作者である親鸞が左訓を加えることは納得できるが、親鸞の書いた和讃に弟子である真仏が勝手に左訓を加えるというようなことはあり得ない。となると、真仏が親鸞からこの九首を頂戴したあとで、親鸞の手許にある和讃の稿本か何かに左訓のあるのを知って、それを写させてもらったのではないか、ということが考えられる。そしてどうやらその痕跡らしいのが残っている。

それは第七首「末法五濁ノヨトナリテ」の第二句「釈迦ノ遺教カクレシム」の「遺教」の左訓である。口絵4に掲げた写真を見ていただくと、墨筆で「……」と仮名七、八字分を点線で記していて、その上に朱筆で「ノコレルミノリ」と記されていることがよくおわかりいただけると思う。どうしてこんなことになっているかを考えると、これは左訓を写そうとした真仏が、その字が判読できなかったので、点線で書いておいたのを、あとから親鸞が朱筆で「ノコレルミノリ」と書き入れたのではなかろうか。これはこの和讃一首を色紙化することになった際、しげしげと眺めていてふと思いついたことなのだが、いかがだろうか。

真筆九首の原態

この国宝本『正像末法和讃』については、一九八一年に常磐井和子《ときわいかずこ》お裏方の研究が『高田学報』七〇輯に発表されている。それは「正像末法和讃成立に関する試論」と題し、親鸞の残された和讃全体を分析することによって、『浄土』『高僧』両和讃へ入らなかった和讃（別和讃）に、新しく製作された和讃を加える作業が繰り返された結果が『正像末法和讃』になったことを立証されたもので、書誌学的立場に立った和讃研究として未曾有の業績として高い評価を得ている。

その中でこの国宝本について指摘されていることの一つに、この親鸞自筆の九首（紙数五枚）について、「古くはこの五丁だけが独立した小冊子として用いられた時代があったのではないか」と推察している（同書五三頁）。そしてその配列は今のような順序ではなく、「小口の汚損や、紙のやけ具合からは、第四丁が最初になっていたようにもみえるし、心なしか筆勢も書き起しにふさわしく、堂々としているようである」と、本の状況の仔細な観察結果が報告されている。「『五十六億七千万』の和讃は、巻頭におくものとしては唐突で、少なくとも一帖の先頭を担うだけの重みがないように思われるし、書体としてもやや弱いように感じられる」とも述べられている。鋭い観察眼と言えよう。

その上で、もとの記載順序について、次のように提案している。

(1)末法五濁ノ世トナリテ　　(2)像季末法ノ衆生ノ
(3)弥陀ノ名号トナヘツヽ　　(4)五濁悪世ノ衆生ノ
(5)五十六億七千万　　(6)念仏往生ノ願ニヨリ
(7)真実信心ヲウルユヘニ　　(8)南无阿弥陀仏ヲトナフレバ
(9)三朝浄土ノ大師等

傾聴すべきご提案ではなかろうか。たしかに「末法五濁ノ世トナリテ」の一紙（本書口絵）は汚損度も高いし、紙の寸法も先に記したように、他に較べて三ミリ程度だが大きい。

書き継いだのは真仏

第十首以下の筆跡については、一般に表紙の袖書にある「覚然」とされることが多く、生桑完明もそれに依っている（影印本解説、一九六〇年）。しかし、この筆跡は『浄土』『高僧』両和讃本文の筆跡と同一と認められるので、やはり真仏とするべきだろう。ただ第十首と第十一首の二首と、第十二首以下とは筆致に違いがあるので、和子お裏方はこれを一応別筆と判定している。たしかに前二首はのびのびとした雄渾な筆使いなのに対して、第十二首以下はひどく萎縮した筆致で、その間に相当な落差があるが、筆の廻り方や字形は全く同一なので、私は筆致の相違は執筆時の状況の相違からくるものと判定し、ともに真仏の筆と考えておきたい。

その執筆時期だが、末尾近くに夢告讃を記したところに、「正嘉元年丁巳壬三月一日、愚禿親鸞八十五歳書之」との奥書が写されているから、これ以後でなければならない。そして真仏はその翌正嘉二年（一二五八）三月八日に示寂しているから、その間わずか一年しかない。示寂前の体調不良がこういう萎縮した字を書かせたのか、と思われぬでもない。

和子お裏方のご提案の中でもう一つ注目されるのは、第十八丁表に「如来大悲ノ恩徳ハ」といわゆる恩徳讃を書き記した裏にある「已上三十四首」の首数についてである。これは正確には「已上三十五首」となるべきところなので、従来は親鸞が一首数え誤ったケアレスミスだとされてきた。それに対してお裏方は、第十二首「誓願不思議ヲウタガヒテ」の一首の特異性に注目し、親鸞が三十四首の和讃を編集した段階ではこれがその中に入っていなかったのを、あとから挿入したので、数が合わなくなったのではないか、と想定している。興味ある想定なので、詳しくは『高田学報』の論文をご覧いただきたい。

ともあれこの専修寺本国宝『三帖和讃』は複雑な過程を経て成立しているらしい。今後そうした面での研究が望まれるが、それは右に記したような状況を見てもわかるように、活字になったものをつついているだけではとても進みそうにない。精密な複製本を詳しく検証することが最も有効な手段だと思われる。

二　聖覚の『唯信鈔』と親鸞への毀誉褒貶

——平雅行・松本史朗両氏への反論——

真宗関係の聖教で、近年もっとも注目を浴びているのは、聖覚《せいかく》法印の『唯信鈔《ゆいしんしょう》』である。これは、平雅行氏と松本史朗氏という高名なお二人のまことにショッキングな研究発表によるものである。まずはこのお二人の研究を検討することから始めよう。

1　平雅行説の検討

平雅行氏の説く聖覚法印像

平氏は鎌倉時代仏教史研究の第一人者として、多くの論文を発表しておられるが、ここで対象となるのは、昭和六十三年に出版された中世寺院史研究会編『中世寺院史の研究』上（法蔵館）に掲載された「安居院聖覚と嘉禄の法難」（のち自著『日本中世の社会と仏教』塙書房、一九九二年所収）である。

ここで採り上げられているのは、嘉禄三年（一二二七）比叡山延暦寺が中心となって行われた、法然墓所の破却と、隆寛ら念仏者の処刑という専修念仏弾圧事件、いわゆる「嘉禄の法難」についてである。このとき聖覚は、弾圧する体制側に属し、朝廷に対して念仏宗停廃の申請を行った、というのである。戦前のことだが、東京大学史料編纂所は『大日本史料』の編纂に際して、専修念仏者である聖覚がそのようなことをするはずがない、として、その史料を無視し、その後の研究者もその線を継承してきた。

それに対して平氏は、日蓮宗側の史料『金綱集《きんこうしゅう》』など多くの史料を駆使して、それが疑うべからざる歴史的事実であることを立証して見せた。それは浄土宗史や真宗史の研究者たちがグウの音も出せない強力で見事な論証であった。

そして聖覚の事歴を詳細に調べあげた結論として、「聖覚は単に延暦寺系天台顕教を代表する人物であっただけでなく、当代の顕教一般を代表しうる学匠とみなされていたと言ってよかろう」と断定している。それはこれまでの専修念仏者としての聖覚像を一八〇度転換させるものであった。

平氏の『唯信鈔』論とその問題点

たしかな史料によって聖覚像をそのように転換させざるを得ないことについて容認するとしたら、それでは聖覚の著とされる『唯信鈔』に説かれている専修念仏思想との関係はどうなるのか、が問われることになる。これまでの研究者はそこに聖覚を見ていたからである。

その点について平氏は、『唯信鈔』が奥書によって、承久の変の直後に著作されていることに着眼し、承久の変という政治的大事件との関係で説明しようとする。聖覚の事績によれば、彼は朝廷側、中でもとくに後鳥羽上皇と親密であって、鎌倉幕府討伐の挙兵に際しては、上皇の願文を捧げた倒幕祈願の導師をつとめている。ところがその戦いはあっけなく敗北し、この戦争の張本人後鳥羽上皇を始めとする三上皇が流され、加担した貴族の幹部は斬罪となった。そんな激動の最中にこの『唯信鈔』が書かれたことを強調して、次のように述べている。

専修念仏の法敵とも言うべき後鳥羽院の寵児となって華々しく活躍してきたがために、今は謹慎を余儀なくされ、せまりくる処分におびえなければならなくなっている。つまり聖覚にとって今の挫折は、専修念仏との関係の放棄・法敵後鳥羽院への扈従といった自らの行動への治罰と映ったのではなかろうか。（中略）『唯信鈔』という作品は、歴史の激変に翻弄された一人の人物の衝撃と不安の所産なのである。そしてこうした特殊状況下で書かれた特異な作品であったが故に、数年後、時代が落ちつきをとり戻し、聖覚自身もまた再び顕密僧として活動することが可能となった時、彼は『唯信鈔』の中の自己を次第に手放すことができたのであろう。（『日本中世の社会と仏教』三七三頁）

平氏はこのような構想を立てて、専修念仏の書『唯信鈔』と、著者聖覚の顕密仏教的行動、とくに嘉禄の法難における反専修念仏行動との整合をはかろうとしている。これはまことにドラマチックな構想で、読んでいて興味津々たるものがある。

この論文が発表されたのは昭和六十年（一九八五）三月だから、その後二十年になろうとするのに、この論述についての批判は次に述べる松本史朗『法然親鸞思想論』を除けば他に見かけないようである。それは嘉禄の法難についての平氏の論述のすさまじい勢いに圧倒されてしまったかの感がある。いま日本思想史界の泰斗家永三郎氏の書評（『日本史研究』三七八号、一九九四年）でも、この論証に賛同するとともに、「特に独創的新説として注目を惹いた」とまで言って、高く評価している。

しかし平氏の立論は新しい聖覚像を樹立するために、せっかちになり過ぎた嫌いがあるのではなかろうか。ことに『唯信鈔』の理解には問題があるように思われる。その教理上の問題は松本史朗の論考に譲ることとして、背景となっているこの時代社会との関係について述べてみたい。

『唯信鈔』に承久の変の影響は？

平氏は『唯信鈔』を「歴史の激変に翻弄された一人物の衝撃と不安の所産」だと言う。しかし『唯信鈔』を何度読み返してみても、その叙述の中に、「衝撃」や「不安」らしいものが全く感ぜられないように思うのはどうしたことだろう。「迫りくる処分におびえなければならなくなって」これを書いたというが、『唯信鈔』のどこを見ても、そんな緊迫感が伝わって来ないのは、私が鈍感のせいだろうか。

奥書にある承久三年（一二二一）八月十四日という日付は、平氏が指摘したように朝廷軍が敗北し、幕府軍が京都市内へ進攻してからわずか二ヵ月にあたり、三上皇の配流、五人の朝廷重臣の処刑という実にショッキングな出来事に、都は騒然とした空気に覆われていた最中である。ところが『唯信鈔』の叙述のどこにそれを読み取ることができるのだろう。この書が、理論的に専修念仏の教義を述べる書なればともかく、巧みな比喩を多用して平易にわかりやすく、念仏による浄土往生を説いて読者の賛同を求めようという姿勢なのだから、引用する比喩の中にもう少し現実の社会的事象があっても不思議ではないのではないか、と思われるのに、それが全くみられない。承久の変直後の京都だというのに、そのリアリティが全然感じられないのである。

それどころではない。引用されている比喩の中に、主君への忠誠という武士の行儀が採り入れられていて、

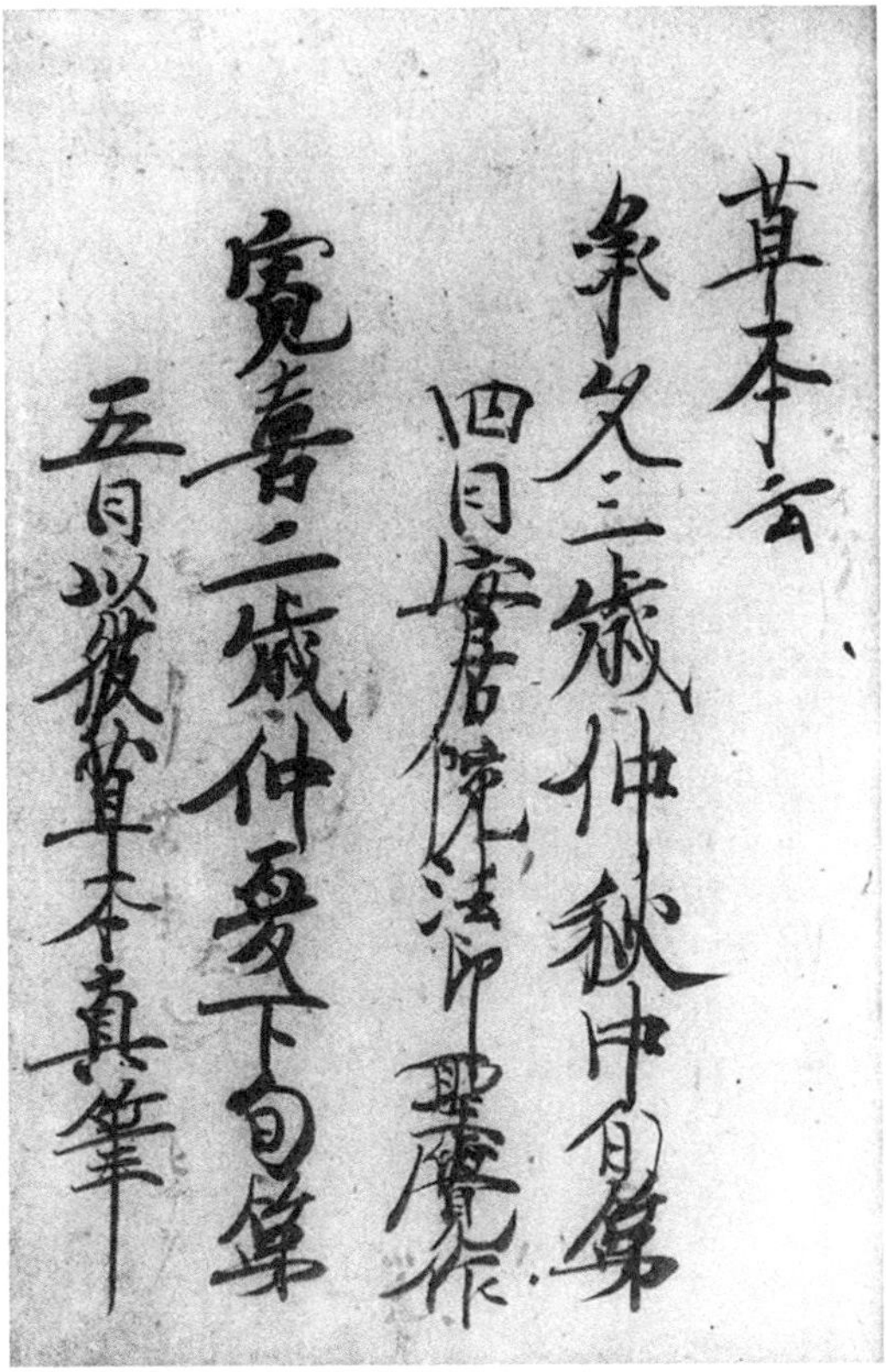

図28　親鸞筆『唯信鈔』信証本奥書（重文，専修寺蔵）

逆に驚かされる。このころの京都の市民にとって、武士は三上皇配流、貴族処刑という途方もない暴力を振るって平安京の伝統文化を踏みにじった、いまわしい集団であったはずなのに、その武士の主君への忠誠を美徳として例に引用しているのである。これはこの時期の感覚と背馳しているのではあるまいか。

そうした観点に立ってみると、平氏が詳しく調べ上げた聖覚の事績の説明の中に、腑に落ちないものがある。平氏は承久の変後の聖覚の行状について、「後鳥羽院の寵児となって華々しく活躍してきたがために、今は謹慎を余儀なくされ、せまりくる処分におびえなければならなくなっている」と述べているが、これを裏付ける史料は示されておらず、どうやら氏の憶測によるものらしい。

そして氏はこの時代の風潮として、「貴族であれ、顕密僧であれ、当時の人々は、一般に世間的活動が頓挫した時、遁世して後世信仰に専念するという行動様式をとった」と指摘している。ところが聖覚は頓挫したというのに、そういう一般的な「行動様式」にしたがっていないのである。彼は朝廷から法印権大僧都という高い僧位僧官に任ぜられていた。だから「一般的行動様式」なら、当然こんなポストを辞任し遁世するべきであろう。しかしそれを無視したかのように、遁世はもちろんのこと、位官の辞任もしていないのである。これは何を意味するのだろう。平氏は「ひたすら謹慎し念仏信仰へ沈潜していったのだろう」というが、その史料も示されていないし、政治的社会的な挫折が、専修念仏書の著述という精神的な対処だけで済まされるものだろうか。

われわれは太平洋戦争の当時、左翼思想家が逮捕され、獄中で転向声明を出してようやく解放された、という事実を経験しているが、そういうケースとは質を異にする。太平洋戦争当時のことは、思想統制に対する対応だから思想の転向声明で済んだが、こんな政治的社会的な事件に対して思想的な対応だけで事が済むものではあるまい。

要するに『唯信鈔』は、奥書によればたしかに承久の変直後に書かれてはいるが、著作動機を承久の変と関連させて考えるのには無理がある、と私は思う。では聖覚はどうしてこの書を著したのか。それについては本稿の最後に申し述べることとする。

親鸞の『唯信鈔』推奨への批判

平氏の論文は、前半において『唯信鈔』が諸行往生を容認する点で、法然とも親鸞とも異質な思想であることを指摘し、最後に親鸞が門弟への書状の中で、しきりに『唯信鈔』を推奨している点を厳しく批判して、論文の「むすび」としている。すなわち氏は、親鸞が『唯信鈔』のような思想的に異質な文献を門弟へ推奨したことによって東国門弟の混乱を生ぜしめたとする石田瑞麿説を紹介した上で、

私は晩年の親鸞は、次第に時代に対する見通しを失い、思想家としての自己を瓦解させたと考えていると結論しているのである。近年、親鸞に対してこれほどまで強烈な否定的言辞を浴びせかけた研究者を私は知らない。客観的な歴史学の立場に立てば、こういう発言もあり得るだろうが、それにしても親鸞を理解しない不穏当な発言として批判されるべきではあるまいか。

『唯信鈔』が親鸞の思想とは異質だとする氏の見解は、『唯信鈔』の一部分の言葉をとらえての見解であって、『唯信鈔』の全体像をとらえていないと思われる。そのために後に述べる松本史朗説のような学説が出されるのであって、平氏の見解はあまりにも枝葉末節にとらわれているのではあるまいか。松野純孝氏や高田学会座談会での発言のように（後出、二〇二頁）、たしかに法然や親鸞の思想と一致しない点はあろう。しかしこれは「温度差」ともいうべき程度のもので、『唯信鈔』が専修念仏を推進しようとする目的で書かれたものであり、大筋では法然・親鸞と共通している。この点は誰も否定する人はないだろう。比喩を多用し、一般民衆にもわかりやすく、という姿勢で書かれているために、言葉の端々では不用意な表現があるかもしれないが、大筋は決してゆがんでいない。しかも明解で説得力が大きい。親鸞はそこを評価したのであろう。それを「異質的」というのはいかがなものだろうか。

周知のように、親鸞は五十八歳の寛喜二年（一二三〇）聖覚の自筆草稿『唯信鈔』を書写した。その五年後の文暦二年（一二三五）それを書写した本が今も高田専修寺に伝えられて、親鸞六十歳台筆跡の基準作品として貴重視されている。その後も六十九歳の仁治二年（一二四一）、七十四歳の寛元四年（一二四六）、八十二歳の建長六年（一二五四）、八十五歳の康元二年（一二五七）に書写したことがわかっているし、そのほか書写年代不明の親鸞自筆本が西本願寺・東本願寺（残欠本）・前橋妙安寺に残されている。

このように親鸞は、五十八歳にして『唯信鈔』を知ってから最晩年まで、変わることなくこの書を高く評価し、書写して門弟に与えてきた。この姿勢は一貫している。その点、平氏が「晩年の親鸞は」と、親鸞が晩年になって初めて『唯信鈔』を門弟たちに推奨し、思想家として失格したかのように記しておられるのは、何よりも明らかな事実誤認である。

2 松本史朗説の検討

ショッキングな『法然親鸞思想論』の新説

平雅行氏の論考に対して、学界は長い間沈黙していた。そして久しぶりに沈黙を破ったのは歴史学畑からではなく、仏教学の立場からで、それも浄土宗や真宗の宗門から全くかけ離れた駒沢大学松本史朗氏の著『法然親鸞思想論』（大蔵出版、二〇〇一年）であった。その第四章「唯信鈔について」がそれである。

氏の主張は、その冒頭に掲げられているように、『唯信鈔』の著者は聖覚でなく、親鸞だ、とするもので、真宗教学研究史上未だかつて例を見ないユニークでショッキングな新説である。

その理由とするところは、『唯信鈔』の思想が親鸞の思想と極めて親近であるところにあり、その点で平雅行氏の『唯信鈔』を法然・親鸞とは異質とする説を厳しく批判し、反平学説とも言える。しかしながら、平氏が指摘した嘉禄の法難における聖覚の反専修念仏的行動をそのまま動かない事実として承認する。聖覚は『唯信鈔』を書いておらず、専修念仏者でもないのだから、そんな行動に出ても不思議はない。したがって『唯信鈔』と嘉禄の法難との間に矛盾はなくなる、というわけである。

平氏は、聖覚が、承久の変のショックによって一時的に専修念仏者になり、『唯信鈔』を著作したが、「数年後、時代が落ちつきをとり戻し、聖覚自身もまた再び顕密僧として活動することが可能となった時、彼は『唯信鈔』の中の自己を次第に手放すことができたのであろう」と、苦しげな推測で辻褄を合わせねばならなかった個所を、『唯信鈔』の作者と、嘉禄の法難での反専修行動者聖覚とを別人だとすることで、アッサリと矛盾をクリアするというわけである。松本説を検討してみることにしよう。

松本氏の嫌疑に対する反論

『唯信鈔』と親鸞との間柄については、早く松野純孝氏の名著『親鸞――その生涯と思想の展開過程――』（三省堂、一九五九年）において論ぜられており、高田学会でも平成三年（一九九一）に座談会を開催し、『高田学報』八〇輯に掲載したところである。教義面は私の守備範囲外なので、ここでは専ら書誌学面から検討することにしたい。

松本氏が『唯信鈔』について抱かれた疑問の第一号は、「唯信鈔が現存するのは、親鸞の写伝によるので、他の系統には伝わらなかったのは奇妙なことのように思われる」ということであった。この『唯信鈔』の写伝の事実は、宮崎円遵氏も『真宗書誌学の研究』で述べておられるところであり、たしかに完本の『唯信鈔』は、親鸞の書写した本とその系統の写本が真宗教団内に伝えられるだけである。

しかし略抄本ではあるが、『明義進行集』には『唯信鈔』が収載されている。この『明義進行集』について、松本氏は軽くあしらってしまっておられるが、この書は法然の孫弟子信瑞の編集にかかり、法然一門の

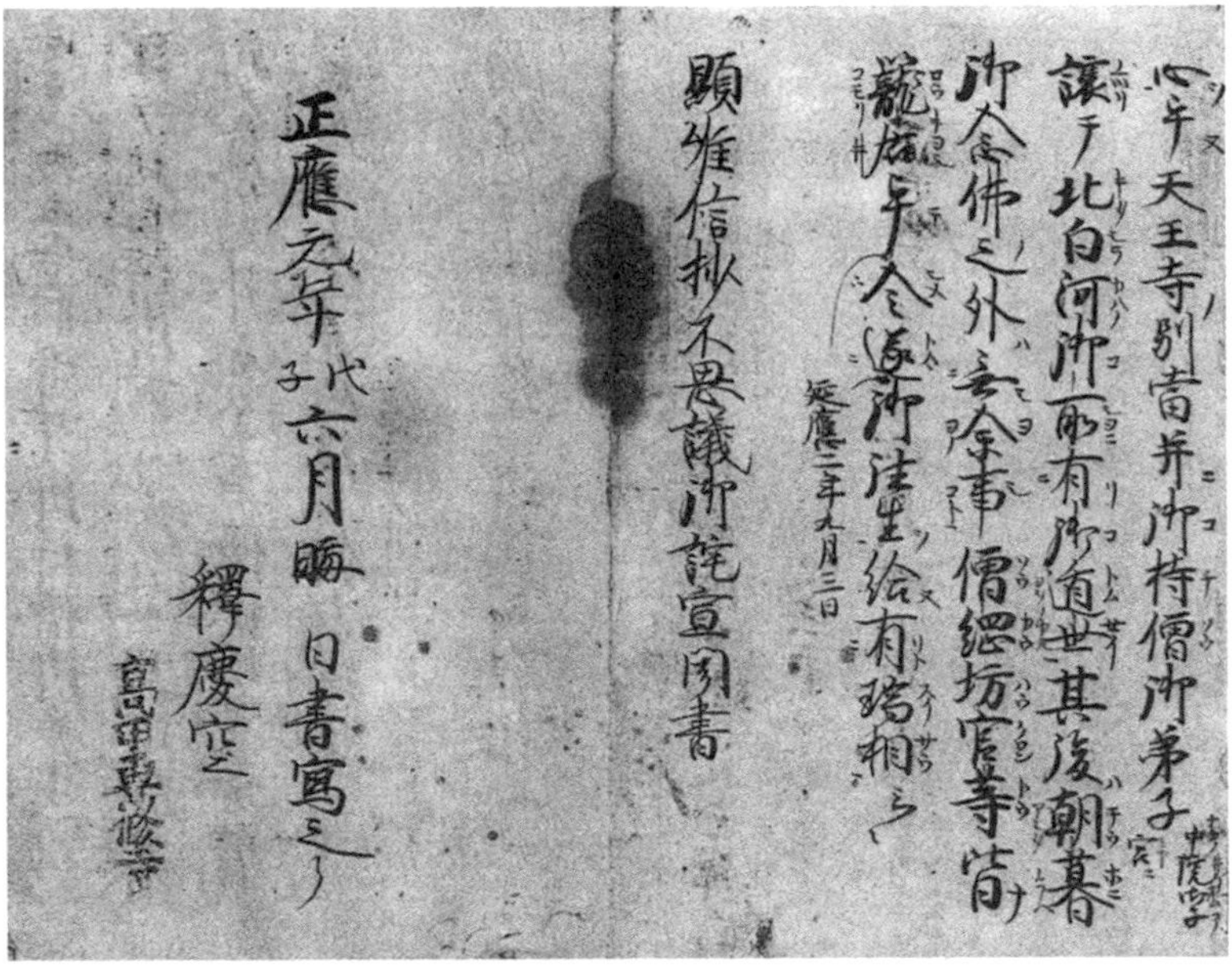

図 29　「顕唯信抄不思議御託宣聞書」末尾（専修寺蔵）

中での有力門弟として知られる静遍・明遍・隆寛・空阿・信空・覚瑜・聖覚・明禅の八名を採り上げ、略伝を記し、著述の一部を収載したものである。そこに親鸞の名が見えないことでもわかるように、真宗教団色は全くない。しかも弘安六年（一二八三）の古写本が現存しており、十分信頼できる。『唯信鈔』が真宗教団の中だけで伝えられた、との疑惑はこれだけでも晴らされるのではあるまいか。

さらにもう一つ提示したい史料がある。それは『唯信鈔託宣文』（『真宗大系』第三六巻）という一書である。この書の一般に流布しているのは元和九年（一六二三）の書写本であるが、専修寺宝庫に伝えられる「顕唯信抄不思議御託宣聞書」はその略抄本であって、正応元年（一二八八）の奥書を持つ鎌倉時代の古写本である（『高田学報』八一輯に

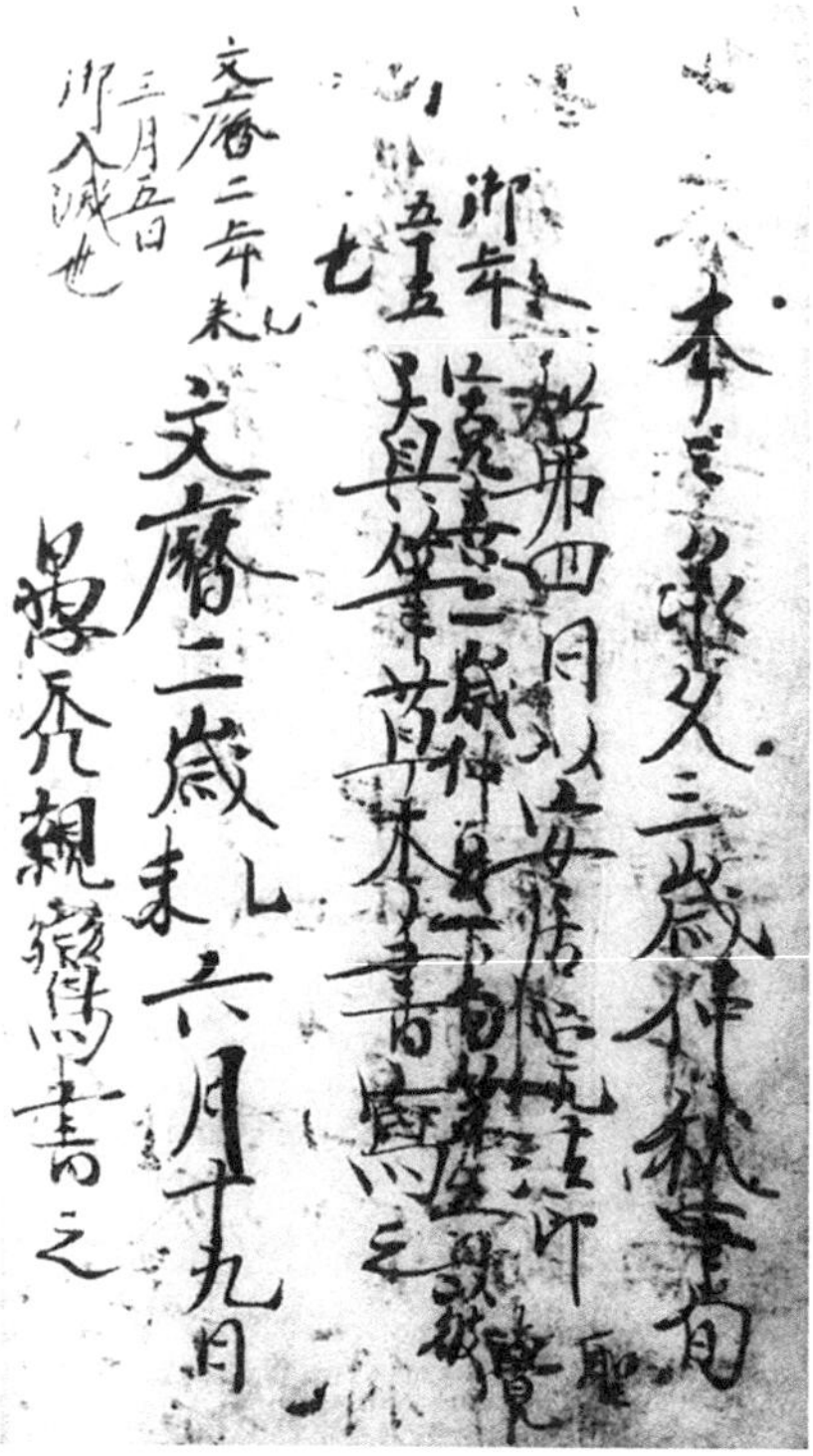

図30　親鸞筆『唯信鈔』平仮名本奥書
（重文，専修寺蔵）

影印掲載）。その内容は、天福二年（一二三四）、山王十禅師の神が、一人の童子に取り憑いて託宣を下したというもので、中世独特な怪異現象を記録したものである。もちろんその記述には検討を要するところが多いが、「比良山古人霊託」などと共に、鎌倉時代中期社会の世相を知る上で重要な史料であることはまちがいない。その中に、『唯信鈔』とその著者安居院聖覚の名が記されている。天福二年といえばまだ聖覚存命中である。天福二年まで遡らせることには問題があるとしても、本文中の記事から延応二年（一二四〇）を下ることはないと認められるから、『唯信鈔』が早くから京都市中の話題に登っていたことを実証する史料といえよう。

そのほか松本氏は、文暦二年本奥書の中の「寛喜二歳仲夏……」の追記について疑いを抱いておられるが、この一行は当初書写の際に書き漏らしたので、あとから追記しただけのことで、何ら不自然なものではない。また親鸞の奥書に「書之」と「書写之」との二種類あることを指摘し、「書之」はそのときに著作したと解したようである。この件については、終戦直後ごろ生桑完明老師がその線で親鸞著作についての見解をまとめようとされたことがあった。しかし他の研究者からの指摘もあって撤回せられた。親鸞自筆本『西方指南抄』奥書に、「書之」と「書写之」とが混在しているように、親鸞は「書之」と「書写之」を区別せずに使ったとするのがいまでは親鸞書誌研究者の共通した見解である。道元がどうであろうと、親鸞には関係がない。

つづいて松本氏は、親鸞が奥書を書く際に自分の年齢を書いていることを指摘して疑問も投げかけておられるが、法然・道元・日蓮が年齢を書いていないからといって、そんなことでこれを疑問視するのはいかがなものだろう。道元は五十四歳、日蓮は六十一歳で死去しており、八十歳台になっても矍鑠《かくしやく》として活動した親鸞とは、同列に論ずべきではなかろう。織田信長が「人生五十年」と謡って舞ったという時代よりもまだ三百年もむかし、七十歳が文字通り古来稀であった時代に、八十歳を過ぎて筆を執ったことへの感慨が、年齢加筆となったのではあるまいか。かくいう私は現在八十五歳。松本氏もこの歳になったら親鸞の気持がわかるのではなかろうか。

承久三年・寛喜二年の奥書をめぐって

松本氏が示した嫌疑の中で、最も問題なのは、親鸞が五十八歳の寛喜二年（一二三〇）に、『唯信鈔』の聖覚自筆草本から書写したとする親鸞奥書への嫌疑である。氏は、聖覚と親鸞が無二の親友とも言える間柄であったため、聖覚は自らの著作を親鸞のみに送り、他の誰にも見せなかったということが考えられるが、境遇も、仏教界でのステイタスも全く異なる二人の間に、このような親密な関係があったとは、とても考えられない。

という。この「(唯信鈔を)親鸞のみに送り」とか、「他の誰にも見せなかった」とかいうのは、松本氏のいささか度を過ぎた憶測で、要するに氏は、親鸞が聖覚の自筆草本を見てそれを書写することなどあり得ないのではないか、ということを強調したいのだろう。とすればその疑惑は至極もっともで、従来からこの『唯信鈔』の謎とされてきたところである。これを逆手にとって、梅原隆章氏のように、親鸞五十八歳帰洛説を立てた学者もある(『親鸞伝の諸問題』顕真学会、一九五一年)。しかし恵信尼文書によって、この翌年の寛喜三年四月に親鸞が病気になり、三部経千部読誦にかかわる夢を見たという事実がわかっており、それが関東での行状らしいことから、梅原説は学会では認められておらず、この寛喜二年奥書は謎のまま残っている。

そこで松本氏の言われるように、こういう事実があり得ないとすると、これは誰かが偽作したことになる。とするとその偽作者——松本氏によるとそれは親鸞というのだが——は、なぜこういう奥書を書いたかが問われねばなるまい。この奥書の中の「以彼草本真筆」というのは、偽作者がこの本をホンモノらしく見せかけるための用語として使ったのだ、と言われればその通りであろう。しかしなぜ「寛喜二歳仲夏下旬第五日」というような不可解な年次や月日を選んだのだのだろう。こんな年月日を書く必要はないはずである。「承久三歳仲秋中旬第四日」の奥書にしても、京都で戦火を直接体験した聖覚なれば、平雅行氏が論じたような問題が起こりかねない日付であるけれども、関東にいた親鸞がこれを書いたというのは、どういうつもりなのか、訳がわからないことになるのではなかろうか。

松本氏の言うように、親鸞がこの書を著作しそれを聖覚に仮託し、聖覚の自筆草本から書写したかのようによそおったのなら、承久三年に著作したことにして、それから九年も経ってから書写した、という不自然な形をとったのはなぜなのか。松本氏は偽作する側の立場に立って考えていないといえる。

このことは松本氏の意図とは反対に、承久三年の奥書も、寛喜二年の奥書も、ともに事実であることを示している、といえるのではあるまいか。嘘というものは、聞く側が「なるほど」と思わせるように作るものである。それをわざわざ不可解な年月日を並べているところを見ると、これは嘘ではなく真実だ、という証拠ではあるまいか。関東にいた親鸞が、どういう縁で聖覚の自筆草稿本を見ることができたのか、想像がつかないが、何らかの偶然の機会からそれができたのではなかろうか。「事実は小説より奇なり」を地で行ったもの、と考えたい。

親鸞は他人の名を騙る詐欺師ではない

ともかく松本氏の論述の方法は、「こういう点が怪しい」と嫌疑を懸けるマイナスの面の指摘ばかりで、親鸞が『唯信鈔』を書いたのではないかというプラス面からの積極的論証は書誌学的には何一つ示されていないし、示そうとさえされていない。論証の姿勢が平雅行氏とは正反対である。

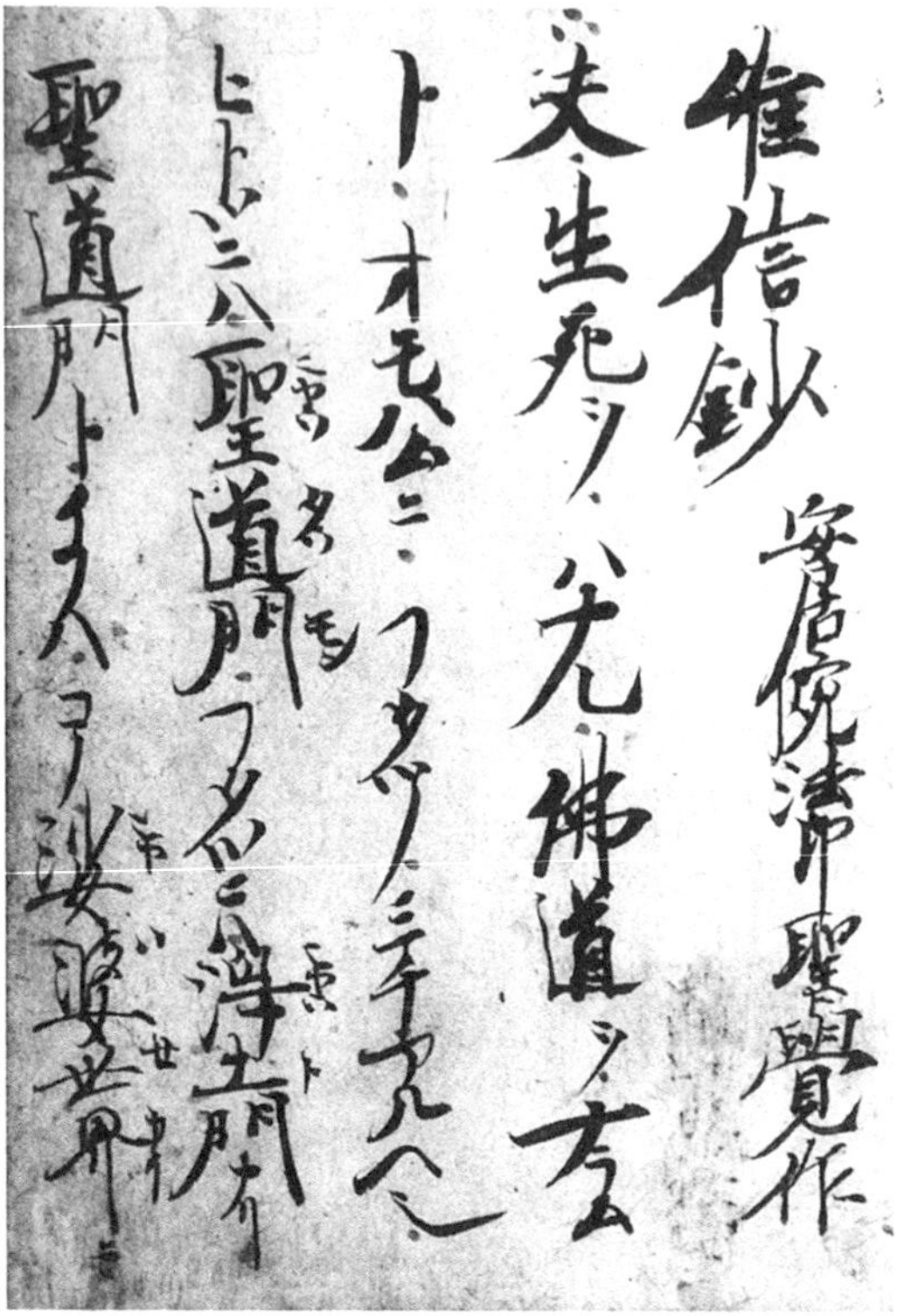

図31　親鸞筆『唯信鈔』信証本巻頭（重文，専修寺蔵）

こうした姿勢をみると、松本氏は何か感違いをしておられるのではないか、と思われる。たとえば、談義本の類で著者不明の書があった場合などは、その内容を分析しまた教義的に親鸞に近いから親鸞の著作ではないか、という議論なら理解できる。しかし『唯信鈔』はそんな図書ではない。親鸞の自筆本が五本も現存しているのである。そのうち東本願寺本と専修寺平仮名本は巻首部分を欠失しているのでしばらく措くとしても、西本願寺本、前橋妙安寺本、専修寺信証本はその第一頁には『唯信鈔』の内題を書いた直下に、「安居院法印聖覚作」（又は「御作」）と親鸞自筆をもって明記されている。他の書写本もすべてこのように撰号を写している。親鸞が自分で著した書籍に、このように他人の名を書くことがあり得るだろうか。しかもそれも一度や、二度ではない。一年や二年ではなく何年、あるいは何十年も続いているのである。

そんなことがあったとしたら、それはどんな意図であろうと、やはり他人の名を騙っている詐欺的行為である。親鸞がそんな行為をしていたとは絶対に考えられないのである。

3 『唯信鈔』の書誌学

『唯信鈔』の執筆依頼者についての諸説

以上、平雅行・松本史朗両氏の説を批判し、どちらも学説として成立し難いことを述べた。それではどう考えたらよいかだが、作者については先に述べたように、聖覚であることは動かない、と考える。これが聖覚の作とすると、嘉禄の法難における聖覚の行動と矛盾することから、平氏は承久の変という出来事の衝撃による聖覚の一時的な思想転向として整合性を求めようとした。しかし『唯信鈔』本文の中にそうした形跡が見えないことを指摘した。『唯信鈔』はそんな一時的な逃避のための、にわか作りの仮小屋的作品とは到底思えない。専修念仏についての堂々たる本格的建造物のような著作である。

平氏は聖覚を完全な比叡山の顕密僧として理解し、従来の聖覚像を一八〇度転換するべきだと主張するが、完全な顕密僧だったのなら『唯信鈔』のような素晴らしい専修念仏書が書けるはずがないと思われる。それなら嘉禄三年の『選択集』の版木焼き捨て申請行動との矛盾をどう考えるかということになるが、嘉禄三年の事件については、私は別途の見解を持っているので、それは本稿の最後に申し述べることにして、『唯信鈔』の成立事情について勘案してみたい。

およそ著作は何らかの必要があって誕生する。『選択集』が九条兼実の依頼によって作られたとかいうように、誰かから頼まれて、というケースも多い。この『唯信鈔』についてもそうした依頼人を考える学者もある。平雅行氏も、

> 『唯信鈔』が隠岐の後鳥羽院か、但馬の雅成親王か、のために撰述された可能性もある。しかしこれ以上の推測は、もはや歴史学の領域を越えることになるう。（前記論文註124）

と述べてる。氏の論旨からすれば必然的な推理である。しかし氏が推理を中断せざるを得なかったように、この書の本文に後鳥羽院や雅成親王はもちろん、承久の変そのものとの関わりが見られないことは、先に述べた通りである。まして後鳥羽院の信仰は、かつて論じたように、法華経信仰であって、念仏ではなかった（拙稿「後鳥羽院と親鸞」『龍谷大学論集』四四〇号、一九九一年）。それを思うと、これが後鳥羽院の依頼によって書かれたとは思えない。雅成親王については、但馬国へ配流の後に聖覚との手紙のやりとりが知られているので、その依頼という可能性はないわけではないが、親鸞が『見聞集』（専修寺蔵）に書き写している書状は、承久三年十二月十九日付であって四ヵ月後のことであり、その書状の文面からもそれを思わせるものが感じられない。したがって『唯信鈔』奥書の八月以前にこの両者の関係はなかった、と考えておきたい。

平説のほかに『唯信鈔』の成立に関与した話として史料に登場するのは、前に紹介した『唯信鈔託宣文』で、後堀河天皇の父後高倉院の女御からの願いによるものだという伝承が記されている。「女人ノ身ノ仏道ナリガタク《（ママ）》コトノウトマシサヲ御歎キアルニヨツテ」それを説き明かしてもらったものだ、というのである。

しかしこの書の本文には格別に女人往生を説いた個所があるわけでもないので、この伝承は受け入れがたい。

談義本としての成立

以上のように考察したところで改めて感ぜられるのは、この書が他の誰かからの依頼を受けて、あるいはある特定の読者を想定して書いたものではないらしい、ということである。では誰のために書いたのかというと、他ならぬ自分のためということになる。

そこで考えられるのは、聖覚が父澄憲と並んで唱導の名人と賞讃されたことである。当時「濁世の富楼那」と評されたといい、いろんな法会の座に招かれて法談を行ったことが鎌倉時代の史料に見えている。そうした法談のための用意として書いてみたのがこの書ではなかったであろうか。比喩の多用といい、問答体の記述といい、正に一般民衆を相手とした法談の語り口である。後世お説教のタネ本として流行する「談義本」に較べれば、語り口はやや硬調だけれども、狙い方は共通しており、その点から「談義本の祖」と位置付けることができるのではあるまいか。

奥書に承久三年八月十四日の日付があって、このときに脱稿したことはまちがいなかろう。それは平氏が指摘したように、承久の変で朝廷方が敗北し、幕府軍が京都へ進入してから二ヵ月後にあたり、聖覚としてはいろんな感慨へ追い込まれていた時期である。それが彼の浄土への想いをヒートアップさせたかもしれないが、動揺することなく法義伝導の研修に集中し、その成果を筆録したのが『唯信鈔』だった、と考える。

世上の大変動がこの書に現われていないところにこそ、彼の集中力を見たい。くどいようだが、『唯信鈔』に書かれた専修念仏への彼の信仰は、承久の変に影響された一過性的なものとする説は容認できない。

平仮名混じり文から片仮名混じり文へ改変の事情

『唯信鈔』をめぐる書誌学上の問題の中で最も大きな問題の一つが、文暦二年書写本だけがなぜか平仮名混じり文で書かれていることである。他の諸本はすべて片仮名混じり文であるのに、この本だけが平仮名混じり文なのである。しかも文暦二年（一二三五）は親鸞六十三歳にあたり、このころの筆跡としては唯一年号を伴った筆跡であって、親鸞真蹟研究上の基準作品とされる重要な筆跡であって信頼度の高い本である。

この本だけがなぜ平仮名混じり文なのか、従来謎とされてきた。生桑完明氏は、このころ親鸞が関東から京都へ帰ったと考えられることと、この文暦二年三月聖覚が死去していることから、親鸞が帰洛してみたら聖覚が死去していたのでガッカリして、昔のよしみを思い出し、聖覚へ手紙を出すつもりで『唯信鈔』を書写したので、手紙のような平仮名混じり文によったのだろう、と推測せられた（『親鸞聖人撰述の研究』二八五頁、法蔵館、一九七〇年）。

生桑氏をこういう無理な憶測へ向かわせたのは、信証本を奥書通り寛喜二年親鸞五十八歳の書写と信じ込んでいたので、親鸞は五十八歳のとき片仮名混じり文で書き、六十三歳のときには平仮名混じりの文で書き、そしてその後はまた片仮名混じり文へ戻る、という事態を何とか辻褄合わせて解釈したい、と考えられたからに他ならない。しかし昭和四十九年（一九七四）刊行の複製本解説において、私がこの『唯信鈔』は奥書だけをみると五十八歳の書写のように見えるが、筆跡はもちろん、表紙袖書その他の状況から押して、実は康元二年親鸞八十五歳のとき『唯信鈔文意』と一組として書写された、と論証した（拙著『親鸞聖人真蹟の研究』所収）。この説は今では学界のご承認を得ている。このことは寛喜二年の書写本は現存していないことを意味する。つまり寛喜二年本は片仮名混じり文であったとする大前提が崩れることになり、この文体の問題はこれまでの研究をご破算して、はじめからやり直さなければならないことになる。

そこで考えられるのは、寛喜二年本も文暦二年本と同じ平仮名混じり文であったのではないかということであり、それはさらに遡って根本の底本である聖覚自筆草本がそもそも平仮名混じり文だったのではないか、ということである。この仮名混じりの文体については、網野善彦氏が指摘せられたように（「日本の文字社会の特質をめぐって」『列島の文化史』5所収、日本エディタースクール出版部、一九八八年）、親鸞在世時期の社会では、漢字と平仮名混じり文が多用されていたようだから、それはむしろ自然な形であった。

その文体を片仮名混じり文に改めたのは親鸞であって、文暦二年作成より以後、関東の門弟たちにこれを書写して与えるようになってからのこと、と考えられる。

それは親鸞とその教団で、こうした文体について、一種の慣行があった、と認められるからである。その好例は高田の慶信が京都の親鸞へ送った書状（専修寺蔵、重要文化財）で、四紙にわたる長文の書状のうち、法義についての質問を記した主文は片仮名混じり文であるのに対し、礼紙に記した追信の消息文は平仮名混じり文となっている。また現存する親鸞自筆消息はすべて平仮名混じり文なのに対し、それを門弟が書写して回覧する場合には、すべて片仮名混じり文に改められている（拙稿「親鸞聖人の五巻書をめぐって」『影印高田古典』第三巻解説、本書第三部所収）。

親鸞とその教団においては、平仮名と片仮名について右のような使い分けの慣行があり、それが親鸞をして『唯信鈔』の文字使用を改めさせたのではあるまいか。現存する『唯信鈔』諸本が、文暦二年本を除いてすべて片仮名混じり文となっているのは、そうした事情によるものと考えられる。

嘉禄三年の法難と聖覚の行動

最後に、本問題の核心的部分である嘉禄三年の念仏弾圧事件における聖覚の行動をどう理解すべきか、考えてみたい。この事件は先に申し述べてきたように平雅行氏によって指摘されたもので、聖覚が他の顕密学匠たちに加わって、『選択集』の版木焼捨てと、専修念仏停廃を朝廷へ申請したことはまぎれもない事実であったと認められる。

しかしだからといって、それとの整合性をはかるために、『唯信鈔』を平氏のように聖覚の一時的思想転向の作品と考えたり、松本氏のように別人の作品とすることについては、どちらも無理があることは、今まで縷述した通りである。ではどう考えたらいいのか。

まず『選択集』版木焼捨て申請についてであるが、これに関連していると思われるのは、親鸞の『選択集』に対する姿勢である。周知のように親鸞は三十三歳のとき、師法然から『選択集』の書写を許され、法然はこれに内題と標挙の文と、「釈綽空」の実名とを書き与えた。親鸞はそれを大きな感激を持って『教行信証』に書き残している。『選択集』は親鸞にとって最も大切な書であったはずである。ところが晩年になって、関東の門弟たちへの消息の中で、良い参考図書として推薦している図書の中に、『選択集』の名が全く見えないのである。『唯信鈔』は五回も六回も採り上げられているのに、『唯信鈔』よりも遥かに大事なはずの『選択集』の名が全く見えない。また親鸞は「さしもたしかなる証文を、ちからをつくしてかずあまたかきまいらせてさふらへば」（『血脈文集』第二通五月二十九日性信房あて）と述べているように、多くの聖教を自ら筆を執って書写して、関東の門弟たちへ送った。『唯信鈔』はその自筆本が先にも述べたように五本も現存しているのに、『選択集』は一本もないのである。

どうしてこういうことになったのか、を考えると、これは『選択集』末尾の、「こいねがはくば、一たび高覧を経て後は、壁の底に埋めて、窓の前に遺すことなかれ」という著名な識語によるものではなかろうか。『選択集』は細川行信（『法然——その行動と思想——』評論社、一九七〇年）も言われるように、一般には非公開の秘書であり、「伝授書」であった。親鸞はそのしきたりを忠実に守ったため、としか考えられない。そして聖覚が木版化に反対したのも木版化は安易な一般公開であり、著者法然の遺旨に反するもの、と考えたからであろう。それが結果的には反専修念仏者たちと、呉越同舟ということになったのではあるまいか。

『選択集』の木版化については、建暦元年（一二一一）十一月、つまり法然死去の直前に、元兵部卿平基親の作った序文が伝えられており、このとき木版化計画のあったことは知られている。しかし摺写本は一枚も伝わっておらず、木版が完成したかどうか審らかでない。この序文が作られたとき、法然はまだ存命中だが、法然がこれに許可を与えたかどうかもわかっていない。もし許可を与えたのなら、末尾の「埋壁」の識語は削除されたはずだが、この識語はその後も残されているところを見ると、法然は許可しないままに死去したのだろう。そのため『選択集』の伝授をうけた高弟たちからの反対もあって、この木版化事業は中断していた可能性がある。この嘉禄三年に焼却申請のあった版木とは、この版木のことであろうから、これまでのそうした経緯を踏まえた一連の事件として考えなければならないのではなかろうか。

さらに聖覚が比叡山の最高学匠である探題の仲間とともに朝廷へ「陣参」し、念仏宗の停廃を訴えでたことについても、裏があるように思われてならない。というのは、法然門下は、「没後二箇条」という法然遺言状に「遺弟同法等、全不可群会一所者也、其故何者、雖復似和合、集則起斗諍、此言誠哉（遺弟同法ら、まったく一所に群会すべからざるものなり。その故いかんとならば、また和合するに似たりといえども、集まればすなわち斗諍を起こす、このことば誠なるかな）」とズバリ記されているように、平常から互いに反目し合うことが多かった、と思われるからである。現代でも右翼は右翼、左翼は左翼で内部に派閥があって対立しているように、専修念仏仲間にも内部に反目分裂があって、こういう結果になったのではなかろうか。

以上のように私には親鸞が聖覚という人間を見損なっていた、とは思われない。『高田正統伝』では親鸞と聖覚とは比叡山時代からの旧友だったというが、それはしばらく措くとしても、少なくとも五十八歳のとき『唯信鈔』を書写してからでも三十年以上、聖覚という存在を意識し続けたはずである。『唯信鈔』を何度となく筆を執って書写し、その註釈書まで著作している。そこまでして付き合ってきた聖覚である。その聖覚がどんな人間かわからなかったはずはない。親鸞はそれほど凡庸ではなかったと思うからである。平雅行氏の親鸞批判の辞は撤回されるべきであろう。

三　親鸞消息の相承と回覧と集成と

専修寺蔵親鸞消息をめぐって

専修寺には、国の重要文化財として指定された「親鸞聖人消息」一〇巻が所蔵されている。その内訳は次の通りである。

(1)　覚信御房あて　「専信坊京近く……」（建長八年五月二十八日付）
(2)　真仏御房あて　「このゑん仏はうくたられ候……」（十二月十五日付）
(3)　慶信上書（十月十日付）および聖人加筆御返事
(4)　たかだの入道あて　「閏十月一日の御文たしかにみ候……」（閏十月二十九日付）
(5)　しのふの御房あて　「たつねおはせられて候摂取不捨の事……」（十月六日付）
(6)　浄信御坊あて　「如来の誓願を信する心のさたまる時……」（日付部分欠失）
(7)　浄信御房あて　「たつねおほせられ候事……」（十月二十一日付）
(8)　しやうしんの御はうあて　「御ふみくわしくうけ給候ぬ……」（五月五日付）

(9)　けうやうの御房あて　　「御ふみくわしくうけ給候ぬ……」（五月五日付）

(10)　獲得名号自然法爾御書　　（正嘉二年十二月顕智上人聞書）

この一〇巻のうち(10)の獲得名号自然法爾御書は、文面からも筆跡からも高田派第三世顕智の筆にかかることが明白なので、これは別として、(1)から(9)までの九巻は、長らく親鸞真筆と言い伝え、またそう信じられてきた。昭和二十八年（一九五三）三月の重要文化財の指定にあたってもそれが受け継がれていて、文化財指定審議会の説明書に、そう明記されている。

これに対して異なる見解を発表したのは生桑完明で、昭和二十九年十一月、真宗連合学会創立大会が専修寺で開催され、そのための宝物展観が行われた際の説明書において、(8)の浄信房あて（五月五日付）と(9)の教養房あての二巻は親鸞自筆ではなく、筆者未詳の古写本である、と断定された（『真宗研究』第一輯彙報欄に収載）。これは生桑のかねてからの持論であって、実は父君松山忍明から受け伝えられた見解だったらしい。(8)と(9)は、その筆跡もさることながら、署名と花押にいたっては完全に似て非なるものだが、その識別は生桑の指摘を受けてはじめて「なるほど」と納得したものであって、それまで辻善之助はもちろん、当時文部省文化財保護審議会の方もみな気付いておられなかったことであった。

そしてこの見解は、この宝物展を参観した真宗学会学匠たちの賛同を得、この大会開催の大きな収穫の一つとして感動を呼び、そののち日ならずして編集された『親鸞聖人全集』書簡篇（宮崎円遵担当）には「古写書簡」として収載された。それが学界に定着して現在にいたっているのである。

このように(8)(9)の二巻を親鸞真蹟からはずしたことは、逆に(1)から(7)までの七巻が親鸞自筆であることの信憑性を増すことになった。実は生桑の意図は最初からそこにあったらしい。「疑わしいものを言い伝えのまま聖人真蹟だと言い続けると、まちがいのない真蹟にまで疑いの眼で見られることになる。真蹟を沢山保有する高田山としては、厳密に対処しなければならない」というのが生桑の持論であった。その点で生桑の大英断は高田派にとっても、真宗の学界にとっても大きな前進であった。

真蹟書簡の中にも二種類

ところで生桑は七巻の真蹟書簡について二種類に区別していた。それは(1)から(4)までの四巻と、(5)(6)(7)の三巻とである。(1)〜(4)の四巻は親鸞の自筆がそのまま現存しているのに対して、(5)(6)(7)には後人の手が加わっている、というのである。これも実は父君の見解だったらしい。というのは大正十五年（一九二六）立教開宗慶讃事業としてコロタイプ原寸大複製の刊行が行われたとき、親鸞真蹟御消息として(1)(2)(3)(4)の四巻だけが採り上げられており、それが松山の献策によっているからである（その事情は「親鸞聖人筆跡座談会」での小妻隆文発言に詳しい。『高田学報』五輯収載）。

戦後になって昭和二十六年、秋葉暁滴が、『親鸞聖人御消息』をコロタイプによって刊行したが、そのとき専修寺からは右の四点が加えられた。これは生桑の推挙によるものであって、後日私は「なぜこの四点だけなのですか」と尋ねたところ、生桑は「この四点だけが混じり気のない純粋な御真蹟だからだ」との回答であった。

たしかに(5)(6)(7)の消息には後人の手が加えられている。(5)は宛名の「しのふの御房の御返事」のうち、「のふ」の二字が磨り消して書き直されているし、(6)は末尾の日付や署名、宛名部分が失われ、加えて別筆による「親鸞（花押）」と署名が書き加えられているほか、別筆による振り仮名も多い。(7)もまた別筆の振り仮名が書き加えられている。(1)〜(4)の真蹟に較べると、たしかに難点がある。松山、生桑の評価はうなずかれる。

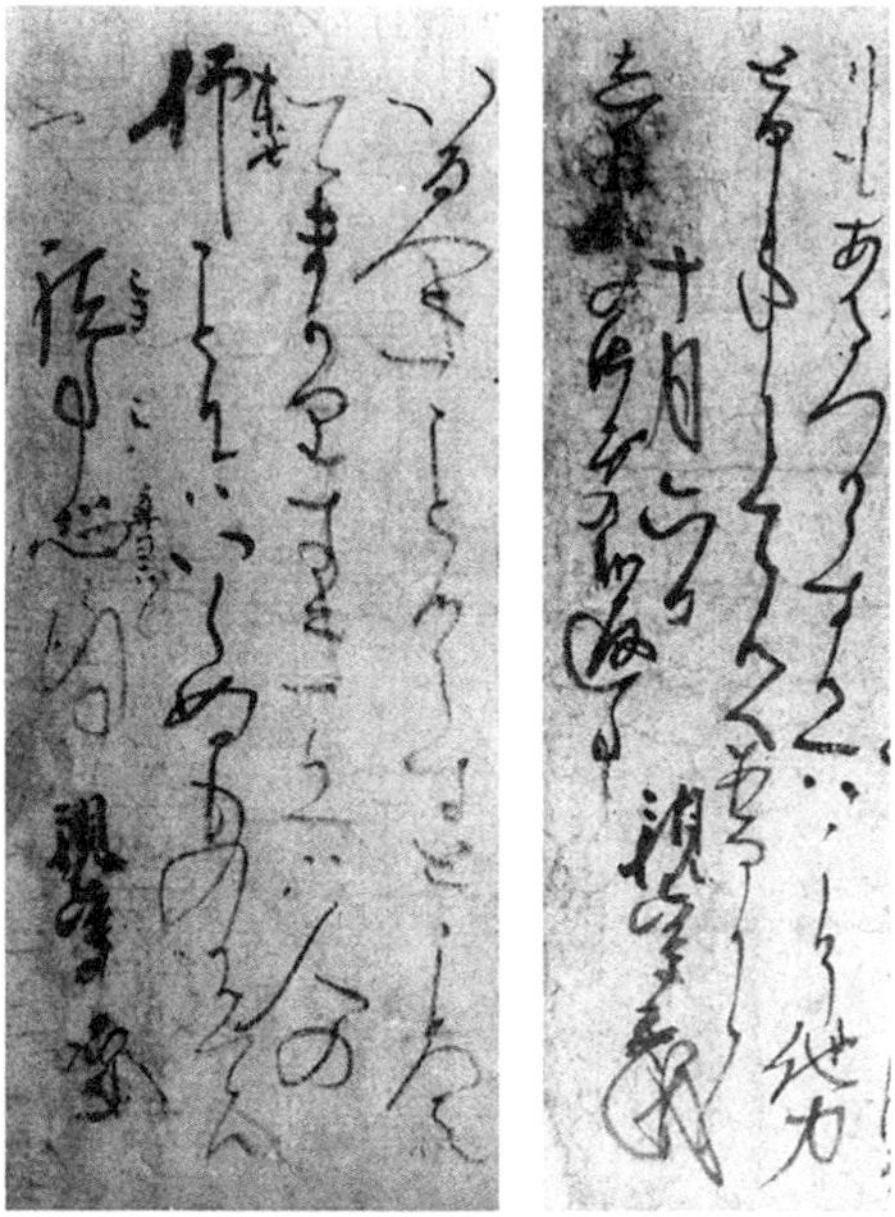

図32　親鸞自筆消息末尾（左＝浄信房あて，右＝しのふの御房あて，末尾，専修寺蔵）

ところが、顕智は、その難点のある三点と、古写本とされる二点と、あわせて五点を一括して書写し、これを門弟たちに伝えようとしたらしい。生桑らによって、「純粋無垢」として高く評価された(1)(2)(3)(4)の親鸞真蹟消息をさしおいて、この五点を教団内に相承しようとしたような形跡があるのである。それは(1)〜(4)の消息の存在を知らなかったため、とは思われない。(1)〜(4)の消息の宛名人はどれも高田居住の直弟で、生粋の高田門徒であり顕智にとって師や先輩にあたる人々である。(1)の覚信房あて消息にいたっては、『影印高田古典』第三巻（高田派宗務院、二〇〇一年）に収載されているように、影写本に近い模写本を自ら制作しているほどである。

反対に(6)(7)(8)の宛名人である浄信房や(9)の教養房の方はその素性が明確でない。高田との縁はそれほど濃い人と思われないのに、その消息を選び取っている点が注目されるのである。

また漢字に別筆の振り仮名が加えられているのは、識字力の低い門徒たちにも読ませようと回覧したからにほかならず、そのことが保存状態を悪くしたにちがいない。古写本の二点は、模写本を作っておいて原本を回覧したところ、原本の損傷が進行して最後に滅失してしまったのかもしれない。しかし、こういう回覧は(9)の御消息の追伸に「このふみをもて、人々にもみせまいらせさせ給へく候」とあるところを見ると、門弟たちの勝手なはからいではなく、親鸞の意向に沿ったものであったと考えられる。それが裏目に出て保存状態を悪くしたらしいが、顕智はそういう消息を敢えて選び採って書写しているらしいのである。

五巻書という名の集成本

この消息五巻について、「五巻書《ごかんじょ》」という名称をつけ、これが親鸞消息の最初の集成本ではなかったか、との意見を発表したのは宮崎円遵であった。宮崎はその著『真宗書誌学の研究』（永田文昌堂、一九四九年、のち『宮崎円遵著作集』六巻所収）第三章「消息」の中で、

ここにいうところの『五巻書』とは古来高田派の一部に行はれた一種の御消息集である。この名称は一

般に余り流布していないようであるが、高田派の一部で行われていた形跡があるから、今はこれに従っておく。

と述べられて以来、この名称が定着している。

この宮崎の命名は妥当だと思われるが、「高田派の一部で行われていた形跡」については、私どもは存知していない。近縁寺《ごんねんじ》（津市長岡町）秀諦の『下野流高田衆教目録』（『真宗全書』旧編七四冊、新編二九冊所収）にもこの名は見えない。宮崎は次に述べる津市上宮寺所蔵本の奥書に、「右此五巻之御書者……」とあることによって「五巻書」と命名されたのであろうか。

津市上宮寺の五巻書

ところでその顕智筆の「五巻書」は専修寺には伝わっておらず、津市乙部の上宮寺（高田派）にそれだと言い伝える本が伝えられている。それは一巻ごとに標題をつけて次のようになっている。

(1)	摂取不捨事	十月六日	真仏御房御返事
(2)	諸仏等同云事	(日付なし)	浄信御房御返事
(3)	如来とひとしといふ事	十月廿一日	浄信御房御返事
(4)	仏智不思議と信すへき事	五月五日	しやうしんの御房へ
(5)	誓願名号同一事	五月五日	けうやうの御はうへ

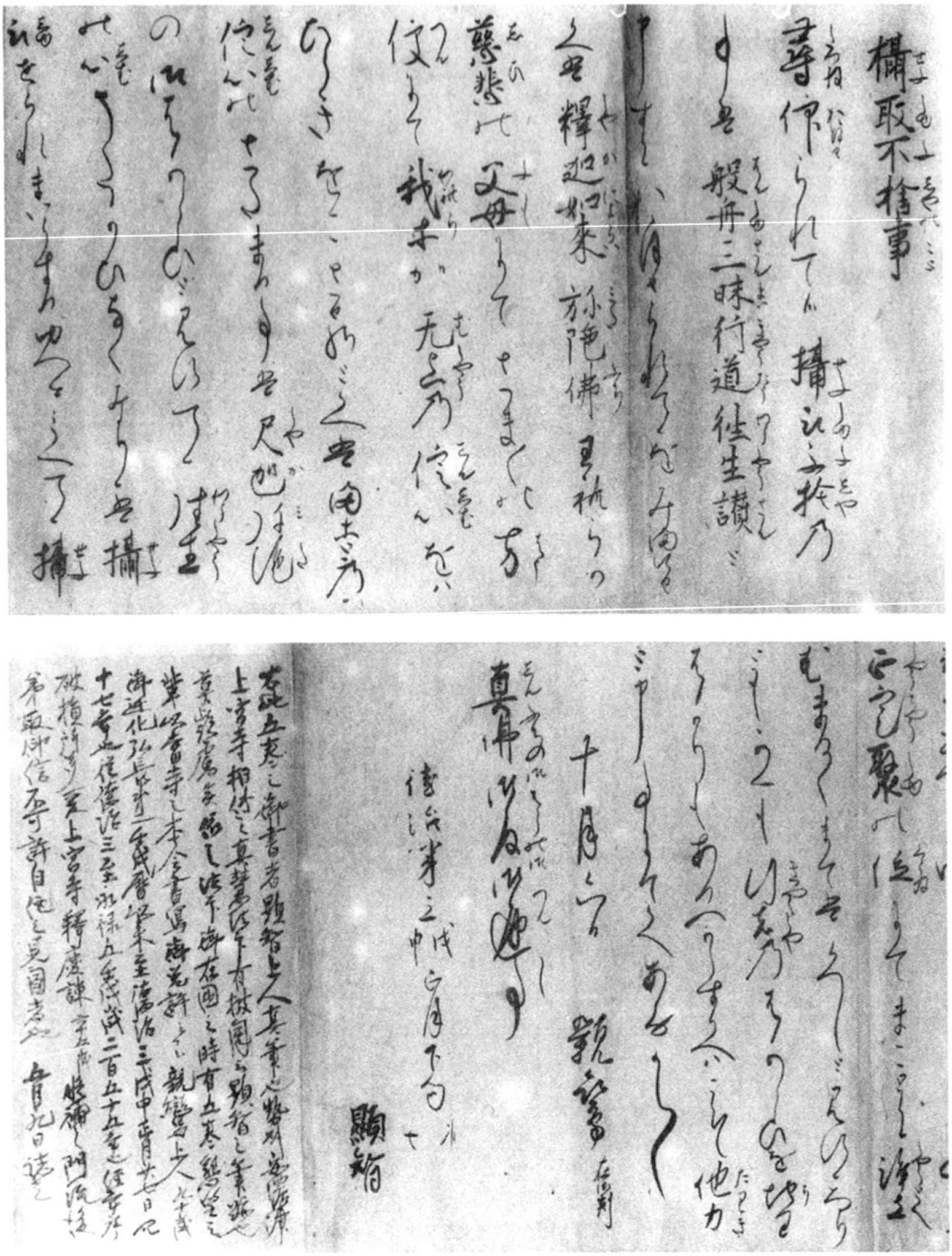

図 33　伝顕智筆「五巻書」第 1 巻　巻首と巻尾（津市・上宮寺蔵）

実は上宮寺にはこの五巻書が二組所蔵されていて、どちらも巻子仕立てで、平仮名混じり文を行書体で墨書されており、共に顕智筆と称しており、その筆跡はたしかに同筆ではある。もちろん本文は同一で、各巻に「徳治第三戊申正月下旬第七　顕智」の奥書を記している点も同じである。

そこで、仮に両本をA本とB本と名づけて区別することとするが、両本の相違点はまず料紙の紙質と寸法にある。A本は縦二七・五センチ前後の白楮紙を用いているのに対して、B本は縦一六・八センチ前後とやや小型で、紙質も鳥の子紙風の白紙で、下絵として金泥をもって草叢の絵を一巻につき二〜三ヵ所ずつ描いている。さらにB本は徳治三年（一三〇八）の原本奥書以外の奥書は何もないのに対して、A本には第一巻と第五巻へ別紙を貼りつないで、そこへ別筆をもって次のような識語を書き記している。

(1)　十月六日真仏御房あて御消息末尾

右此五巻之御書者、顕智上人真筆也、勢州安濃津上宮寺相伝之、真慧法印有披閲云、顕智之筆跡也、莫疑慮矣、依之法印御在国之時、有五巻懇望之輩、以当寺之本令書写御免許云々、親鸞上人九十歳御迁（遷）化弘長第二壬戌暦以来、至徳治三戊申正月廿七日、四十七年也、従徳治三、至永禄五壬戌歳、二百五十五年也、経年序、破損所多、爰上宮寺釈慶諌（ママ）六十五歳修補之、門流後弟取仰信、不可許自侘之見聞者也、五月九日誌之

(5)　五月五日けうやう御房あて御消息末尾

此五巻者、従顕智上人、上宮寺相伝之、寔《まことに》無比類重宝也、末学勿令疑滞云々

永禄第五壬戌五月九日、修補之次記事由、釈慶諫
六十五歳

これによると、この識語は永禄五年（一五六二）上宮寺慶諫が記したもので、この消息五巻は顕智より上宮寺へ相伝したものであることはまちがいない、との趣旨を述べている。しかしこの識語が永禄五年に記されたものであることは筆跡その他の状況によって納得できるものの、消息本文については、残念ながら顕智の筆跡とすることはできない。筆の運びに勢いがなく、お手本を模写しようとした感じの筆致であって、時代も下り、永禄五年からそれほど大きく遡るとは思われない。悪くすると、慶諫は、自分でこの消息五巻の模写本を作っておいて、知らん顔をしてこれは顕智筆だとする識語を書き加えたのではないか、と勘繰られかねないような筆致である。

顕智の徳治三年書写は真実だった

そのようにこの上宮寺本は、外見上はあまり好ましい本とは言えないのだが、その書き様を検尋してみると、そこに顕智による徳治三年書写の事実と、この上宮寺本が顕智書写本からの転写と判断できる手がかりがひそんでいるように思われる。それはとくに各巻の末尾部分であって、その日付、署名、宛名を、先に取り上げた専修寺の親鸞消息真蹟本の⑸⑹⑺⑻⑼と対照してみると、ピッタリと対応していることに気付くからである。まず⑴「摂取不捨事」は、真蹟本⑸の宛名「しのふの御房」のうち「のふ」の二字が改竄された

ものであることについて先に指摘したが、この五巻書ではそこが「しんふつの御房」となっていて、改竄される以前、「しんふつの御房」であったことを思わせるし、(2)の「諸仏等同事」に日付がないのは、真蹟本(6)の日付以下が切り捨てられている状態を反映していると見ていいだろう。この署名が「親鸞在御判」となっているのは、真蹟本の別筆署名がこの徳治三年までに行われていたことを示すものであろうし、宛名は包紙から推測して書き入れたものと考えられる。(3)「如来とひとしといふ事」の署名が「親鸞」だけで「在御判」と記さないのは、真蹟本(7)が花押を書いていないその通りの表記である。

これらの事実から、上宮寺の五巻書は、専修寺の真蹟消息三巻と古写本二巻とを底本としていると断定されよう。しかし各巻ごとにその底本にはない標題がつけられているところを見ると、専修寺蔵本からの直接の書写ではなく、その間に一回以上の書写が行われており、その段階で標題が付け加えられた、と考えねばなるまい。そしてその標題付加が徳治三年の顕智による仕事だったと考えるのも、そう無理なことではあるまい。

相承された五巻書の諸本

顕智はこの徳治三年の書写からわずか二年後の延慶三年（一三一〇）七月四日、八十五歳をもって示寂するが、そのことを予知していたようで、この徳治三年（この年改元して延慶元年）から翌年にかけて、書写聖教類を、後継の専空に伝授している。そのことは『見聞』などに見ることができるので、この五巻書の書写

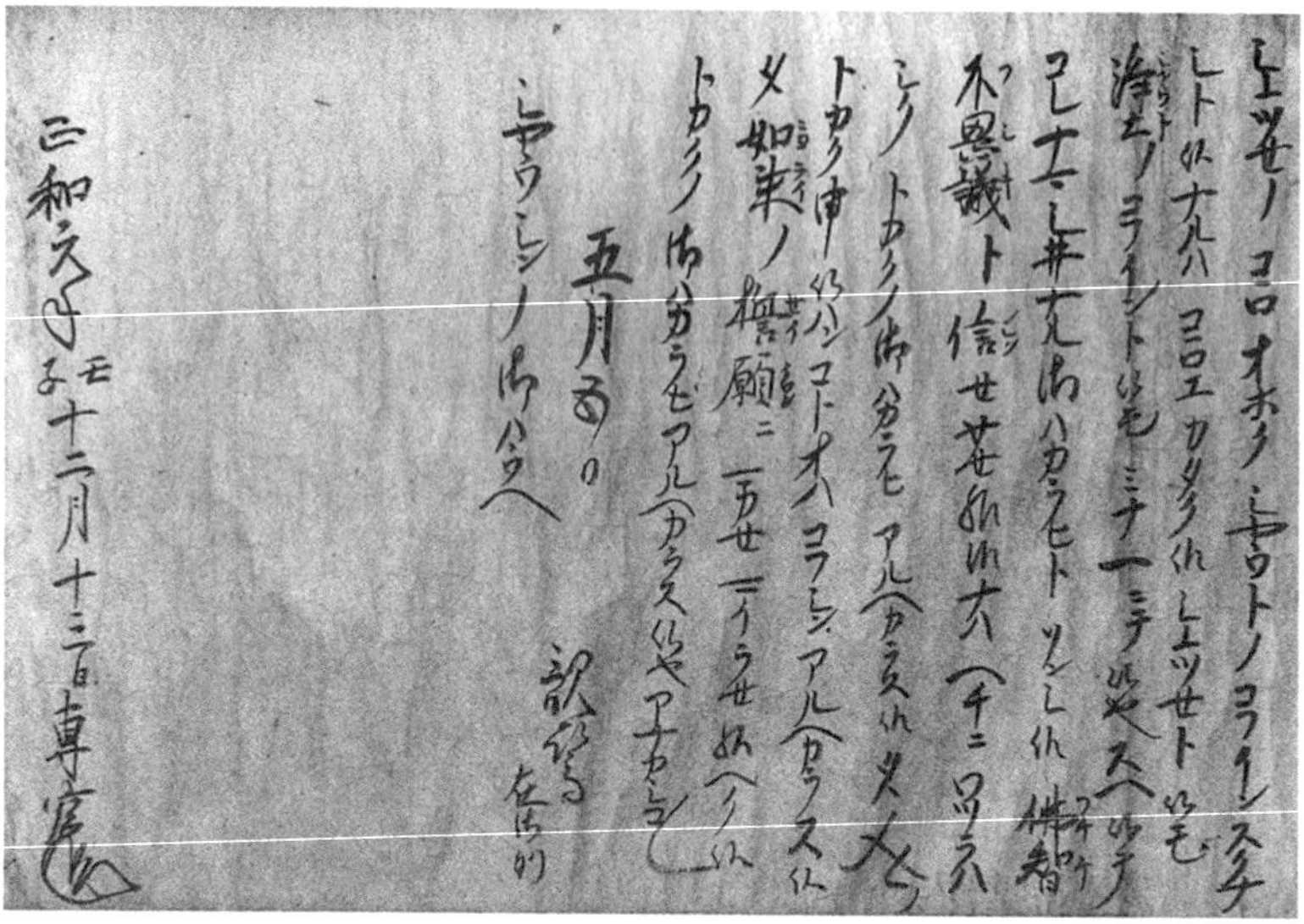

図34　専空筆親鸞消息（福井県・法雲寺蔵）

もそうした教義相承の一環だったのではあるまいか。

顕智から伝灯を相承した専空は、この徳治三年からわずか四年後の正和元年（一三一二）十二月十三日、この五巻書を書写している。ただ今日まで伝えられたのは五巻のうち、(2)の「諸仏等同云事」の巻と、(5)の「誓願名号同一事」の巻、の二巻だけで、福井県越廼村法雲寺に伝蔵されていた。

　この専空書写本は、本文は「なり」を「也」、「おほせ」を「仰」など、仮名を漢字に替えるような変動はあるものの、内容は忠実に伝えられているが、(2)の「諸仏等同云事」の日付を記さないことや、「親鸞」の署名の状態や宛名など、上宮寺本と同一であって、顕智本を転写したものと思われる。ただ顕智が親鸞自筆原本の通り平仮名混じり文書写であるのに、この専空本は片仮名混じり文という大きな相違がある。初期真宗教団では、平仮名混じり文の消息が法語として理解されるようになると、片仮名混じり文で表記されるのが常態だったことを思わせる。

高田派教団では、その後もこの五巻書の相承は続けられたようで、岡崎市妙源寺には、明応八年（一四九九）七月四日、高田派第十世真慧が妙源寺の秀蓮に与えた五巻が伝えられている。その真慧の養子真智も永正十七年（一五二〇）七月二十八日、書写している。

これら相承された五巻書は、妙源寺の真慧本は平仮名混じり文なのに対して、永正十七年の真智本は片仮名混じり文である。こうしてみると相承は二系統となるのだろうか。この点については未だ研究が進んでいない。名古屋市緑区万福寺にも五巻書が伝蔵されている由を側聞しているが、未だ拝見の機を得ていないので、そうした諸本の調査を含め、今後の研究課題としたい。

五巻書集成の意義

最後に申し述べておきたいのは、この五巻を集成せられた意義についてである。宮崎は「五通の内容は、正定聚不退・弥勒等同・如来等同・諸仏等同と云ふ如く、思想的関聯があることを思ふと、顕智がある意図を以て集成したことが考へられる」と意図的集成であろうことを述べている。私はこういう教義にかかわる問題を論ずる能力を欠いている人間だが、この五巻相互にそれほど深い関連があるようには思われない。弥勒等同・如来等同の問題と誓願名号同一といったことがそれほど関連しているのだろうか。顕智が多くの親鸞消息の中からとくに関連ある重要な消息としてこの五巻を選び出した、というほどの強い積極的意図は認め難いように思われる。

私は旧稿において五巻書が、一巻ずつ別巻表具であることなどから、これを「集成本」として取り扱うことには同意し難い旨を述べたことがある（「親鸞聖人御消息集成本の信頼度」『龍谷大学論集』四二五号、のち『親鸞真蹟の研究』法蔵館、一九八八年所収）。それは一つには右のような思いもあったからである。しかしこれまで記してきたように顕智は親鸞消息五巻を特別に書写し、それを門下へ相承しようとしている事実を見るとき、それは「集成」に近いということになろう。そうだとすると、旧稿の意見は修正を要することになる。しかしそれなら顕智はなぜこの五巻を書写したのだろうか。その謎を解く鍵を本稿の冒頭に記した専修寺蔵親鸞自筆消息保存状況の中に求めてみたい。

専修寺の親鸞自筆消息のうち、五巻書の中に書写される三巻は、日付や署名、宛名部分に改竄があったり、切り取られたりしているほか、多くの漢字に別筆による振り仮名が加えられていることは先に指摘したところである。そしてそれが門弟へ回覧されたことから生じたらしいことを推定しておいた。

そうした門弟間の回覧は、門弟たちの望むところだったからではあろうが、それよりも親鸞の指示だったのではあるまいか。繰り返すようだが、(9)五月五日付の教養房あて御消息の追伸に「このふみをもて、人々にもみせまいらせ給へく候」とあるのはその最も直接的な証拠だし、(6)の日付欠、署名竄入の浄信房あて自筆消息には明らかに親鸞自身が漢字に振り仮名を書き加えている。ここに掲げた写真はその一部で、「摂取」の右側の振り仮名「セフシユ」や、「位」の振り仮名「クラヰ」は明らかに親鸞自筆である。消息で漢字に振り仮名をつけることは一般にはあり得ないことであって、この消息が回覧されることを予期して書き加えられた、としか考えられない。そして左訓の「オサメムカエトリタマフ」は別筆で書かれているから、回覧のために、門弟が記入したものにちがいない。この消息をもらった浄信房の筆だろうか。(7)の十月二十一日付浄信房あて自筆消息の署名が「親鸞」とあるだけで花押を欠いているのも、そうした回覧用として書かれたためと考えられる。

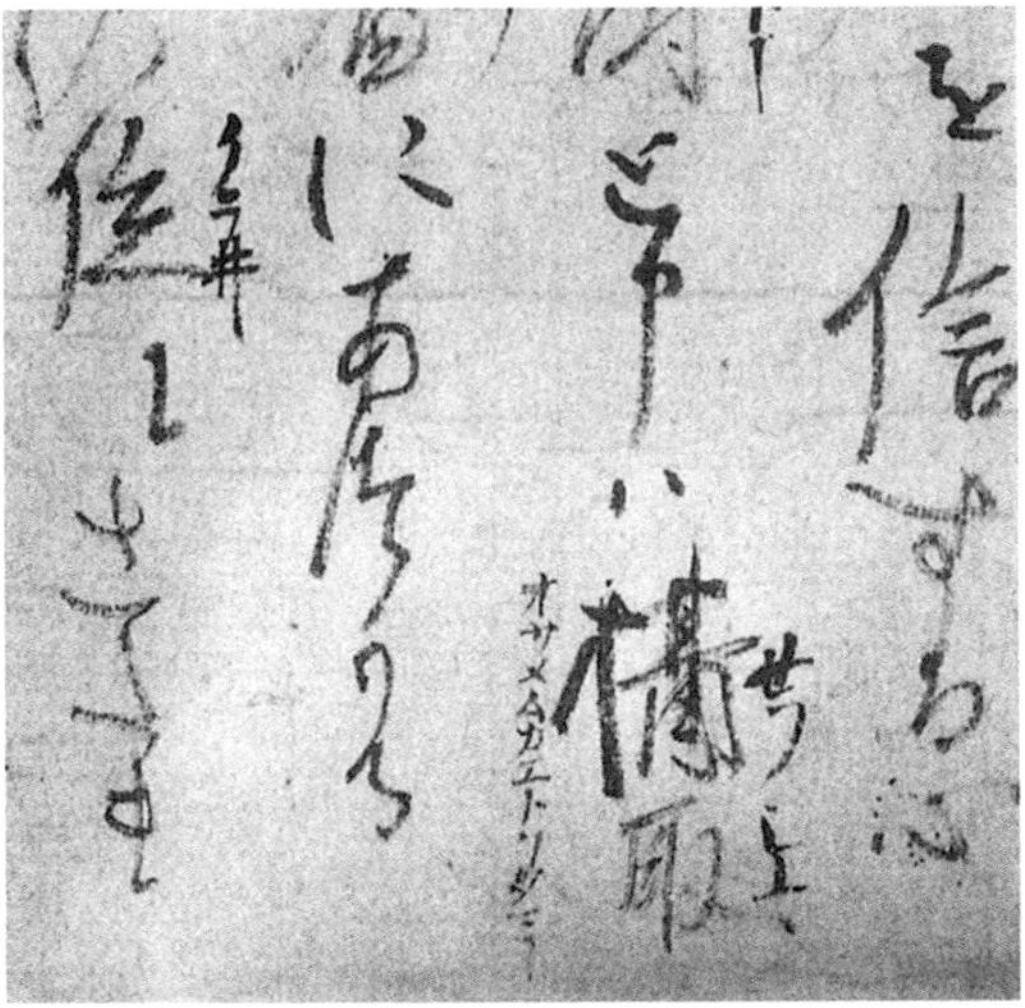

図35　親鸞自筆消息部分（2月25日付浄信房あて，重文，専修寺蔵）

このように見てくると、顕智が五巻書として書写し相承した親鸞消息は、親鸞の指示によって回覧されていた消息であったらしい。顕智は、建長八年（一二五六）五月二十八日付の覚信房あて消息など専修寺本来の消息も書写しているのに、それを五巻書のような相承書の中に含めていないのは、その消息が特定の個人を対象にしたものであって、回覧用ではなかったからだったのではなかろうか。ということは、くどいようだが、五巻書の選定が顕智の積極的な意志によるのではなく、親鸞の意向によって門弟間を回覧した事実に基づくものだったのではないか、と言いたいのである。五巻書がそのようにして生まれた、とするならば、それは顕智の集成と言えるかどうか、微妙なことになるが、各巻に標題をつけるなどの操作が顕智によって行われている点を評価すれば、やはり顕智による集成本と言う方が適当かもしれない。

四　名号本尊形式成立への道のり

名号本尊はいつどうして成立したか

真宗の名号本尊について、歴史学の立場から考えようとすると、いろいろの難問につきあたる。まず第一は、名号本尊はいつどういう過程で成立したのだろうか、という問題である。言うまでもなく、名号を本尊とすることは、木像や絵像を本尊とするのに較べて、宗教的には最も純粋であり、最も本質的である。それについては、蓮如の「木像より絵像、絵像より名号」という有名な言葉もある。しかし名号を本尊とすることがいつごろ、どのようにして始まったか、ということになると、これはなかなかに難問である。

おおよその見当として、これがいわゆる鎌倉新仏教によって始められたであろうことは、誰しも異論のないところだろう。ところが、鎌倉新仏教の口火を切った法然にはどうも名号本尊を用いた形跡がないと言われている。世間には法然筆の名号と伝えられるものが数多くあるけれども、それらはすべて後世のもので、中には真赤な偽作も相当多いようだ。

法然の伝記として信用のできるものを見ても、法然が名号を本尊とした、という記事は見当たらない。法然の行状を詳しく絵巻にした知恩院の四十八巻伝（国宝）には、法然が仏事を営んだ場面がいくつも描かれているが、その本尊とされているのはほとんどが画像（おそらくは阿弥陀如来像）であって、名号らしいものは一つもない。法然は遺言状（『漢語燈録』に収める「没後起請文」）の中で、信空に本尊を与えると書いているが、その「本尊」には「三尺阿弥陀、立像、定朝」という註記があり、彫刻の阿弥陀如来像であったことがわかる。そのほか法然が与えたことの明確なものには、名号本尊とおぼしきものは知られていない。

だいたい、法然は来迎を重視したのだから、礼拝の対象となる本尊が阿弥陀如来の木像又は絵像であったのは当然で、名号が本尊となることはあり得なかったのではないか、というのがこれまでの通説である。

親鸞自筆の名号本尊の書きぶり

それに対して親鸞には自筆の名号本尊が伝えられている。周知のように、西本願寺蔵の六字名号、津市高田派本山専修寺の八字と十字の名号、岡崎市の妙源寺（高田派）の十字名号の四幅である。この四幅はどれも名号の下に蓮台を描き加え、しかも天地に別紙を貼り足して賛銘を書きつけており、本尊として制作されたことが明確である。現在のところ、名号から賛銘まで親鸞自ら筆をふるったことの明らかなのは、この四点以外にはない（蓮台はもちろん画工の手にかかるものだろう）。

ところでこの四点の書きぶりを拝見すると、いろんなことが思い浮かぶ。まず専修寺の八字と十字について見てみたい。八字の方は字が大ぶりで、紙面の縦一杯に書かれているが、その字の配置を見ると、「南无

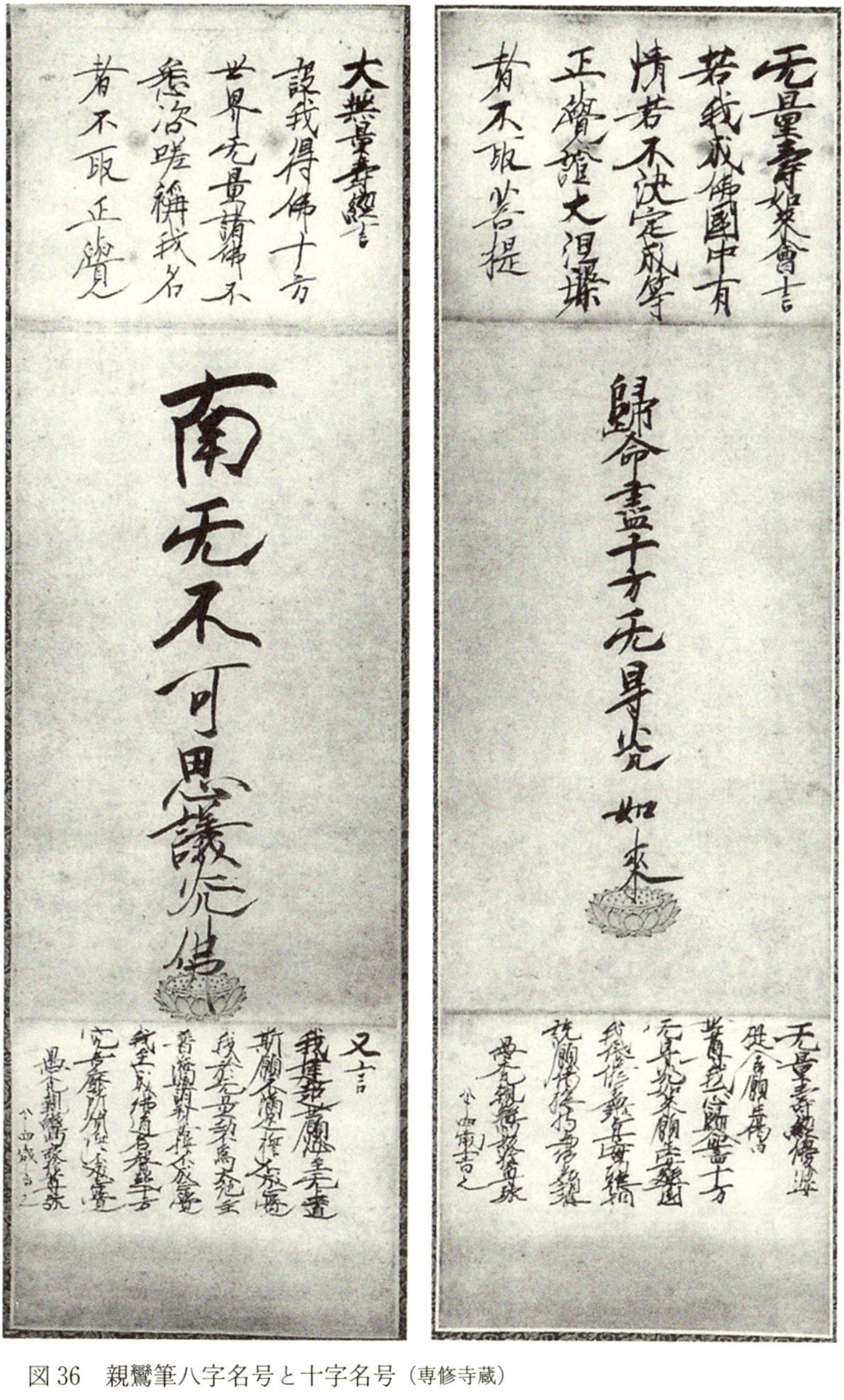

図 36　親鸞筆八字名号と十字名号（専修寺蔵）

不可」まではほぼ同じ大きさで書かれているが、「思議光佛」の四字が字と字の間が詰まって窮屈そうになり、字の大きさも少し縮小されている感じである。つまり名号を書き始めて、「南无不可」まで書いてきたところで、この調子では紙面に入り切らないことがわかって、残りの四字は字間を詰め、文字も小さくして、どうにか書き終えることができた、というように見える。

それに対して十字の方は反対に全体に字が小ぶりに書かれていて、紙面の下方に大きく余白が残っている。しかも「光」「如」「来」の三字の字間は広く開いて、上の七字の字間とは不均衡になっている。これはどうやら、十字の方は二字分多く書かなければならないから、という意識が働いて、字を小ぶりに書き始めたところ、小さくなり過ぎてしまったので、下の三字の字間を大きくとったものの、それでもまだ余白を作ってしまった、ということのようだ。

この二幅には「方便濼《（法）》身尊号　康元元丙辰十月廿五日書之」との親鸞自筆の裏書があり、ともに親鸞八十四歳の十月二十五日に執筆されたことがわかっているが、同日に書かれたものにも拘わらず、両者の間にこのようなアンバランスな状況が生まれているのは注目される。これを千葉乗隆氏は「このころまだ聖人が名号を書き慣れておられなかったことを示すものと思われる」（『真宗重宝聚英』第一巻名号本尊総説）と推定している。私も全く同感である。

その感覚を持って、西本願寺の六字名号を見てみると、これも「南无」の二字は大きく、下へ行くほど少し小さくなっていて、専修寺の八字名号と似た傾向が見てとれる。とくに顕著なのは、どうやら細筆を使って大字を書こうとしたらしく、「南」の字などは筆の穂の根本まで一杯に墨をつけたいささか強引な筆使いが見られることで、名号を書き慣れない、という感じがここでもする。

岡崎市妙源寺の十字名号は、西本願寺の六字と同じ十月二十八日に書かれたことが賛銘の日によって確認されるが、これは文字の大きさはほぼ均等で、随分バランスはよくなっているものの、やはり「无㝵光」のところで字間がやや詰まっていて、他の三幅と同じ傾向が見られるのではないだろうか。

とにかくこの四幅で見るかぎり、親鸞の名号を書く筆使いには、どうも手慣れたところが見受けられない。しかも文字を大きく書くための筆が手許になかったようである。その点で蓮如の流れるような筆使いで書かれた名号とは雲泥の差である。一日に三〇〇幅も書いたことがあると言われる蓮如と比較するのは無理な話かもしれないが、親鸞の名号に見られるこの不慣れさが、名号本尊はこのころ親鸞によって創始された、とする根拠の一つにされるのである。

名号本尊は果たして親鸞の独創か

ところで専修寺には黄地十字名号と紺地十字名号という二幅の名号が所蔵されている（本書口絵）。この二幅はともに名号と蓮台などは画工の手によるものだが、天地の賛銘はその筆跡から親鸞の執筆にかかることはまちがいない。しかも黄地十字名号の方は、下方賛銘に「愚禿親鸞敬信尊号八十三歳」とあって、前記四幅より一年前であることがわかる。紺地十字名号の賛銘にはそうした年記がないが、筆致からみて、ほぼ同時期であることはまずまちがいあるまい（この点補記参照）。

そうしてみると、親鸞にかかわる現存の名号本尊はすべて八十三、四歳ごろということになるが、八十三、四歳ごろというと、ちょうどそのころ関東教団の中では善鸞事件が起こって、教団が大きく動揺していた時期にあたる。そのためこれら名号本尊成立の社会的背景にこの善鸞事件があるのではないか、善鸞の誤った教化によって動揺していた門弟たちに対して、本願招喚の勅命である名号を本尊として敬信するようにとの趣旨で、この形式を案出せられたのではないか、という意見が出されている。林信康氏の「親鸞の名号本尊――善鸞事件と関連して――」（『宗学院論集』五五号、一九八四年）などがそれである。

傾聴すべきご意見だと思う。ただ、この形式が親鸞の完全な独創かどうか、ということになると、若干問題があるのではないか、私は何か抵抗を感じる。というのは親鸞が思想内容においては誠に独創的なのに、言動はいつも師法然の教えを祖述するという謙虚な態度をとっていたことは言うまでもないし、著述にしても主著『教行証文類』が宋の宗暁の『楽邦文類』の形を受け継いだものと考えられている。また親鸞は和讃を非常にたくさん制作したことで知られているが、和讃が当時流行の歌謡形式であったことは今更言うを俟たない。そのように形はいつも先行するものを踏襲し、決して自分が人より先に立とうとしなかった性格であったのだから、全く独創的な新しい形式を案出し、それを書き与えるようなことをしたようには思われない。その点で、日蓮が曼陀羅本尊を創作して多くの門弟に書き与えた、あの自己主張の強さとは、全く対照的だろう。

天地に賛銘をつけるのも、そのころ中国で流行していた「引首《いんしゅ》」という三段表具の形式によったこと（小川貫弌「親鸞聖人にみる宋朝文化の種々相」『龍谷大学論集』三六五・三六六合併号）からも、そんな気がしてならない。この名号本尊の形式が八十三、四歳ごろ初めて創作された、とは思われにくい。何か先行するものがあって、その一部に改良を加えて制作したのではないか、そんな気がしてならないのである。

親鸞の名号本尊に先行するもの

その点で信楽峻麿氏が指摘した高山寺明恵《みょうえ》の事績はまことに興味がある。この明恵房高弁は偶然にも親鸞と全く同じ年の生まれだが、親鸞と全く正反対の南都旧仏教の第一人者だった。彼は四十二歳のころ、中

図37　明恵自筆三宝礼名号（京都市・高山寺蔵）

央に「南無同相別相住持仏法僧三宝」との名字を記して、これを蓮台で受け、その左右に「万相荘厳金剛界心」を始めとする四種の菩提心名を書き、上部に三宝の梵字を配した名字本尊を制作し、これを多くの人々に頒布したということで、高山寺には明恵自筆のものが残っている。さらに彼は、翌建保三年（一二一五）に『三時三宝礼釈』一巻を著わしたりして、この名字本尊の普及につとめている。

親鸞が明恵と直接に交渉を持った形跡はないが、明恵の著『摧邪輪《ざいじゃりん》』を熟知していたことは、『教行証文類』や『愚禿鈔』の記述から察知せられるので、「親鸞における名号本尊の思想が、かかる明恵における名字本尊の思想からの影響によるものと考えられないことはない」とし、「このような明恵の名字本尊の思想を、親鸞における名号本尊成立の先駆的思想として位置づけることができるのであろう」と述べている（『真宗重宝聚英』第一巻「名号本尊」関連解説、信楽峻麿「真宗の本尊論――親鸞における名号本尊の思想――」同朋舎出版、一九八八年）。まことに鋭い着眼であり、卓見である。

そういうことになると、では明恵がどうしてこの名字本尊を案出したか、という方向へ進まざるを得ないが、それについては次のような田中久夫の研究が発表されている（『明恵』吉川弘文館、一九六一年）。

（明恵は）建保二年のころから、三宝礼の名号本尊をつくり、自行としておこなっていたという。これは『選択集』を批判し、専修念仏が如何なる点を問題にしているものかということを、ある程度において理解した明恵が、菩提心本位の自らの実践方法について、新しい考えをまとめたところにうまれたもの、といえるであろう。

そしてさらに『三時三宝礼釈』について、専修念仏の影響を認めている。

三宝や菩提心を文字にかいて本尊とすることは、密教の考えによるもので、やはり華厳の教理を密教の様式により実修しようとしたものと解されよう。またこれが、専修念仏の刺激をうけたものであることは、この書（『三時三宝礼釈』）の中にもあらわれている。

ここで「文字にかいて本尊とする」のが「密教の様式」によるもの、と言われている「密教の様式」とは、かつて禿氏祐祥が指摘せられたように（「本尊としての仏名と経題」『日本仏教学協会年報』一九三〇年所収）、密教の種子曼陀羅《しゅじまんだら》を指している。したがってこれは随分と古い時代からの伝統形式ということになるが、問題なのは「専修念仏の刺激をうけたものである」という点である。

田中久夫はもちろん「専修念仏の思想傾向が明恵上人を刺激した」という意味でこのように書かれたのだろう。たしかにそれはその通りだと思う。しかし思想的な刺激だけで、こういう新しい形式の本尊ができるだろうか。密教の種子曼陀羅という先駆的な事例はあったにせよ、種子は記号であるに過ぎない。いくら拡大してみても象徴でしかない。名字、あるいは名号という意味をもった言葉との間には余りにも大きな隔りがある。いくら思想的刺激があったにしても、種子曼陀羅から、一足飛びに名号（名字）本尊が生まれた、とは考えにくいのではないだろうか。

法然の熊谷直実に宛てた書状に見える名号本尊

明恵に与えた専修念仏の刺激は、思想内容だけではなく、法然が名号を称えたという行動によるところが大きかったのではないか、と思われる。その名号もただ口で称えるだけでなく、書いて与えられたことが、名号本尊へと発展していくことになったのではないだろうか。

もちろん先に述べたように、法然自筆の名号として信頼できるものは一つも現存しないし、絵伝などにも名号を書き与えている場面はない。しかし名号を書き与えられたと考えられる史料がないわけではないのである。それは建永二年（一二〇七）正月朔日付の熊谷入道あて書状である。

この書状は『昭和新修法然上人全集』（石井教道編）では「伝法然書篇」の中に含められていて、真偽未詳とされている。しかしかつてこの『法然上人全集』の編集にも関与された梶村昇が『熊谷直実』（知恩院浄土宗教学研究所シリーズ③、一九九一年）の中でこの書状を取り上げ、「この消息の真筆か否かはともかく、内容は本物とみてよいのではなかろうか」と評価しておられるように、内容を見ると、とても偽作とは思われない。一般に法然の偽作とされるものを見ると、『選択集』などの言葉を若干手直しをしただけのものとか、談義本のように通俗化された内容のものがほとんどなのだが、この書状は後に述べるように、非常に具体的な事実を取り上げていて、熊谷直実の行状を叱責するような内容になっており、用語からも鎌倉時代にふさわしい。

これが偽作と指摘されてきた理由の一つは、法然自筆の書状そのものが残っていないのはもちろん、古写本も少ないことによるもののようで、『法然上人全集』は、京都清浄華院所蔵の室町時代写本を底本とし、これに「真如堂縁起」や「真宗遺文纂要」という江戸時代の刊本をもって対校しているだけで、しかもその対校結果を見ると、清浄華院本は余り善本と言えないらしいことが『法然上人全集』編集者の心象を損なっているようである。

この書状の古写本は右の『法然上人全集』刊行後に何本か発見された。まず梶村が前記著書で紹介された静岡県菊川町応声教院本があり、室町幕府の政所代をつとめた蜷川家文書の中にも「上人以自筆写之、大永六祀卯月六日、浄花沙門称念」との奥書をもった一本がある。称念とはおそらく浄土宗捨世派の祖とされる三蓮社縁誉称念だろう。室町幕府の事務官僚であった蜷川氏がどうしてこんな古写本を所蔵していたのかわからないが、いま国立公文書館に保存されているこの本を見るとなかなか良い本なので、東京大学史料編纂所でもこれを法然真作と認めたようで、『大日本古文書』家わけ第二十一「蜷川家文書」では、その巻頭にこれを収めている。

『法然上人全集』に対校本となっている『真宗遺文纂要』は明和三年（一七六六）の木版本だが、そこで「今消息真蹟亦在本善寺宝庫」と紹介されている奈良県吉野郡飯貝本善寺をたずねると、ここにも一本が伝えられていた。しかも法然の名号も付属している。ただ残念ながら書写年代は両者とも江戸時代と思われる。

この本善寺から伝えられたと思われる古写本は西本願寺門主大谷家文書の中にある。これは包紙に「元祖熊谷宛返状写、実孝筆ヵ」との墨書があり、筆跡からも蓮如上人の第二十六子実孝の筆と認められる善本で

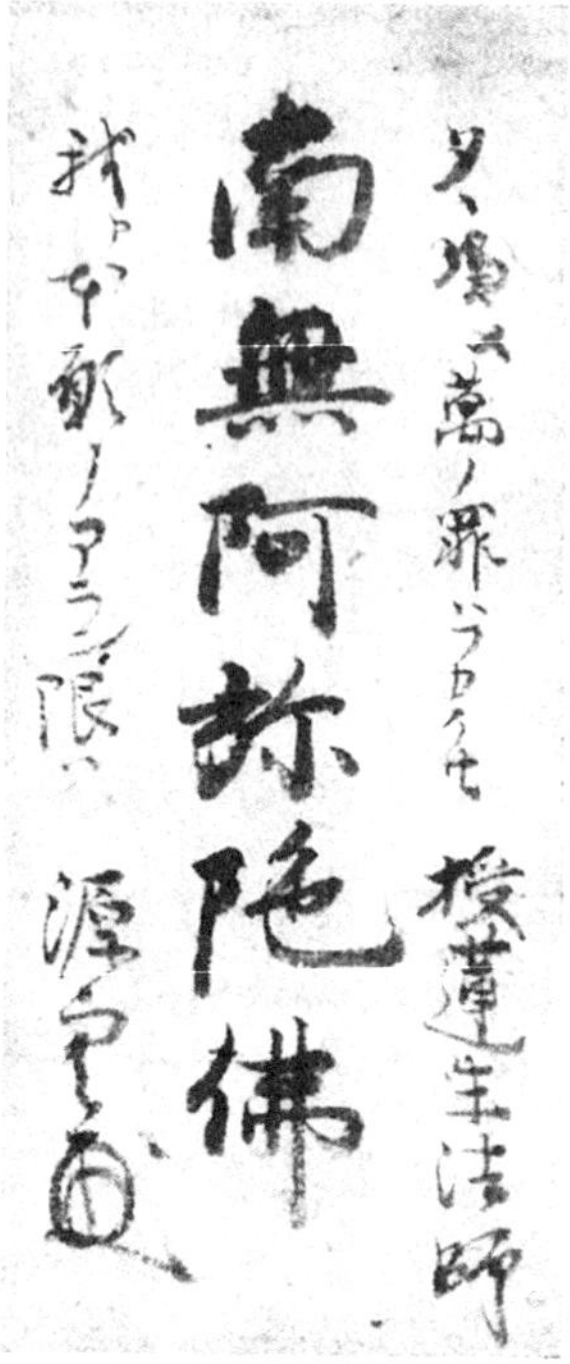

図38　伝法然筆六字名号
（奈良県・本善寺蔵）

ある。

これら諸本は、どれも鎌倉時代へ遡り得ない点でいささか迫力を欠くが、内容や語法などと併せ考えて、これを法然の書状とすることは十分可能だと思われる。

熊谷直実が強奪した名号

この書状はおおむね次のような内容である。まず「世ニタグヒナキ悪人ナレ共、南無阿弥陀仏トトナヘレバ、一念ニテ往生ヲ遂ゲ候ナリ」と教えた上で、「私（法然）が勢観房へ授けた『金色ノ名号』を、あなた（直実）が、余りのほしさに強奪したのはよくありません。早く返しなさい。その代りに名号を書いて上げます。名号の脇には真如堂の如来さまから授かった和歌を書いておきました。金色の名号にしたいけれども、その暇がないから墨書のままで送ります。花押を加えておきました。悪筆で恥かしいが、師弟の間のことであり、形見のつもりです。とにかく勢観房へは早く返しなさい」というのである。

この書状をもらった直実は、詫び状を添えて返却したかどうか、その書状が往復している間に、承元元年の法難が起こり、法然は土佐に、親鸞は越後へ流されることになったので詳しくはわからない。

ここで問題になるのは、法然が門弟に名号を与えていることである。その書状によると、名号には金色のものと墨書のものとがあり、「金色」というのは、専門の画工が金泥で描いたものだろうと推定されるだけでそれ以上はわからないが、墨書の名号は、法然の自筆で、その脇に和歌が書き添えられたり、花押も加えられたりしていたことが注目される。

飯貝本善寺にある名号は、先に記したように江戸時代の写しなので、信憑度は低いかもしれないが、その形はこの書状の記載と一致するので、参考になるのではないだろうか。

ともかく法然がこのように名号を書いて与えたりしていたことが、明恵に影響して、三時三宝礼の本尊を制作させることになったと思われる。

親鸞の名号本尊に見られる新工夫

そこで親鸞の名号本尊をふりかえってみる。法然が名号を書き与えているということになると、親鸞に明恵の影響があるかどうかの議論はさておき、師法然の名号がより直接的に大きく影響しているだろうことはもう明瞭だからである。

そこで両者の名号を対照してみると、親鸞が名号の天地に賛銘として大無量寿経や願生偈などの要文を書き添えたことは、法然が真如堂の阿弥陀如来の和歌を書き添えたことと、全く同じ趣旨だと言えよう。ただ親鸞の場合、宋朝文化の新形式を取り入れて、天地へ別紙を貼り足してそれに書いている点が違っているだけである。

また法然は、これが自筆だという証拠に花押を書き加えたが、親鸞は「愚禿親鸞敬信尊号」、つまり「これが私の敬信する名号です」との証明を加えたもので、法然の形を一段と丁寧に敷衍されたわけである。師の形を受け継ぎつつ、新しい文化様式を取り入れ、内容も緻密になされたもの、と言えるだろう。そこにも師の教えを忠実に伝えつつ、一段と深化させた親鸞の姿勢を見ることができる、と思うのだが、いかがだろうか。

名号の下に蓮台が描いてある問題は、明恵の三宝礼名号本尊にすでに蓮台が描かれているのを見ると、法然も蓮台を配していた可能性が大きいと思われる。少なくとも「金色の名号」の方にはあっただろう。ひょっとすると、名号から放たれる線条の光明も描かれていたかもしれない。というのは、のちに「光明本尊」と呼ばれるようになる形式の源流は、少なくとも親鸞在世中へ遡ることが推定されているし（『真宗重宝聚英』第二巻「光明本尊」同朋舎出版、一九八七年）、それはさらに法然当時へまで遡及しそうだからである。この点については別の機会に申し述べることにしたい。

八字九字十字の独自性

最後に八字九字十字の名号本尊は、親鸞が創出した独自のものだったのではないか、ということを申し上げねばならない。

法然の名号は『選択集』の巻頭に「南無阿弥陀仏」と標記されたように、六字の名号であったにちがいない。親鸞がそれを踏襲したことは言うまでもないが、同時に「帰命盡十方无㝵光如来」とか、「南无不可思議光仏（または如来）」と、光明の徳を讃嘆する名号としたところが、親鸞の独自性であって、法然にはなかったものではないだろうか。

そして、八十四歳までは、名号本尊の賛銘に筆をとることはあっても、名号そのものを書くことはあまりなかったのではないだろうか。現存四幅の際に初めて名号を書くようなことだったのではないか。そのために字配りがうまくいかず、ギコチない筆使いになったのではないだろうか。

それはあまりにも考え過ぎだ、というご批判があるかもしれない。しかし八字・九字・十字の名号と、天地に賛銘を配置する形式とは、まちがいなく親鸞の創始だと思う。それは浄土宗でも時宗でも、みな南無阿弥陀仏の六字名号だけで、賛銘をつけることがない。真宗だけで依用されてきたという事実が、何よりもそれを裏付けてくれるのではないだろうか。

以上、名号本尊の成立について考えてみた。全くの試論で、随分と荒っぽい推測の積み重ねなので、教義面をご研究の方々には、お目障りなところが多いのではないかと存ずる。どうかご叱正をお願い申し上げる。

［補記］　**紺地十字名号と黄地十字名号**

本稿で専修寺の紺地十字名号を黄地十字名号と同じく建長七、八年ころの制作、と記したが、この点については、そののち研究を進めた結果、紺地十字名号は黄地十字名号よりも数年前の制作と考えるようになった。この

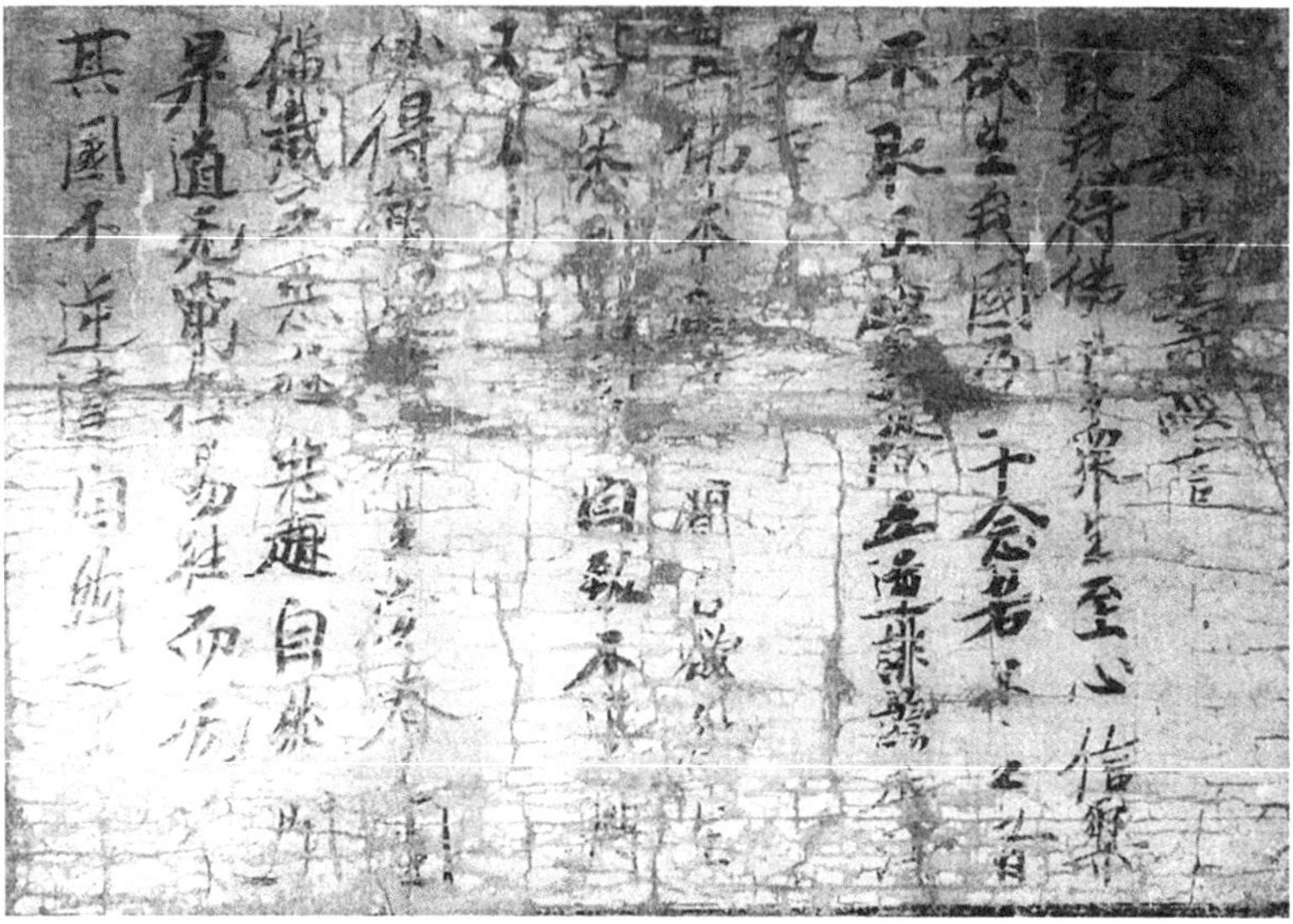

図 39　親鸞筆紺地十字名号上部讃銘（専修寺蔵）

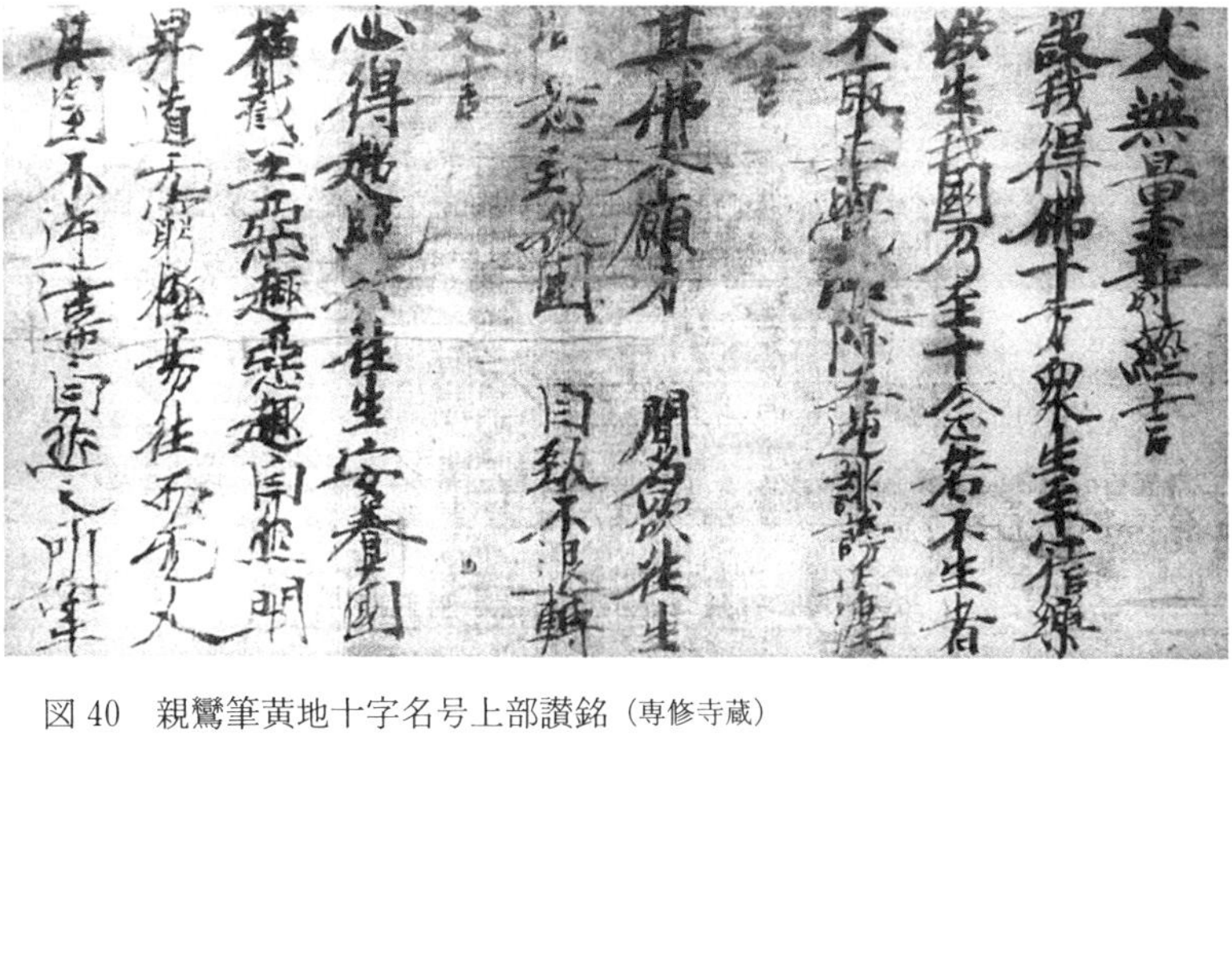

図 40　親鸞筆黄地十字名号上部讃銘（専修寺蔵）

ことは「善鸞義絶事件の根本的再検討」(本書第一部第四章)において述べたところである。ただその根拠について、両者の賛銘の筆致の相違というだけで、具体的には記していなかったので、その点を補っておくことにする。

親鸞の筆跡は、執筆年代によって字形が変化することが先学の研究によって明らかになっている。そこでここでもその手法にしたがって両者を対比してみると、わずかながら執筆年代の差異が認められる。その第一は「南无」の「无」の字で、第二画が前期筆跡では引っ懸けがなく、後期筆跡では引っ懸けがあることで知られているが、この両名号の名号部分は、共に引っ懸けがあって、後期筆跡の特徴を示している。しかし賛銘部になると、四ヵ所に使われている「无」の字は、黄地十字名号はすべて引っ懸けがあるのに、紺地十字名号は、引っ懸けのあるのは二ヵ所で、一ヵ所は引っ懸けがなく、残る一ヵ所は剝落のため不明である。

また「无㝵光」の「光」の字は、名号では共に通常の「光」で、紺地十字の賛銘も同じ字形なのに、黄地十字の賛銘には「灮」となっている。この字形は晩年の親鸞が好んで使用した後期に多い字形であって、親鸞八十四歳の真蹟四幅名号本尊(本書第四部第二章の写真参照)においては、名号部をはじめ賛銘もほとんどがこの字形となっている。そのほか「不取正覚」の「取」の字も、黄地十字が現代字形に近い「取」とするのに対して、紺地十字は「耴」と前期筆跡の字形を示している。ただ「悪」とか「衆」の字は、両名号とも完全に後期筆跡の字形である。

以上を綜合すると、黄地十字は完全に後期筆跡なのに、紺地十字の方はわずかながら前期筆跡が余韻のように混在しており、後期筆跡になりきっていない状況と言える。黄地十字は下部賛銘の署名によって親鸞八十三歳の筆跡であることが明確なので、それを基準に考えると、紺地十字はそれより少なくとも数年前と判断できる。現存する親鸞真蹟のうち、七十歳台と認定されるものがないので決定的な判定は不可能だが、紺地十字は七十歳台後半と考えてよいのではあるまいか。

こうした見解もあって、私は名号本尊が善鸞事件を契機に成立したとのご意見には賛同いたし兼ねている。善鸞事件の論考でも述べたように（前出）、善鸞が十字名号を抱いて関東へ下ったことはまちがいないと思うが、名号本尊の成立はそれよりもう少し前へ遡ると考えるべきだと思う。実は真宗独特な文化財として光明本尊というものがあり、その震源地はどうやら関東と推定されるので、それとも併せ研究を進めるならば、新しい展開があるのではないか、とも思っている。

第四部　親鸞真蹟をめぐる筆跡研究の成果

一　親鸞筆跡研究の光と影

ニセモノ横行と辻善之助の功績

有名人ともなれば、何かにつけてニセモノが横行するのは世の常であるが、親鸞ほどニセモノが多い人も少ないのではなかろうか。私のような者のところへでも、「親鸞聖人御真筆と言われて所持していますが、見ていただけませんか」と持ち込まれることしばしばである。ほとんどが「南無阿弥陀仏」の六字名号で、「愚禿親鸞」とか「釈善信」とかの署名が加えられている。

そんなときにはいつも箱の蓋が開かれる前に、「親鸞聖人自筆のお名号は、学界では四幅しか認められていません。ですから、ご期待に副えるようなご返事はほとんど出ないと思いますよ」とあらかじめ申し上げることにしている。そしてその予告が裏切られたことは、未だかつて一度もない。

名号以外の聖教断簡類だと、何らかの意味を持ったものに出合う場合がないでもないが、それも極めて稀である。「鑑定書がついています」などという場合があるが、その鑑定書なるものがまことにいかがわしく、中にはニセモノを作った人が自分で鑑定書を書いたのではないか、と思われるものさえある。

このようなニセモノの横行が、明治末年の歴史学界に親鸞架空人物説を生むことになったのであった。親鸞在世中とされる鎌倉時代の信頼できる史料に、親鸞の存在が全く見えないし、親鸞の筆跡というものも確かなものが一つもないから、のちに本願寺が盛大になってから作り出した架空の人物ではないか、というのであって、公式の場で論議されたわけではなかったけれども、学界の雰囲気を支配するようになっていた。

そんな空気の中で、大正九年（一九二〇）、東大助教授であった辻善之助が史学会大会で講演した「親鸞聖人筆跡之研究」は、豊富な図版を加えて単行本として刊行され、ちょうど野球の逆転ホームランのように、その学界の雰囲気を一変させたものであった。辻は親鸞の実在か否かを、その筆跡の研究によって解決しようとした。そして本派本願寺（西本願寺）へおもむき、そこで親鸞筆として伝えられているものを調査した結果、『浄土論註』奥書、六字名号、「安城の御影」の讃文、『教行信証』の四点を親鸞の真筆として確認した。『浄土論註』奥書については、「此筆跡は頗る優秀なものでありまして、宋朝の風格を備へて、如何にも親鸞聖人の真筆らしく見え、最も疑問の余地の少ないもののやうに見たのでありまして」と批評を加えている。

ついで辻は伊勢の一身田（津市一身田町）の専修寺に親鸞の筆跡が多いと聞き、ここで「拝見の結果、全体で三十五点の確かなものを得まして、驚喜措く所を知らぬといふ有様」であった。そしてその他の筆跡と合わせて五五点もの親鸞自筆が検出されたと報告している。

その記述を見ると、「ちょっと見ますと、如何にも筆が弱くて自筆ではないやうに見えまして、多少疑はれるのは、尤ものやうに思はれますが、能く〳〵見ますと矢張り真筆でありますというように直観的な「感（かん）」を中心とした主観的なところが多く、その判定方法には問題があるし、筆法の類似したものをすべて許容したその結論については、後世大いに批判を呼ぶこととなるが、ともかくも親鸞の筆跡研究はこうしてスタートし、それまでの親鸞の架空人物説は一挙に霧消させてしまったのであった。

そしてこれに勢いを得た真宗各派教団では、大正十二年（一九二三）に親鸞の立教開宗七百年を記念して、法要を勤修すると共に、辻によって親鸞自筆と認定された東本願寺の坂東本《ばんどうぼん》『教行信証』と西本願寺の『教行信証』を、原寸大のコロタイプ印刷により影印刊行した。「立教開宗」というのは、親鸞が『教行信証』化身土巻《けしんどかん》において、元仁元年（一二二四）を基点として釈迦入滅後の年数を算定していることから、この年をもって真宗が開かれたとするものであって、その記念品に東西本願寺は『教行信証』の複製を選んだのである。専修寺でも大正十五年に勤修されたその法要期間中、辻によって親鸞真筆として認定された宝物のすべてを一般に展観し、『唯信鈔文意』や親鸞自筆書状四通などの複製本を制作刊行した。

これらの事実は正に辻善之助の発表に刺激されたものであり、これがその後の学界に大きく寄与した点では、辻の功績は大きく評価されてよい。

新たなる筆跡の判定へ

とは言え、辻の筆跡判定はあまりにも寛容であった。親鸞の筆癖に類似したものは幅広く真筆として認定している。筆跡について厳密な姿勢をとってきた学者の中には、疑問を抱く向きもあったらしい。しかし何といっても親鸞は信仰の対象であり、門信徒たちにとってはその筆跡は何ものにも替えがたい至高の宝物である。親鸞の真筆と信じているものに対して、疑問を投げかけるような発言は、余程の勇気とそれを裏付ける根拠を必要とする。それに加えて辻善之助という学界の権威者によって認定されたものであってみれば、それを否定しようとするのは容易なことではない。というようなこともあって、公開の場での辻善之助批判は現われなかった。

ただ専修寺内部ではこんな出来事もあった。それは立教開宗七百年記念として、東西本願寺にならんで制作・刊行された複製本についてである。当初の計画は辻によって真蹟と認められた『三帖和讃』が選ばれた。二色刷用の原寸大の写真が撮影され、東京の審美書院という出版社へ送られて、印刷もほぼ出来上がった時点で、不運にも関東大震災に遭遇し、倉庫の中ですべてが焼失してしまったのである。高田派本山としてたいへんな損害だと思われたところ、それを喜んだ人があった。高田派の元老で、専修寺の宝物に関する権威者であった松山忍明であった。彼は、辻の調査にも立ち会っているが、かねてから『三帖和讃』を親鸞真筆とすることに疑問を抱いており、複製計画には反対意見を提出していたのに、宗門当局がその反対を押し切って出版を敢行しようとしていたからである。松山は焼失はむしろ「仏天祖師の不思議のお計らい」とまで喜んだという。そしてたまたま当局の責任者が死去し、交替したことから、複製本は『唯信鈔文意』と真蹟消息などに変更されたのであった。その経緯はこの当時の宗政に参画していた小妻隆文が次に記す座談会の

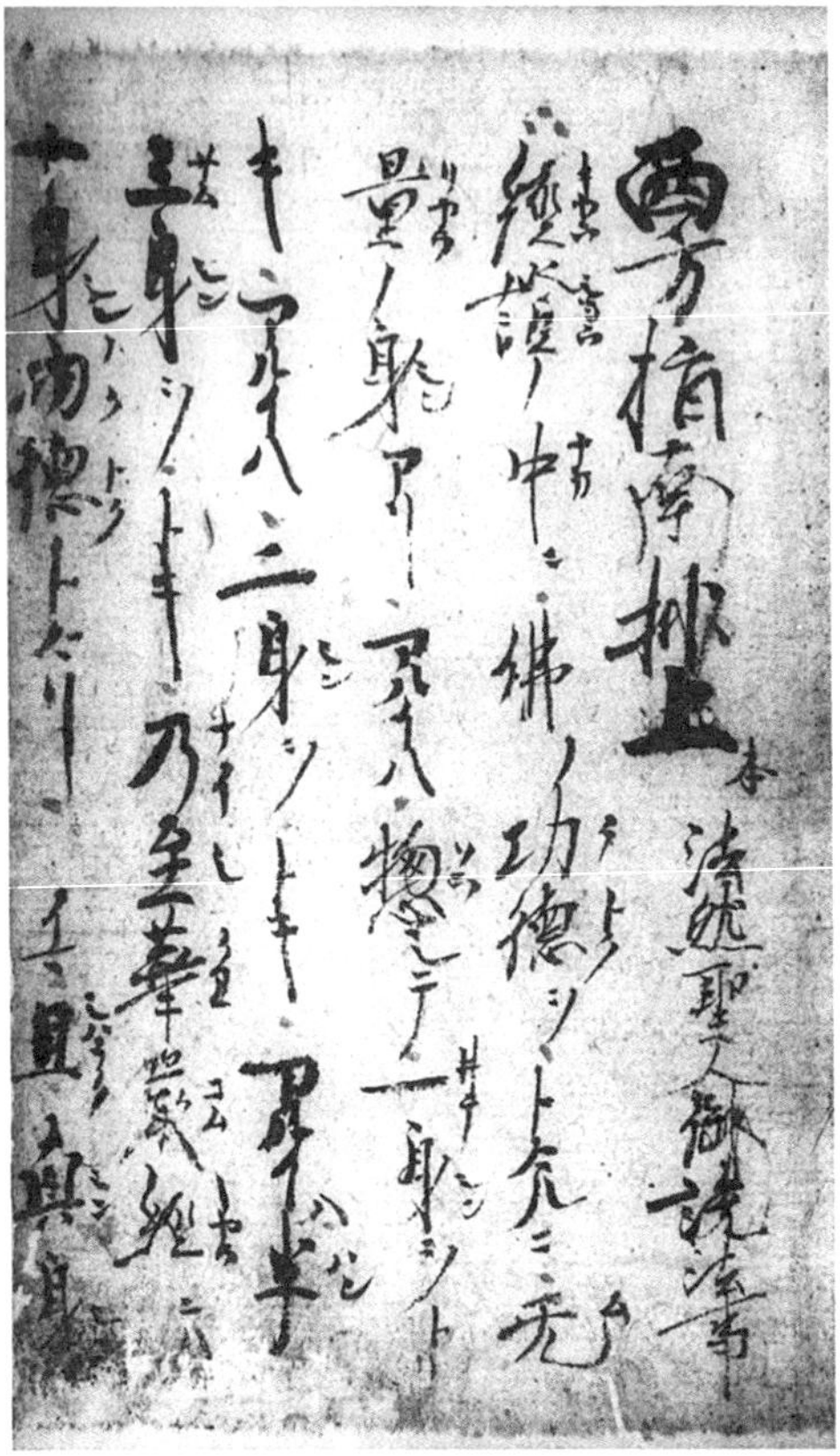

図 41　親鸞筆『西方指南抄』（国宝，専修寺蔵）

中で詳しく述べている。

辻によって親鸞の筆蹟を最も豊富に伝えている教団として紹介された高田派は、かねてから親鸞の筆跡についての研究が進められていたことから、筆跡判定については厳格な姿勢をとろうとする学匠が多かった。高田学報社同人による「親鸞聖人筆蹟研究に関する座談会」では、そんな厳しい見地からの発言が相ついでいる。その一部始終の速記録は『高田学報』五輯（一九三三年）に掲載され、当時の学界に大きな衝撃を与えた。

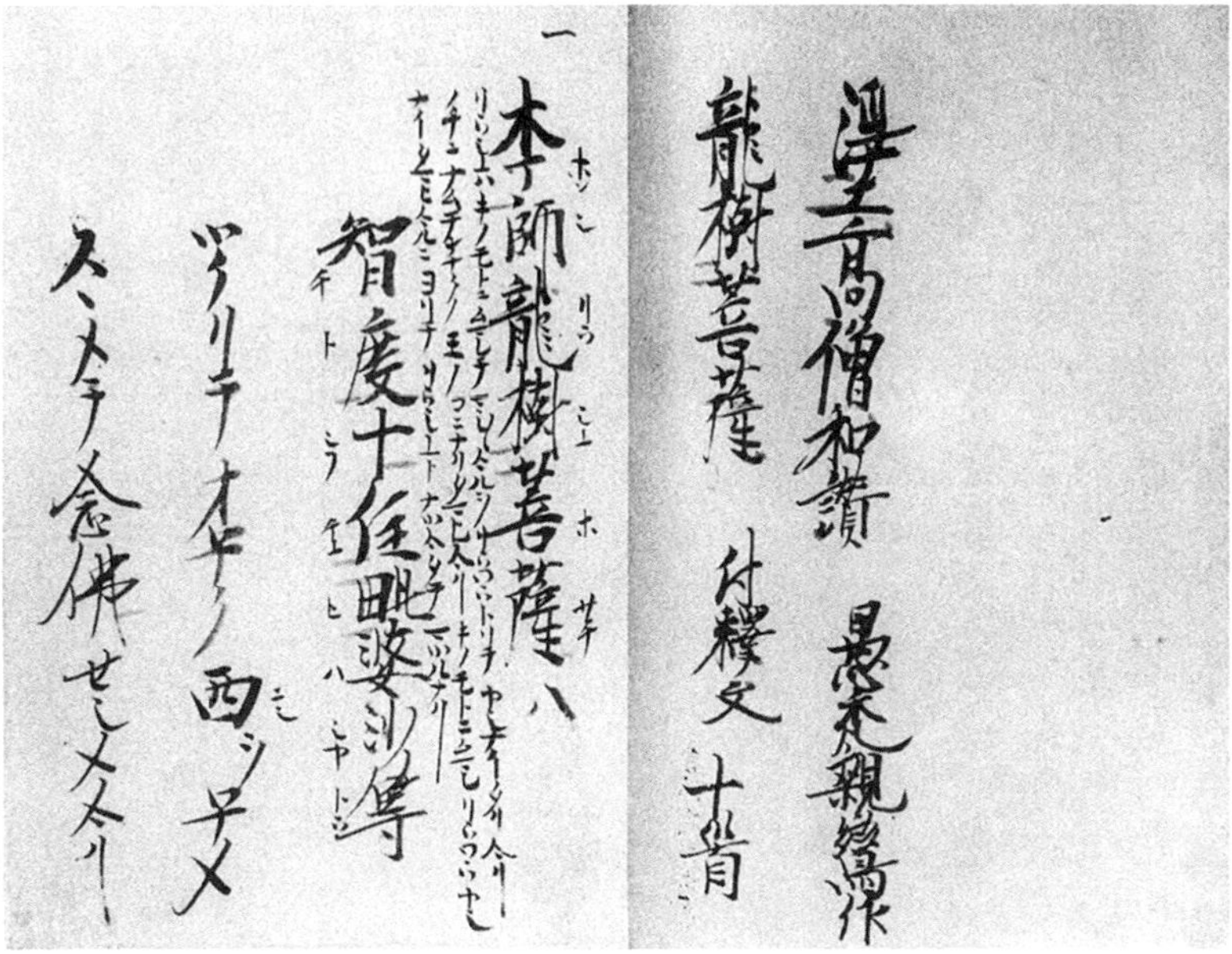

図42　真仏筆『浄土高僧和讃』巻頭（国宝，専修寺蔵）

松山忍明はその直前に死去していてその座談会に参加していないが、その薫陶を受けた三井淳弁、生《い》桑《くわ》完《かん》明《みよう》らが中心となって、辻の研究を無視したかのように、全く別個の立場から論じ合っている。そこには日ごろ親鸞真筆に慣れ親しんで来た者としてのプライドも感じられる。

この座談会でとくに注目されるのは、親鸞真蹟とされるものの中に、「西方指南抄型」と「浄土和讃および浄土高僧和讃型」との二つのタイプがある、という指摘と、親鸞真蹟の基準となるものは何か、という論議である。そこでこの基準となるものとしては、

(1)　西本願寺所蔵の「いや女譲状」など四通

(2)　専修寺所蔵の信証本『唯信鈔』と『唯信鈔文意』

(3)　専修寺所蔵の『見聞集』（平仮名書き『唯

信鈔』を含む）

(4)　専修寺所蔵の慶信上書に対する加筆返事

が取り上げられたが、これらがすべて「西方指南抄型」であることから、それなら「浄土和讃型」の筆跡はどう考えたらよいのか、が問題となって紛糾し、結論を得ないまま座談会を終わっている。この「西方指南抄型」と「浄土和讃型」という分類は誠に鋭い鑑識眼を示したもので、これは戦後になって生桑完明によって解明される先駆となるものであった。

いまこの座談会を読み返してみて気付くことは、現在最高の親鸞真蹟とされる坂東本『教行信証』が基準作品の中に加えられていないことである。坂東本に見られる親鸞筆跡の著しい変化は、この当時では何とも理解し得なかったらしい。

西本願寺所蔵真蹟の明暗

西本願寺の『教行信証』は、蓮如が所持していたが、越前吉崎で火災に遭ったとき、本向坊という門弟が腹中に納めて護ったという伝説があって、俗に「腹籠《はらごもり》の聖教」と言い伝え、とくに神聖視されてきた。辻はこれも親鸞真蹟の中に加えたが、これについても早くから疑問視する声がささやかれていた。その最大の理由は化身土巻の末尾に、

弘長二歳壬戌十一月廿八日未剋親鸞聖人御入滅也

と記され、その後を切り取った痕跡があって、そこには、

御歳九十歳、同二十九日戌時東山御葬送、同三十日御舎利蔵、仏滅後二千百三十五歳 入末法後七百三十五歳当文永十二歳乙亥也、……

と記録されていたことが他の史料から確認されたからである。

この切り取り部分はともかく、先の「親鸞聖人御入滅也」が本文と同筆か否かが問題となったが、辻善之助はこれを本文とは別筆と判定し、

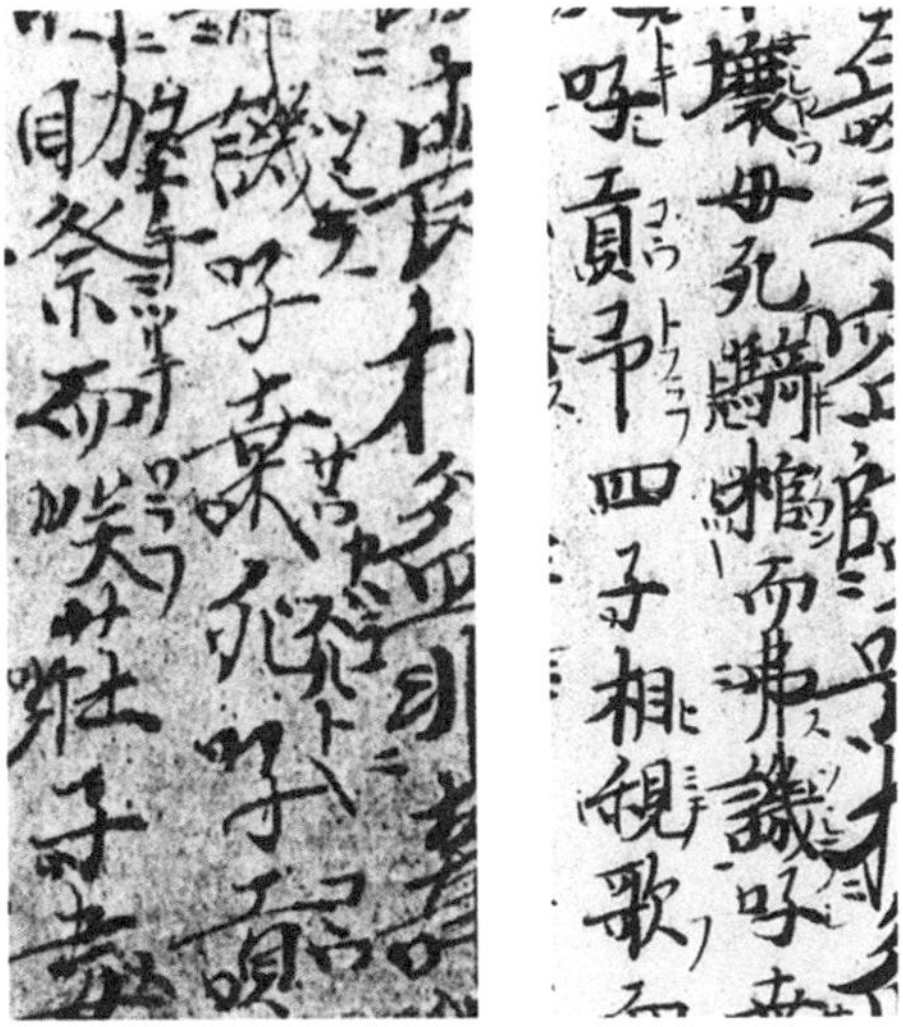

図43 『教行信証』部分（左＝東本願寺蔵，右＝西本願寺蔵）

是は失礼な申分かも知れませぬが、見方が足りないと思ひます。今少し親切に精密に鑑識あらんことを望みたいのであります。

とまで言い切っている。もちろん西本願寺ではこれを歓迎し、大正十二年（一九二三）にはこの本のコロタイプ複製本を製作・頒布したのであった。

しかし学界ではその後も文永十二年説は消えず、くすぶり続けていたが、昭和十九年（一九四四）藤田海龍が「教行信証の真蹟本に就いて」（『日本仏学論叢』第一号、のち『親鸞大系』歴史篇第四巻所収）において、これにとどめ

をさした。藤田はいろいろの証拠をあげているが、中でも決定的だったのは、明らかに坂東本を写し誤ったと見られる個所がいくつか指摘されたことである。「呼桑死呼貢弔」の「呼」の字は、坂東本が「子」の左肩に四声点の「○」をつけて「子○」とあるのを口偏と見誤ったものであり、「踰二雲嶺一」は「坂東本」の「雪」の字を「雲」と見誤ったものである。

西本願寺の宝物ではこうして『教行信証』が親鸞真蹟の座から去ったが、それと前後して辻善之助の当時には知られていなかった真蹟がいくつか発見された。『観無量寿経』および『阿弥陀経』の集註や『烏龍山《うりゅうざん》師《し》并屠児《とじ》宝蔵伝《ほうぞうでん》』などがそれで、従来知られていた親鸞真蹟とは書風が大きく異なっていたため見逃されていたものであった。とくに観小両経の集註は、その内容から親鸞が法然の膝下にあった三十歳代前半期に制作書記せられたものと考えられ、絶大な価値をもつものとされるので、『教行信証』が真蹟とされなくなったあとの穴を埋めるに足りるものであった。

この集註が親鸞自筆とされた根拠は、西本願寺蔵の存覚筆写の『観無量寿経』奥書に、正平六年（一三五一）の報恩講に、「以二上人御自筆本一差声切句畢、日来所レ奉二写持一之本、先年於二関東一紛失之間、今楚忽奉レ写レ之、（中略）於二上下堺之上下並行間一、雖レ被レ記二疏文一、略レ之」と記されていることであったが、戦後になって、高田専修寺から親鸞の集註をそのままに書写した一本が発見された。外題を「観阿弥陀経」と記した全長一七・二七メートルという長大な巻子で、天地と行間の余白や紙背にびっしりと註記がある点は、親鸞自筆本そっくりである。末尾に、

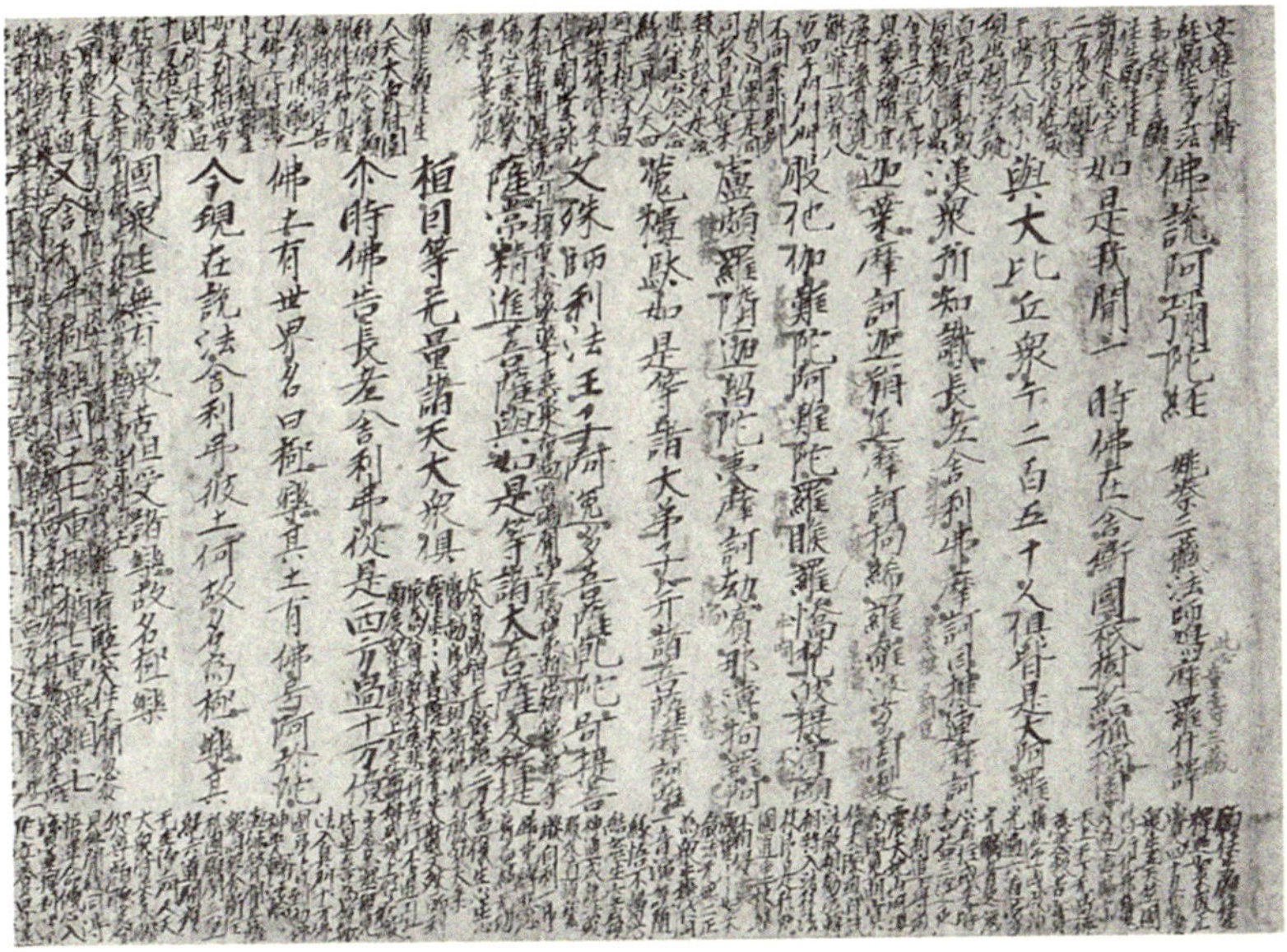

図 44　親鸞筆『阿弥陀経集註』(国宝，西本願寺蔵)

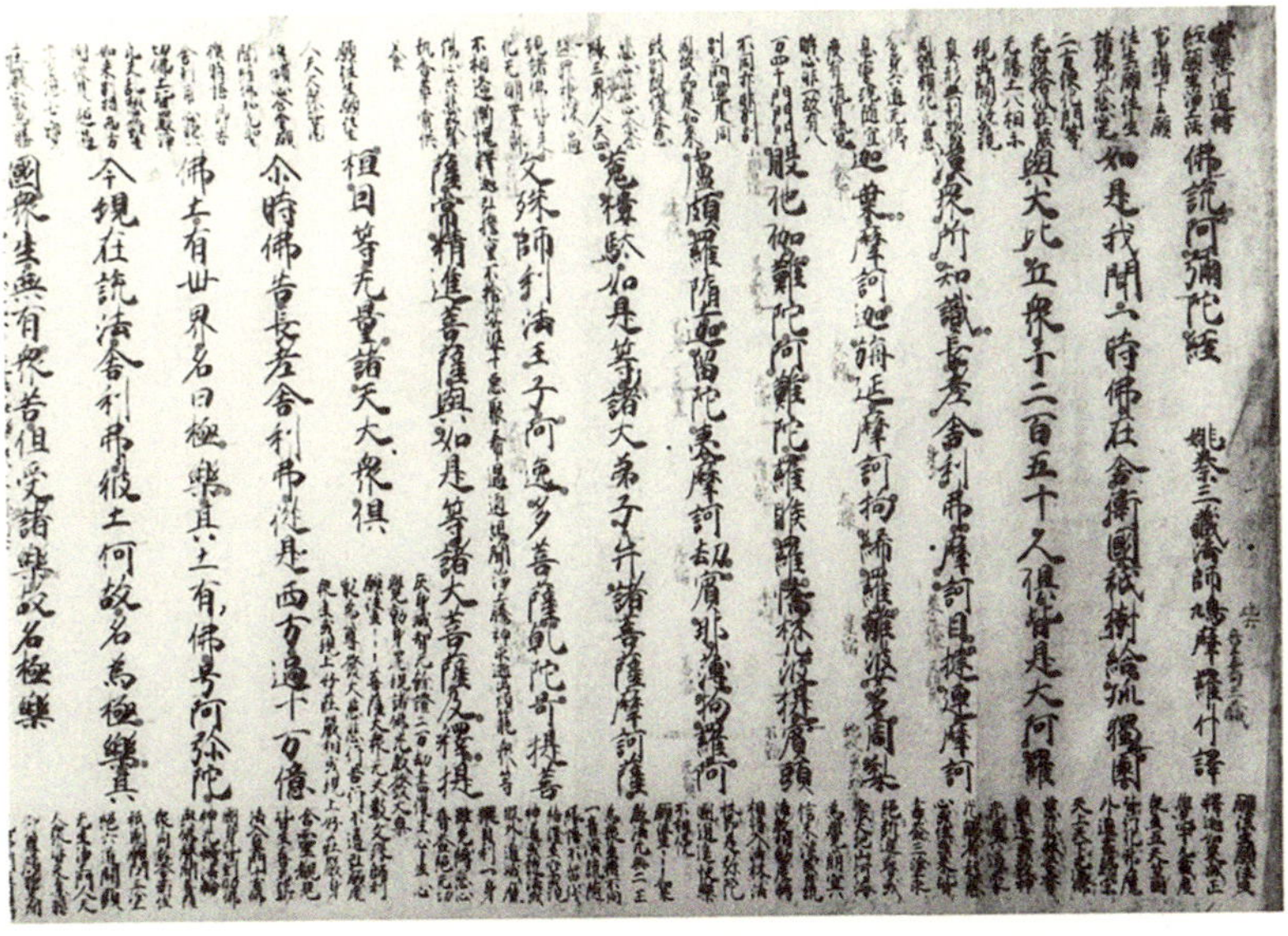

図 45　存覚筆『親鸞阿弥陀経集註』(専修寺蔵)

此本者、以二上人御自筆一慥所レ奉レ写也、自二去年丁巳季春之候一、至二今茲戊午暮秋之天一、渉二両載数月之居諸一、終一巻二経之書写訖、（下略）
右筆釈存覚　廿九歳

とあって、存覚が一年七ヵ月を要して書写したことが知られる。先の奥書に「先年於二関東一紛失」と記したものが出現したのである。ここに西本願寺所蔵本の親鸞自筆が一段と確認され、のちに国宝に指定されることになった。

真宗連合学会の結成と専修寺の親鸞筆跡

戦後の合理的な志向は真宗の教学にも大きく影響してくるが、親鸞の筆跡研究に影響を及ぼしたのは、昭和二十九年（一九五四）の真宗連合学会の結成であった。この学会は第一回大会が高田派本山専修寺で開催されたことでもわかるように、それまでとかく閉鎖的であった各派の宝物、中でも高田派の親鸞真蹟類を広く公開させることをねらったものであった。高田派では法主の特別のご理解を得て、『西方指南抄』『三帖和讃』「親鸞自筆消息」などの真蹟が一挙に華々しく展示せられた。大正十五年（一九二六）の立教開宗記念展観以来の快挙で、学界に大きな感動を与えた。

ところでその展観の中に、親鸞真筆と言い伝えられてきた高田本『教行信証』は含まれていなかった。そのため参観者の中には、「どうして展観されなかったのか」という質問をする人もあった。この書が真蹟でないことについては、これより前、生桑完明が高田派内だけの研究誌に発表してはいたが、まだ学界には知られていなかったのである。

これが正式に学界に公表されたのは、昭和三十一年の真宗連合学会第三回大会での生桑完明の研究発表「高田伝来の『教行証』真本について」であった。この中で筆致が『西方指南抄』などとは全く異なっていることや、自筆本としてはあり得ない誤字、たとえば信巻の「大王屈駕往彼」の「駕」の字を「加為」の二字に誤っているなどの例をあげて、真筆とは認められないことを述べ、さらに化身土巻の巻尾半葉の切り取

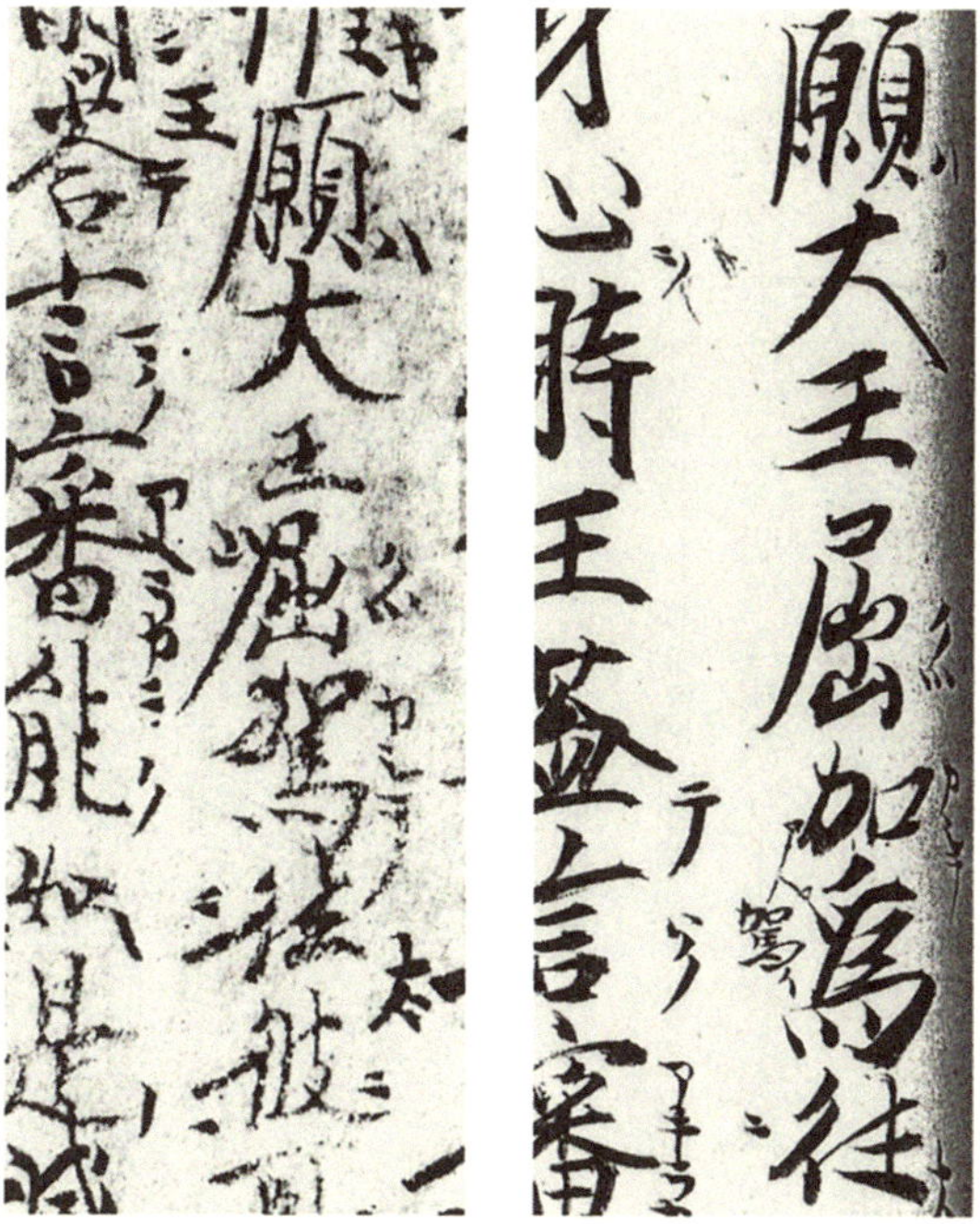

図46 『教行信証』信巻（左＝東本願寺蔵，右＝専修寺蔵）

られているところに、もとは「以彼六巻草本写書之、筆師専信之、建長七歳乙卯六月廿二日午時畢書之」との奥書があったことが宝物目録によってわかるので、親鸞八十三歳の建長七年（一二五五）門弟専信によって書写された本である、と述べた（『真宗研究』第二輯、一九五六年所収）。

のちにこの書は親鸞生前に書写された現存最古の本として、国の重要文化財に指定されるが、専信の奥書を書写したという宝暦十二年（一七六二）の「御目録」が発見

されなかったこともあって、指定面には専信の名は取り入れられず、「伝親鸞筆」となった。このことは、その後になって重見《しげみ》一行《いちぎょう》の研究（「専修寺本教行信証に関する書誌学的考察」『仏教史学研究』二号、のち重見著『教行信証の研究』所収）を基礎に置いて筆跡の検討をした私の研究（専修寺本『教行信証』解説、一九八六年、のち『親鸞大系』歴史篇第四巻所収）によって、この書は専信書写本からさらに転写されたものであり、その筆者は親鸞の門弟で高田門徒のリーダーであった真仏と考えられるようになったことを思うと、偶然の「正解」であったと言える。

生桑は『三帖和讃』についても、昭和三十五年（一九六〇）の複製本解説において、『正像末法和讃』は別として、『浄土』『高僧』の両和讃の筆跡については問題のあることを指摘した。『唯信鈔文意』『尊号真像銘文』『西方指南抄』など明確な親鸞自筆本に親しく接してきた生桑は、「多くの聖人の筆蹟に接した目を以て、三帖和讃に向かい、聖人の自筆をえらびとれば、そこに多くの別筆の残ることを認めなくてはならない」として、『浄土和讃』では題箋の外題と、表紙見返しの『称讃浄土経』文、巻尾の『首楞厳経』文だけは親鸞自筆であるが、他は別筆であること、『浄土高僧和讃』は外題のみが自筆であること、をはっきりと宣言した。

また『浄土高僧和讃』の中の「源空讃」第十一首の左訓に、本文と同一筆跡によって、「クエンクヒシリ（源空聖）トシメシツヽトアソハシタルホンモアリ」との校異の言葉が記されているのも、これが親鸞の自筆でないことを裏付ける証拠だ、と指摘している。

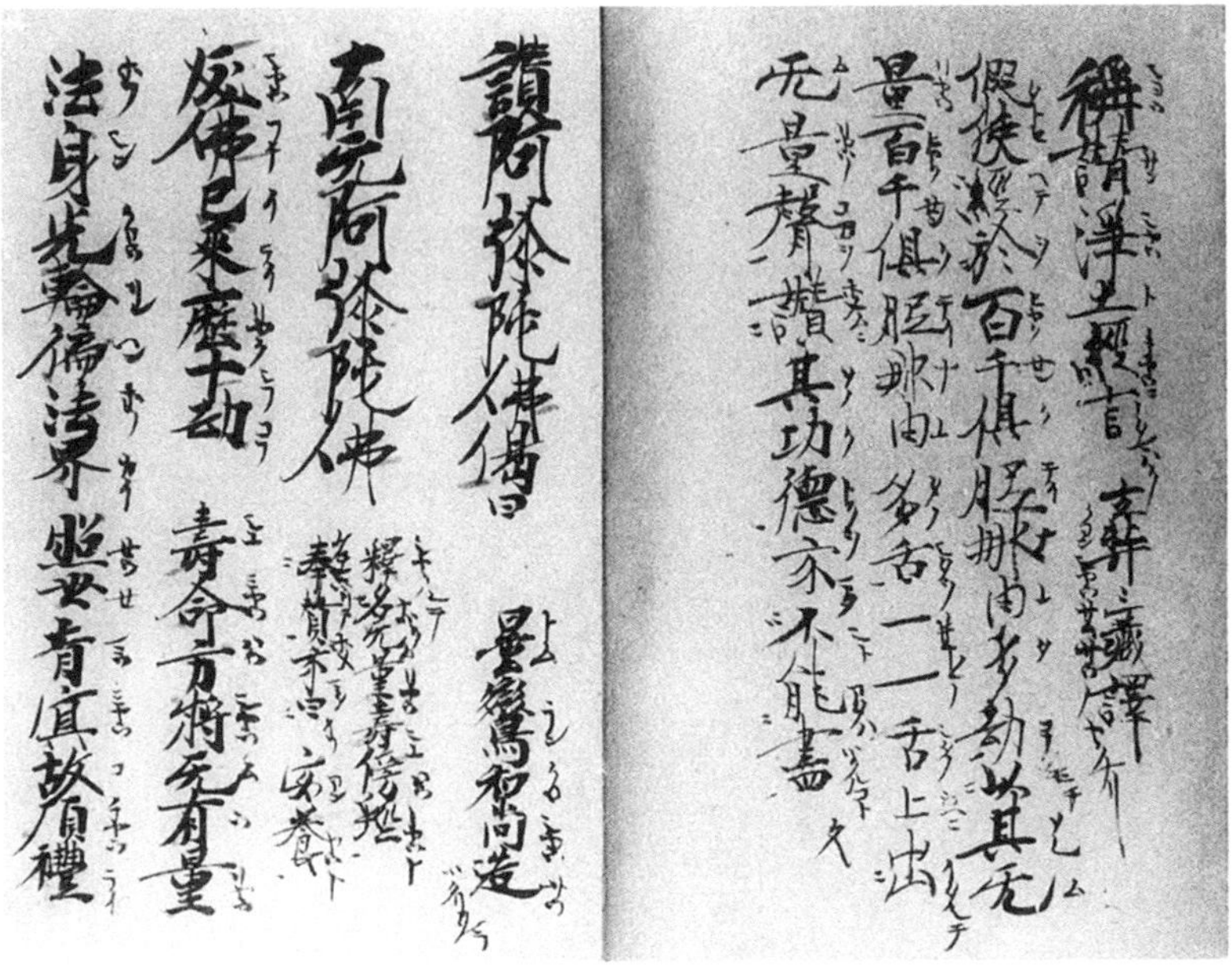

図 47　『浄土和讃』巻頭（左＝真仏筆，右＝親鸞筆，専修寺蔵）

昭和八年（一九三三）の高田学報座談会以来、長年にわたってくすぶりつづけてきた「浄土和讃型」筆跡に対して、最終的決断を下したのであった。『三帖和讃』は昭和二十八年（一九五三）に「親鸞筆」として国宝に指定されていたが、生桑は「多くの真筆を保有している高田本山としては、いい加減なことで済ませておく訳にはいかない」と、あえて公表に踏み切ったのである。それは父松山忍明の遺志を継ぐものでもあった。

なお生桑はこの「別筆」が誰であるかについては言明を避けた。専修寺にこの筆跡によって書写された古聖教が数多く伝えられており、それらには「覚信」「慶信」「覚然」「真仏」などの袖書があることから、一人に絞り込むことができなかったからである。しかし生桑の没後、私平松はその筆跡について検討を進め、真仏とするのが妥当と考えるようになった。そして『浄土和讃』の冒頭仏名列記の振り仮名と、「大勢至和讃」の振り仮名と左訓などは、明らかに他の仮名とは異なっていて、親鸞自筆と認めてよいとも考えた。そのほかこの本の状況を綜合的に判断すると、親鸞は真仏に命じて「浄土和讃」と「浄土高僧和讃」とを清書させたのち、みずから筆をとって振り仮名や左訓などを加筆整備したもの、と考えられる。親鸞にかかわる古聖教は、一段とキメの細かい研究が必要とされることを思い、このことを昭和四十九年（一九七四）の『高田学報』（「国宝本三帖和讃の成立に関する諸問題」、のち『日本高僧論集　親鸞』吉川弘文館、一九八三年に収載）に発表した。

坂東本『教行信証』の問題点

いまでは親鸞の自筆稿本としてゆるぎない評価を得ている坂東本『教行信証』も、辻善之助の著書公刊のころは、まだ真偽両説が入り乱れていた。大正十二年（一九二三）のコロタイプ複製本刊行と、大谷大学山田文昭・日下無倫らの研究によって、次第に評価は安定してくるが、それでもこの一部六巻の中には書風が大きい振幅をもって揺れ動いているため、その理解は容易でなかった。その筆跡や字形の分析を試みたのは、先にも述べた藤田海龍であったが、戦後になって小川貫弌がそうした面について、本格的に書誌学的研究を発表した（「坂東本『教行信証』の成立過程」、慶華文化研究会編『教行信証撰述の研究』一九五四年、のち『親鸞大系』歴史篇第四巻、法蔵館、一九八九年所収）。

小川は中国仏教史に関する豊富な写殖に基づいて、宋朝風の闕画文字が多用されていることを指摘したほか、親鸞の多様な筆跡を類別整理すると共に、年代による字形（字体）の変化を摘出して検討している。そして坂東本以前に初稿本があり、それを転写したのが坂東本の原型であって、その時期は親鸞帰洛後の六十四、五歳ころと推定する。親鸞はその後晩年まで修正と増補を加えたため複雑な形態になった、と結論している。

この小川の説は、その後坂東本の解体修理に立ち会った赤松俊秀によって概ね支持された（影印坂東本解説『教行信証』の成立と改訂について」一九五六年、のち『続鎌倉仏教の研究』所収）。赤松は原本を直接に丹念に調査した結果を詳細に報告していて、大きな説得力を示しているが、力が注がれているのは「成立と改訂」という問題であって、筆跡そのものについてのまとまった見解は示されていない。

その点で国語学的手法をもって坂東本の成立過程に取り組んだのは重見一行（『教行信証の研究』法蔵館、一九八一年）であった。中でも親鸞の年齢による字形の変化を、他の真蹟とを綜合して、詳細なデータをとって追究した点はこれまでの諸先学には見られなかったところで、高く評価される。

重見は、坂東本の執筆時期を小川や赤松が親鸞六十三歳前後としたのに対して、「坂東本の一番最初の染筆は五八〜六〇歳頃と推定するのが妥当のように思われる」（前掲書二九六頁）とわずかながら引き上げている。この根拠は、この時期の親鸞の真蹟基準筆跡とされる専修寺蔵の文暦二年（一二三五年、親鸞六十三歳）書写平仮名書き『唯信鈔』の字形と、その紙背に『五会念仏《ごえねんぶつ》略法事儀讃』や『涅槃経』の要文などを書写して

図48　親鸞筆『見聞集』表紙（専修寺蔵）

『見聞集《けんもんしゅう》』という表紙がつけられているものの字体とを比較して、『見聞集』が先、『唯信鈔』が後、と判断したことにある。坂東本の前期字体は『見聞集』の字体に共通するところが多いという理由からである。

　基準となる平仮名書き『唯信鈔』（写真は第三部第二章）と『見聞集』とは、袋綴の冊子の折目のところを切り放して、紙の表と裏とに書かれているもので、どちらが先に書かれたかは問題のあるところで、諸般状況から推して『唯信鈔』を先とするのが一般的であった。重見はこの両者に記されている「修」の字形を見ると、坂東本前期や『見聞集』には彳《ぎょうにんべん》偏の「修」が用いられているのに対して、『唯信鈔』には亻《にんべん》偏の「修」であることから、坂東本や『見聞集』を文暦二年の『唯信鈔』より先、と断定したのであった。

　しかし何分にも「修」一字の字形だけに基づいてそのような大きな判断をするのには疑問がある。他のいろんな状況はむしろ『唯信鈔』を先とすべきことを示しているようにも思われる。親鸞の九十年の生涯のうちで、二年や三年ぐらいどうこう言うほどのことではないかもしれないが、親鸞六十二、三歳というのは、

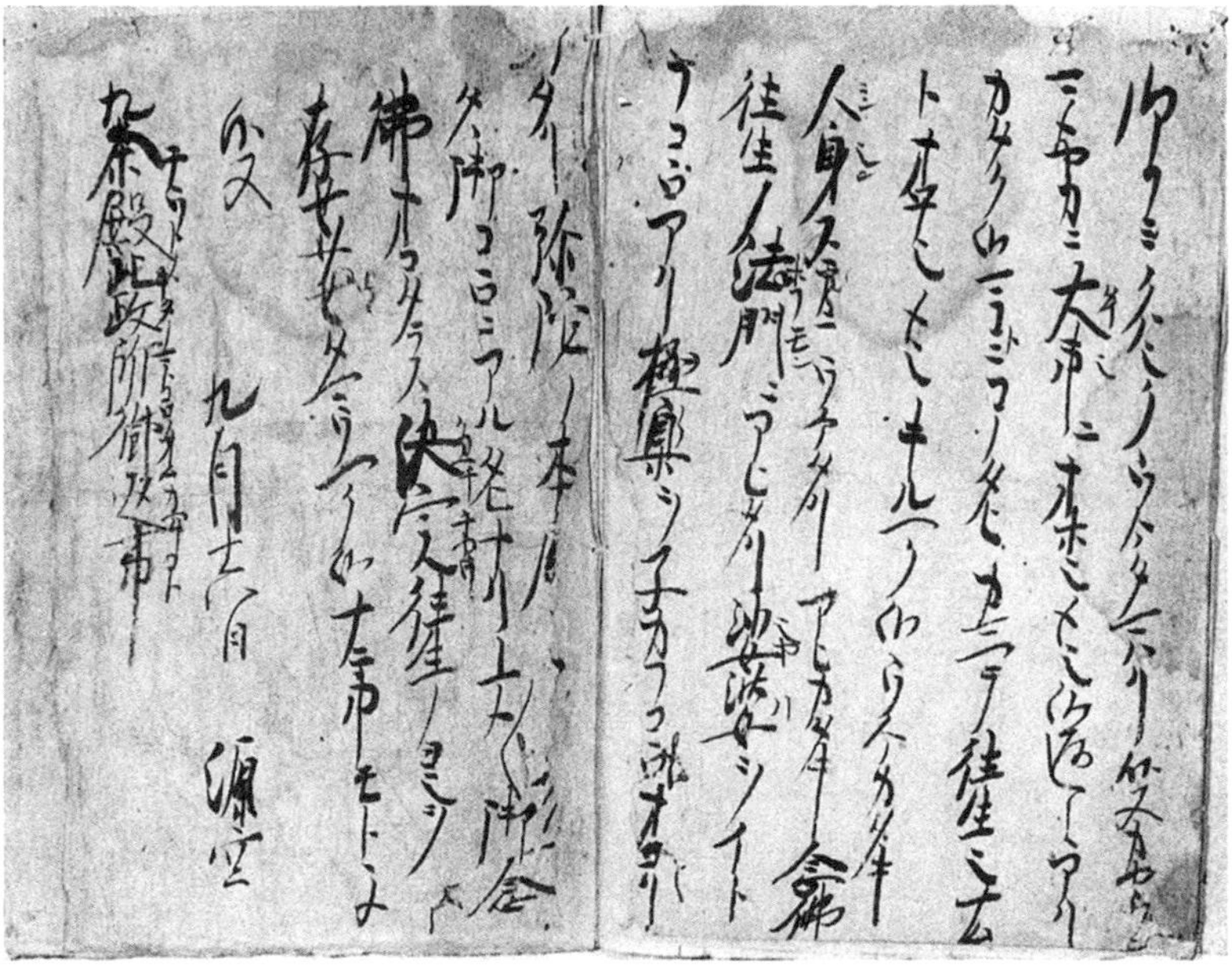

図 49　親鸞筆法然消息（「憬興師云」より，専修寺蔵）

関東から京都へ帰ったとされる時期であり、坂東本の執筆が帰洛の前か後か、ということにもかかわりかねない、との点もあって、今後の一層の研究が望まれるところである。

真蹟二点の新発見

昭和四十八年（一九七三）の親鸞生誕八百年記念と銘打って『親鸞聖人真蹟集成』全九巻（法蔵館）が刊行されたのは、親鸞研究にとって劃期的なことであった。コロタイプ印刷でない憾みはあるが、ともかく親鸞の筆跡が一まとめにして、しかも安直に見ることができる便益は、計り知れなく大きい。先に述べた重見一行の研究などは、正にその恩恵を受けたものであった。

この『集成』は、この当時知られていた真蹟を網羅的に収載したものであったが、都合によって省略されたものもあるし、その後新たに発見されたものもある。その内の二点を紹介しておきたい。

その一つは、専修寺に蔵される古聖教類断簡綴（第一通が「憬興師云」で始まるため、室町時代以来「憬興師云」と名付けられている）の内に綴り込まれているもので、九月十六日付の法然（源空）書状である（『高田学報』六六輯に発表）。これは『西方指南抄』下末に収載されているものと全く同じものである。『西方指南抄』は今さら言うまでもなく、法然の言行・行状に関する資料集で、専修寺にはその親鸞自筆写本が所蔵されており、先の高田学報座談会でも典型的な親鸞真蹟を「西方指南抄型」と呼んでいたように、最も信頼できる真蹟であって、国宝に指定されている。そこに書写されている法然書状と対比するとき、全く同じ筆跡であって、親鸞真蹟であることは火を見るより明らかである。もちろん『西方指南抄』と同じ時期、つまり八十四、五歳の筆であろう。

問題はここに記された「九条殿北政所御返事」という宛名である。『西方指南抄』にはこの宛名が記されていない。そして法然の遺文法語集として史料価値の高い『和語燈録』に収めるこの書状は、編集見出しが「熊谷入道へつかはす御返事」となっている。この三者三様の宛先をどう解釈するか。それは『西方指南抄』の編集者が親鸞かどうかという問題にもかかわってくる可能性がある。ただ親鸞が法然の自筆原本から写したものでないことは、書状だから原本は当然平仮名混じり文であったはずなのに、片仮名混じり文となっていることや、漢字に振り仮名がつけられていることなどから、たしかである。

もう一つの真蹟は、平成四年度の西本願寺宝物調査において、反古同然にされていた書類の中から発見された。その経緯は、龍谷大学仏教文化研究所の講演会で報告したが（その後に論文として発表、本書第四部第四章に収載）、鳥の子紙風の白紙一枚を用い、中国唐時代の高僧道綽の伝記を、『続高僧伝』や迦戈の『浄土論』とから抜粋したものと、年代計算のためらしいメモ風のものとを、約二〇行に墨書したものである。

発見の端緒は、この文中に「貞」と「玄」の字がそれぞれ三度用いられているが、どれも最終画を欠いた、いわゆる欠画文字であったことである。仔細に見て行くと、親鸞独特の異体文字が多く使用されており、とくに「鸞」、「為」、「焉」の字の四点を三点としたり、本の字を木丁、歳の字を山冠とするなど、重見の言う前期の字体を示している。その筆致は西本願寺蔵の『烏龍山師并屠児宝蔵伝』に酷似している。このため関東教化時代親鸞の筆とするのが適当かと考えられる。

わずか一紙の真蹟であり、記載内容も目新しいものではないが、もう見つかることはあるまいと思われていたのにこんな発見があって、親鸞研究の前途に新しい希望をもたらしたかのようで、胸が躍る思いであった。

真蹟へ復権させたい筆跡と真蹟からはずしたい筆跡

先に述べたように、『親鸞聖人真蹟集成』は真蹟を網羅したもので、親鸞研究に大きく貢献したが、これに漏れた真蹟がないでもない。その一つが東本願寺蔵の親鸞聖人安城御影（重文）の賛銘である。これは西本願寺蔵の安城の御影（国宝）の賛銘と対比するとき、全く同筆と認められ、編集会議で収載方を提案した

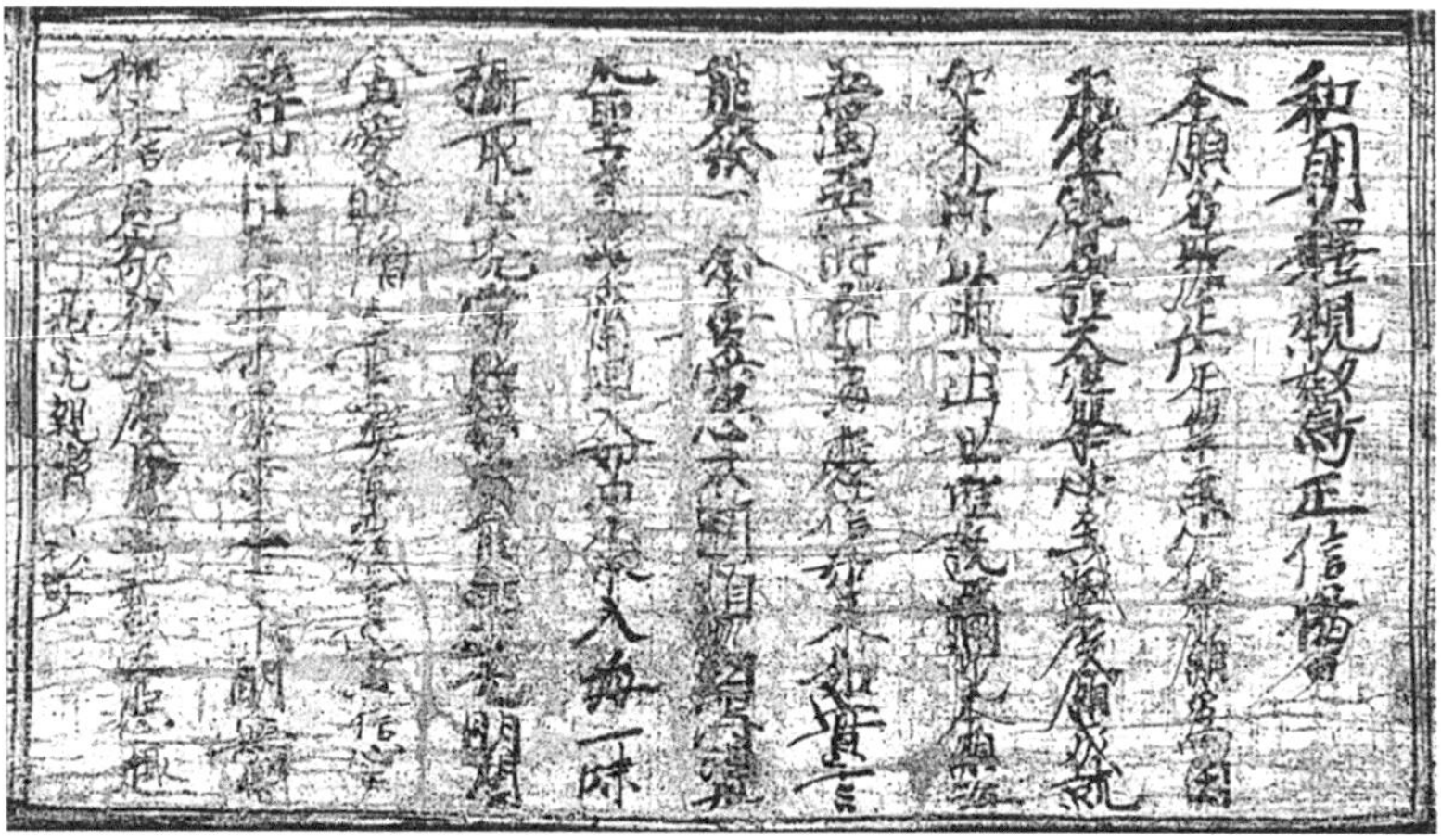

図 50　安城御影下部讃銘（重文，西本願寺蔵）

が、合議の結果、収載からはずされた。

その理由は、下段の賛銘の題が、

和朝釈親鸞法師正信偈曰

となっていることと、終わりから二行目と三行目とが、

貪愛瞋憎之雲霧　雲霧之下明无闇

譬如日光覆雲霧　常覆真実信心天

と誤って書かれている、という点にある。とくに前者の「法師」というのは、存覚が『袖日記』の中で記しているように、敬称であって、親鸞が自分に対して敬称を書くはずがないから、これは親鸞ではない証拠だ、というのである。後者は「貪愛瞋憎之雲霧、常覆真実信心天、譬如日光覆雲霧、雲霧之下明无闇」の前後を入れまちがえているのだが、これでは意味が通ぜず、作者である親鸞が誤るはずのないミスだ、というのである。

確かにごもっともではある。しかし「法師」というのは、存覚の時代になればともかく、親鸞の当時は必ずしも敬称とは言えなかったと思われる。『正像末法和讃』にも、「僧ゾ法師トイフ御名ハ、タフトキコト、キ、シカド、提婆五邪ノ法ニニテ、イヤシキモノニナヅケタリ」とあって、少なくとも「僧」というのと同格に用いられている。「親鸞法師」とあるからと言って、親鸞が自分で書くはずがない、とは言い切れまい。「正信偈」の誤りにしても、親鸞だって人間であり、ウッカリミスということもある。ひょっとすると、親鸞は銘文を書き終わってからこのミスに気付き、画工にもう一本描かせて作り直し、それを専信に与えたのかもしれない。「法師」はその際に、やはり無い方がよいと思って書かなかった、という風に考えられないでもない。それがいま西本願寺に所蔵されている方の安城御影である。

「親鸞であれば書くはずがない」という推論をとるか、筆跡の一致という事実をとるか、あの編集会議の際に、その辺をもっと強く訴えていれば、わかっていただけたかもしれない。諸先生がみな故人となられた

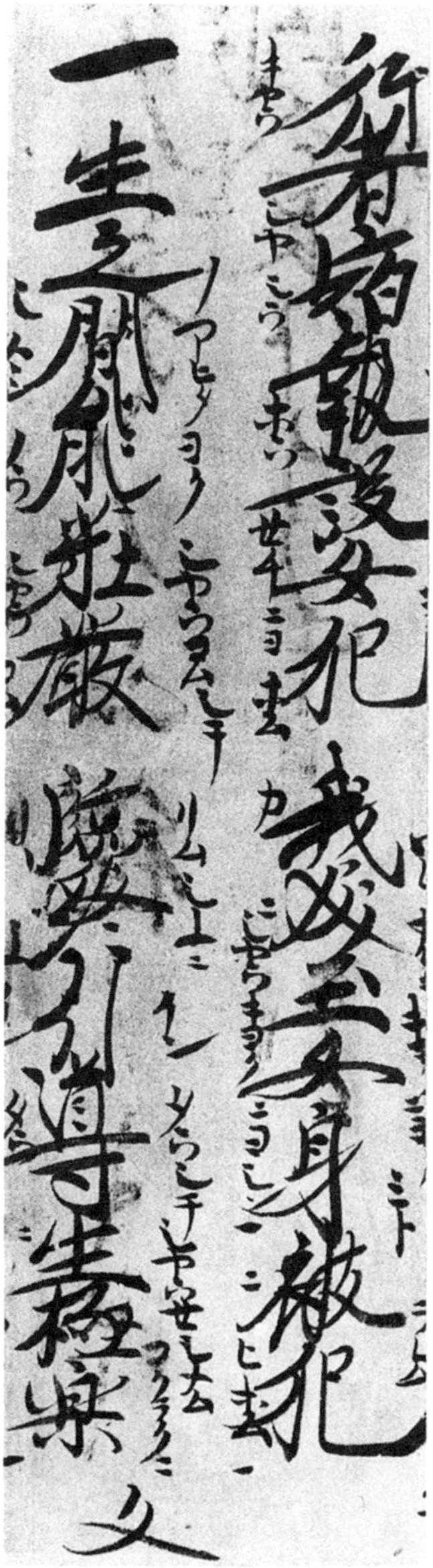

図51　六角堂夢想偈文（真仏筆，専修寺蔵）

いま、後悔している。この筆跡は何らかの機会に真蹟として復権させたいものである。反対に真蹟として収載したけれども、いまになって反省させられているのが、専修寺蔵の六角堂夢想偈文である。これは親鸞筆「浄肉文」の紙背にあったのを、料紙を割り剝いで、別装とされている。これを発見し、親鸞筆と判定した経緯は、『高田学報』四六輯（一九五九年）に「高田宝庫新発見資料による試論」と題して発表したが、要は「浄肉文」が真蹟としてまちがいないものであり、この偈文はその末尾へ付け足した紙の背裏にあって、明らかに「浄肉文」より先に書かれていると認められることから、親鸞筆でないはずはない、との認識があって、真蹟と判定したのであった。

ところが翌年の真宗連合学会大会において同朋大学の小串侍から、この筆跡には問題があるのではないか、と指摘された（「行者宿報四句の告命について」『真宗研究』五輯、一九六〇年掲載）。しかしこの研究発表全体に対する評価がまちまちだったこともあって、真蹟としての判定は覆ることなく、『真蹟集成』にも収載された。それは何よりも表面に書かれている「浄肉文」の真蹟としての重味ゆえでもあった。

いま静かにその筆跡に向かうとき、これはやはり真蹟からはずすべきだった、と反省させられる。「真蹟でないはずはない」というのは一種の思い込みだったようである。

二　親鸞真蹟名号四幅にまつわる思い出と問題点

親鸞真蹟名号本尊は四幅が現存

親鸞真蹟の名号本尊は、次の四幅が知られている。この四幅は同形式で、ほぼ同寸法である。まず本紙が四幅とも縦五〇センチ弱、横三〇センチ弱の鳥の子風の白紙を料紙とし、中央に名号を縦一行に大書して、その下端に蓮台を描き加える。そしてその料紙の上下端に同じ幅の白紙を継ぎ足し、それぞれ数行ずつの賛銘を墨書する、という形である。

(1)　津市専修寺蔵八字名号――下部賛銘末尾に「愚禿親鸞敬信尊号八十四歳」の署名と、上部賛銘の背裏に「方便濹(法)身尊号　康元元丙辰十月廿五日書之」との親鸞自筆裏書がある。

(2)　津市専修寺蔵十字名号――署名と裏書は八字名号と同じ。

(3)　岡崎市妙源寺蔵十字名号――上部賛銘末尾に「康元元丙辰十月廿八日書之」、下部賛銘末尾に「愚禿親鸞敬信尊号八十四歳書之」の年記と署名があり、別幅として「方便濹身尊号　康元元丙辰十月廿八日書之」と墨書紙片が伝えられている。

(4)　西本願寺蔵六字名号——上部賛銘末尾に「愚禿親鸞敬信尊号八十四歳書之」、下部賛銘末尾に「康元元丙辰十月廿八日書之」との年記署名がある。

このほかに親鸞が制作したと認められる十字の名号本尊二幅が専修寺に伝えられているが、二幅とも絹本着色で、寸法もはるかに大きい。天地に設けられた色紙型に親鸞自筆の賛銘があって、注目されるが、今回はこれに言及しないこととする。また専修寺には「南无盡十方无㝵光如来」と大書した一紙が蔵されている。この名号は筆跡はまぎれもなく親鸞自筆であるが、賛銘はもちろん蓮台も描かれていないので、礼拝の対象とはされていなかったと見られるから、これも今回考察の対象とはしないこととする。

裏書発見の経緯

右の四幅のうち第三、四幅は、賛銘の末尾に「康元元丙辰十月廿八日書之」との年記があって、制作年月日が明確だが、第一、二幅にはそうした年記がなく、ただ署名によって親鸞八十四歳の制作ということがわ

(1)

(4)　(3)　(2)

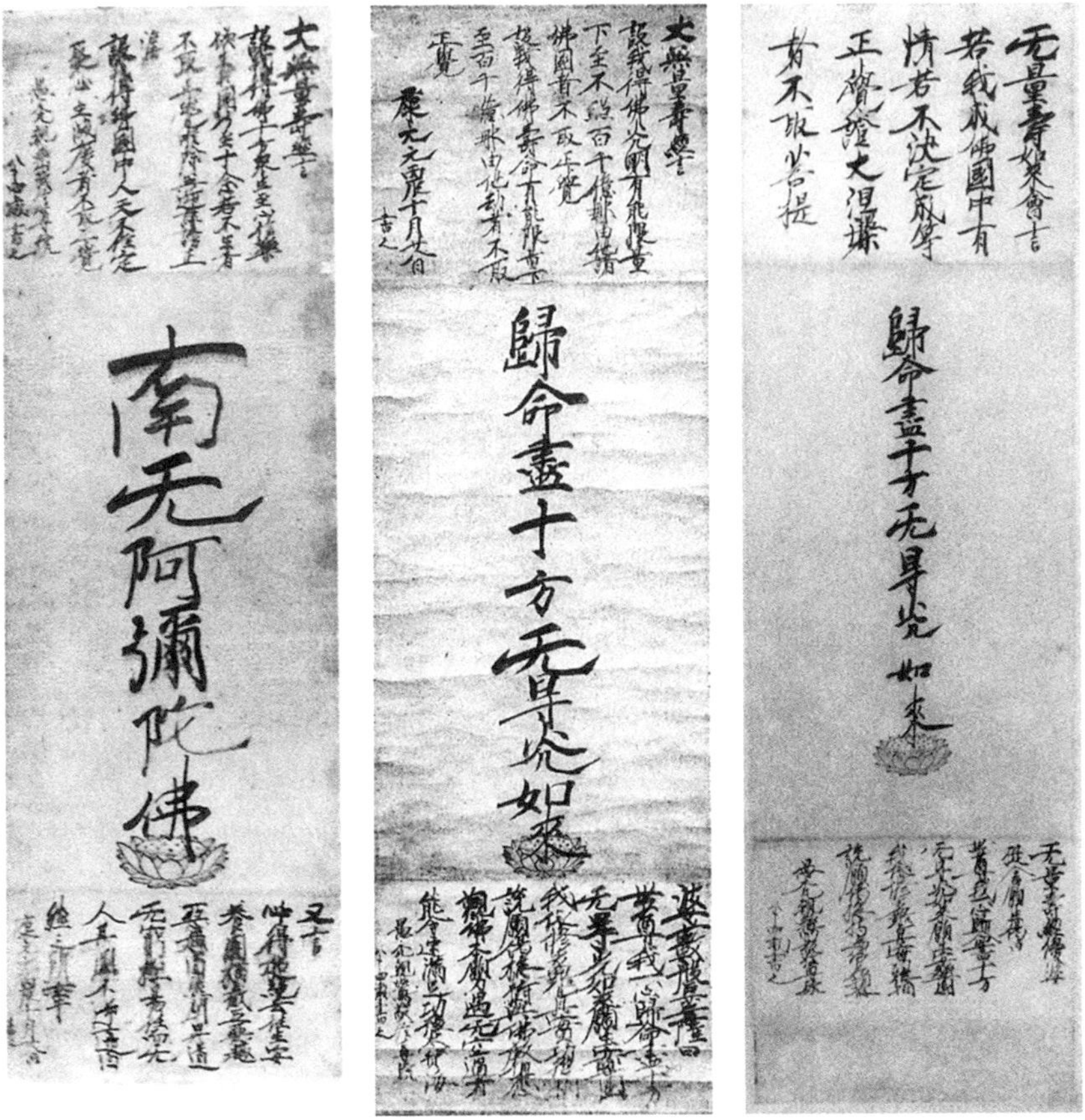

図52　親鸞真蹟名号本尊

幅は28.6㌢でほぼ同じ．縦の寸法が，(1)・(2)は93.4㌢（専修寺蔵），(3)が89.5㌢（妙源寺蔵），(4)が87.0㌢（西本願寺蔵）．

かるだけであった。もちろん形状、寸法、筆跡などすべての点で、四幅共通しているから、この四幅がほぼ同時に同じような状況下で制作されたであろうことは誰の目にも明らかではあったが、それ以上に出ることはできなかった。ところがその第一、二幅に前記のような裏書のあることが発見されたのは、昭和三十二年（一九五七）十月のことであった。

その当時専修寺には現在の宝物館は未だ建っておらず、宝物展観は賜春館などの御殿で行われていた。そこでのことで、私は当時法嗣であられた現法主殿のお手伝いをして、その日に展観した宝物の収納作業をしていた。そのとき現法主殿が、「このお名号の裏に何か字が書かれているようだが」と仰せられて、八字名号の上部賛銘部を指し示された。電灯光に透かしてみると、たしかに年月日らしい文字が横位置に記されているように認められた。十字名号の方を透かしてみると、そこにも同じような文字が見える。裏側から透かしてみると、裏打紙が厚いので明確ではないが、どうやら「康元元丙辰十月廿五日書之」らしいことが読みとれた。

そこで翌日に、生桑完明先生に来てもらってこれを確認してもらい、法主殿や宗務総長に報告してからいろいろと対策が練られた。その結果この際表具をやり直すことにして裏打紙をとり除いてもらうことが決められた。そして私の恩師で文化財保護の第一人者であった赤松俊秀京都大学教授のアドバイスを受けて、表具師は京都の藤岡光影堂に担当してもらうことになった。

その間一年半を経過して、藤岡氏に委託すると、何日かのち藤岡氏から連絡があり、裏打紙をとり除いた

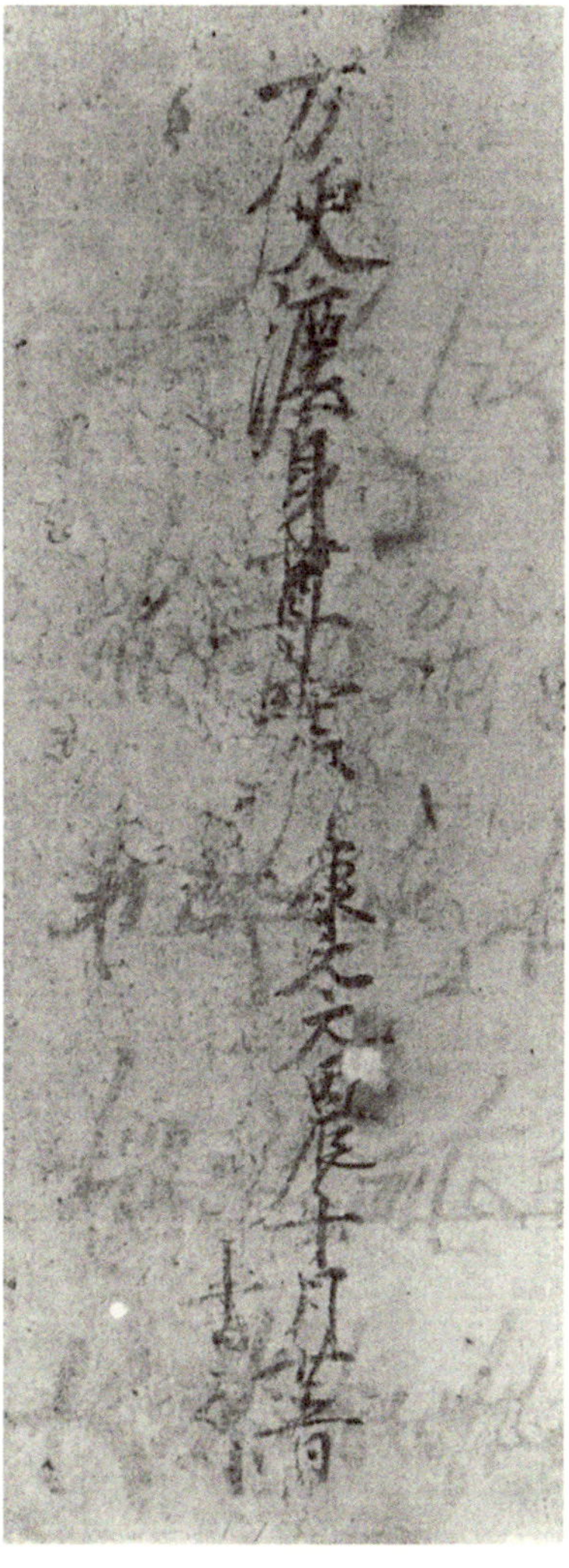

図53　八字名号裏書

図54　十字名号裏書

ところ、裏書がはっきりと読めるようになった、ということなので、赤松先生と打ち合わせて藤岡氏宅へおもむいた。そこで次の諸点が確認された。

(1) 現われた文字は二幅とも「方便灋（法）身尊号　康元元丙辰十月廿五日書之」であって、親鸞自筆であることはまちがいないこと。とくに「法」字に「灋」という親鸞好みの異体字が使われていること。

(2) 現在の装幀に改められる前の原装は、下端に軸木を、上端に八双（標木とも）といわれる細い添え木を巻きつけただけの簡略な掛幅装で、八双に四個の金具をとりつけ、紐で吊り下げるようになっていたこと。

(3) 裏書はその八双に沿って書かれており、外題のような格好になっていること（研究者の中には、この裏書を別紙を貼りつけて書いたものであるかのように理解している向きがあるらしいが、決して別紙ではなく、賛銘書の紙背に直接書かれている。だから表面へ墨がにじみ出ている）。

(4) ただちに専門のカメラマン（便利堂）に写真撮影してもらったのち、表具にあたっては、裏書部分は窓を明けた状態にして、なるべく透明な裏打紙を用いるよう指示をした。そのとき撮影されたのが、ここに掲げる写真である。

この表具修理はその後順調に進み、昭和三十四年（一九五九）十一月に完成して宝庫へ納付された。

感動した梅原真隆先生の指摘

名号本尊についてのそんな発見とそれへの対応がなされていたとき、西本願寺の勧学梅原真隆氏が高田本山へ招かれ、講演が行われた。記録によって調べてみると、それは昭和三十三年（一九五八）八月、第三二回高田派仏教文化講座での講演であった。その二幅の名号本尊を京都へ修理に出す直前で、梅原先生にご覧に入れようというので宝庫から取り出し、このほど裏書が発見されたことを説明したと記憶している。

そのとき梅原先生はたいへん喜んで、「それで確認できた。これは『三河念仏相承日記』に出ている真仏・顕智・専信・下人《げにん》弥太郎の主従四人が京都へのぼって聖人にお眼にかかった際、そこで書いていただいたものにちがいない。この二幅と岡崎の妙源寺本と西本願寺本と合計四幅伝わっているのは、この四人がもらったものだからだ」とのご意見を述べられた。

そのころ私は真宗史についてはまだあまり勉強しておらず、『三河念仏相承日記』という史料のことも存知していなかった。そこで氏が帰って行かれたあとで調べてみると、それは三河国に親鸞の念仏が弘められる事情を記した重要な史料で、南北朝期に成立し、古写本が岡崎市上宮寺に伝えられてきたことがわかった。それを見ると、「三河国専修念仏根源事」と題して、

建長八年丙辰十月十三日ニ、薬師寺ニシテ念仏ヲハシム、コノトキ真仏聖人・顕智聖人・専信房俗名弥藤五殿・下人弥太郎男出家後随念、ソウシテ（総）主従四人、御正洛（上）ノトキ、ヤハキ（矢作）薬師寺ニツキタマフ、

と書き始められている。京都の親鸞を訪れるため、関東から上洛途中の主従四人が、建長八年（一二五六）十月十三日三河国矢作の薬師寺へ立ち寄って、そこで念仏を始め、それから上洛した、というのである。そ

してそれから一二日後と一五日後とに、この名号本草四幅が書かれているのである。それは彼ら四人が三河国を出て京都へ上り、親鸞に面謁するのに要したであろう日数とほぼ一致する。とすると、この四幅は彼ら四人が書いていただいた、と考えてまちがいあるまい。梅原先生はそれを指摘されたのであった。驚くべき推理であった。

そしてその後しらべを続けていくと、それに付随して面白い事実もわかってきた。それはこの建長八年という年は、十月五日に改元が行われて、康元という年号に改っている。したがって『三河念仏相承日記』の記す建長八年十月十三日は、正確には康元元年十月十三日と記されるべきであった。それを建長八年という旧年号を使っているのは、改元の通知がこの三河国矢作付近へは未だ届いておらず、これを記録した人が改元を知らなかったからにちがいない。中世の古文書を見ていると、改元から何ヵ月か経っているのに、旧年号が使われている例に出会うことがある。これもその一例にちがいない。

この場合偶然のことだが、この十月十三日に京都の親鸞は、法然の言行録『西方指南抄』を書写していた。専修寺蔵『西方指南抄』（国宝）上末の奥書は、「康元元年丙辰十月十三日愚禿親鸞八十四歳書之」と新年号を使って書かれている。三河と京都との地域差による情報伝達の差がはっきりと現われている。その十二日後の名号本尊の裏書が新年号によって書かれているのはこれから見ても当然であった。

これらの事実は、『三河念仏相承日記』の記事が、口頭伝承などに依存したものではなく、三河地方の当時のリアルタイムで書かれた史料に基づいて作られていることを示している。それだけ史料的信憑性が高いわけである。

梅原氏のご指摘によって、そうしたいろんなことがわかってくると、私はたいへん驚いた。なにしろ文献史料と現存の実物とがドンピシャリ一致したからである。永年歴史学の研究に従事してきて、こんな見事な考証に出会うのはそうあることではなかったからで、感動した。「さすが大先生だ」と頭の下がる思いであった。

そのことは簡略ながら『高田学報』四六輯（一九五九年）の「高田宝庫新発見資料による試論」と題する小論文の中で発表させてもらった。簡略だったのは、頁数の制約もあったが、実は生桑完明先生を始めとする高田派の学匠の間では、この名号本尊を親鸞真蹟とすることについて、躊躇する空気があり、生桑先生もこの裏書の発見によってようやく納得せられるような状況だったので、あまり強調することはその方々に対しても失礼になるのではないか、という配慮が働いたからでもあった。

それにしてもこの梅原氏の推理は私にとってとても強烈なショックであった。そこで法主殿にお願いして専修寺に所蔵されている名号本尊の類を調査させてもらった。そして梅原先生のおすすめもあって、『顕真学苑論集』五〇号特集「本尊」（一九五九年）に「高田本山所蔵の名号本尊について」と題する一文を書かせてもらったりしたのであった。

真蹟四幅制作についての異説の存在

ところがその後、本願寺派の学者の中に、右の梅原説とは異なる理解をしておられる向きのあることがわかってきた。その第一は龍谷大学の宮崎円遵氏で、西本願寺の宝物に関する最高権威者である。その著書『初期真宗の研究』（一九七一年）に収められた論文「本尊としての六字尊号」の中で、高田本山に伝わる二幅（平松註、前記の第一幅と第二幅）と、妙源寺の一幅（前記の第三幅）とは、康元元年に上洛した高田門徒が親鸞から書いてもらったことはまちがいないと認めた上で、西本願寺の六字名号はそれと同時に書かれたものであるが、

高田門徒によって伝持されているものと伝を異にしている点をも考慮にいれると、これは元来親鸞が、その側近者、さらにいえば本願寺関係のところに伝えられてきたものとみてよいかもしれない。

と推測しておられる。これでは先に述べた主従四人が四幅という梅原説を認めないことになるが、そのあとすぐに覚如が『改邪鈔《がいじゃしょう》』の中で、真宗の本尊は十字名号であることを説いており、「六字の名号本尊について言及するところがない。かれこれ思い合わすと、覚如はこの真筆の六字名号について知るところがなかったのかもしれない」とも述べられていて、これでは自己撞着気味であっておかしい。一度氏の真意をうかがってみたいと思っていたが、その機会を得ぬまま亡くなられた。

それからしばらくこの問題は関心外となっていたが、近年その説が次世代の若い研究者の間に引き継がれていることに気がついた。それは親鸞晩年の悲劇である善鸞義絶事件について論文を書くことになって、参

考文献を調べているうちに、林信康「親鸞の名号本尊——善鸞事件に関連して——」(『宗学院論集』五五号、一九八四年)にこのことに触れられているのを知ったからである。氏は康元元年関東から上洛した主従四人が親鸞に会い、書いてもらった名号本尊について、次のように書いている。

親鸞は高田専修寺に蔵する(二)・(三)の名号本尊(平松註、前記第一幅と第二幅)と妙源寺に蔵する(四)の名号本尊(同じく前記第三幅)を門徒に授与したのであろう。蓋し(四)の本尊は高田の顕智が三河で念仏を勧進するために留っているので、その折に妙源寺に与えたものであろう。又(一)の六字名号(平松註、前記第四幅)は親鸞の手許に置かれていたものと考えられるが、そこには何か特殊な事情が考えられるのではないか。

これを読んだとき、「林氏もヘンなことを言うものだなァ」といぶかしく思ったところ、氏のこの文章には註がつけられていて、この意見の出典は梅原真隆『真宗の本尊』に依っているのだという。梅原先生がそんなことを言うはずがないと思ったが、私はその書を所持していないので、龍谷大学図書館へ赴いた。

変更されていた梅原真隆説にがっかり

龍大図書館で梅原真隆『真宗の本尊』(百華苑、一九六六年)を見ると、『三河念仏相承日記』によって、建長八年(康元元年)真仏・顕智・専信・下人弥太郎が京都の親鸞の許へ伺候したことを述べたのにつづけて、

そのとき十月廿五日と廿八日に聖人は五幅の尊号を染筆なされ、六字の名号は聖人の御手許にとどめ、他の四幅は来訪した四人に授与されたのであろう。顕智は三年のあいだ三河にとどまって念仏を勧進さ

図 55　南无十字名号（親鸞筆，専修寺蔵）

れたことであるから、このあいだに自分のいただいた十字の名号を妙源寺にのこされたのであろうと推測される。第五の十字名号（平松註、「南无尽十方无㝵光如来」）には銘文・蓮台もないが、これは別に添えるものが散佚したので、やはり本尊とせられたので、この時染筆されたと考えられる。

と記されているので、啞然とした。昭和三十三年（一九五八）八月、高田本山の宝物展観現場で、梅原先生から直接この耳で聞いたことと違っているのである。右に述べたように私は、主従四人が上洛して親鸞を訪問し、そこで書いてもらった四幅が現存しているという先生の指摘に感動したのに、その根本が崩されているのである。あのときの感動を私はどう始末したらいいのだろう。私は失望し、実に悲しくなった。

この梅原氏の著書は大きな誤りを犯していると思われる。その最大のものは、西本願寺の六字名号を「聖人の御手許にとどめ」たという点である。この名号の賛銘には、「愚禿親鸞敬信尊号八十四歳書之」の署名と、「康元元丙辰十月廿八日書之」との年記がある。これはこの名号本尊が門徒へ与えるために書かれたことを示している。自分の手許へ置いておくために書かれたものでないことは明らかである。自分の手許に置いておくものだったら、こういう署名や年記などを書くはずがない。そのことは、現に坂東本『教行信証』や『観小経集註』その他親鸞の手許にあったものに署名も年記もないことで立証される。

また梅原氏の著書によると、四幅の真筆名号本尊のほかに、専修寺蔵の「南无盡十方无㝵光如来」の一幅も加えて、五幅がこのとき同時に書かれた、という。しかしこの名号は、私がこの論文冒頭で述べたように、蓮台も賛銘もなく、礼拝対象として制作されたとは認められないので、考察対象から除外したものである。それを氏は「別に添えたもの（平松註、蓮台と賛銘をさす）が散佚した」と記しておられるのだが、原本にはそういうものが付属していて、それが散佚した痕跡は全くない。とくに蓮台については、他の四幅の状況を見たら明白なように、名号と同じ料紙に描かれるものであって、蓮台だけが散佚するなどということは起こり得ないことである。これはあまりにも強引なこじつけと言わざるを得ない。

この十字名号は、筆跡は親鸞真蹟として絶対にまちがいない。しかしその筆致は他の四幅と大きく異なっている。私は少なくとも康元元年十月の四幅と同時に書かれたとは考えていない。またこれが康元元年十月に書かれたとする根拠は全くないのに、強引にこれを加えようとされたのは、真蹟四幅の中から西本願寺本を除外すると三幅となり、主従四人が一幅ずつ書いてもらったとするには一幅足りないことから思いつかれたのではなかろうか。そうだとするとそれはあまりにも無理な辻褄合わせと勘繰らざるを得ないのではなかろうか。

以上のような考察の結果、現存の真蹟名号本尊四幅は、康元元年に関東から上洛した四人の門徒に与えられたもの、という梅原氏が最初に指摘された原点に立ち返るべきだ、と私は考える。

西本願寺の六字名号は下人弥太郎に与えられたもの

ここで再確認しておくと、現存四幅が四人に与えられたとすれば、現在までの伝持状況からして、専修寺の二幅は専修寺の第二世・第三世とされている真仏・顕智に与えられたものであろうし、妙源寺の十字はその後三河へ移り住んだ専信に与えられたものであろう。そうすると残る一幅西本願寺の六字は下人弥太郎に与えられたものとならざるを得ないということである。それがどうして西本願寺に伝来するようになったかはわからないが、これが制作された時点では、下人弥太郎に与えられた、とするのが至当であることについては、これまでの論証によって認めていただけるのではなかろうか。そうした認定の上に立って考察を進めるべきであろう。他の三人には「帰命盡十方无旱光如来」とか「南无不可思議光仏」という仏徳讃嘆の名号を本尊として与えられたのに、なぜ下人弥太郎だけには「南无阿弥陀仏」という仏体そのものを讃嘆する名号を本尊として与えられたのだろうか。これが問題ではないかと思うのだが、これまで問題視されたことはないようである。

これまで六字名号と八字（または九字）十字名号との依用上の違いについて指摘したのは宮崎円遵氏であった。氏は次のような事実を指摘している。

六字の名号本尊には、親鸞の真跡一点のほかには、ほとんどそれにつづく時代の名号本尊を見たことがない。かくて室町中葉蓮如や真慧のころまで、本尊としての六字尊号は真宗にはあまり流布しなかったと推定される。（「本尊としての六字尊号」『初期真宗の研究』所収）

この指摘は、厳密にいうと、ちょっと具合の悪いところがある。それは鎌倉時代制作の六字名号石碑が、埼玉県蓮田市に残されているからである。「南無阿弥陀仏」の六字名号とその下に蓮台を彫った、高さ四メートル近い巨大な板碑で、刻銘によって、延慶四年（一三一一）、真仏門下の唯願という僧が願主となって制作したことがわかっている（本書第二部第二章に写真掲載および解説記事）。

それはともかくとして、親鸞が提唱し制作を推進した名号本尊の主流が十字名号にあったことは、宮崎円遵先生指摘の通りであって、覚如が『改邪鈔』において、

帰命尽十方无㝵光如来をもて真宗の本尊としてあがめましましき。

と述べていることも思い合わされる。親鸞が六字ではなく十字を名号として重視していたことはまちがいない。

一方、当時の世間一般では、法然の出現以来、念仏といえば南無阿弥陀仏の六字名号であったことは諸史料によって明らかである。そんな中で親鸞があえて十字とか八字の名号を唱導しようとしたのは、世間一般

の南無阿弥陀仏には、とかく自力的・呪文的雰囲気が付随しがちなことを懸念したからではないかと思われるが、こうした問題については、教義の面から追究していただきたく、私としてはこれ以上論及することは控えたい。

要するに親鸞は自分の門弟らには十字ないし八字や九字の名号を本尊とするように指導したのだったが、下人弥太郎はのちには出家して随念と称したというが、この康元元年段階ではまだ在家のままだったので、そのころ世間で最もポピュラーであった「南无阿弥陀仏」の名号を書いて与えたのではなかっただろうか。西本願寺の六字名号の意義については、このような事実の上に立って理解せられるべきだと考えるが、いかがなものだろうか。

三　西本願寺本真蹟六字名号が意味するもの

上洛の四人に四本の真蹟名号

建長八年（十月に改元して康元元年〈一二五六〉）十月、関東の高田と遠江国鶴見から上洛した真仏・顕智・専信・下人《げにん》弥太郎《やたろう》の四人が、京都で親鸞に面謁した。そのとき書いてもらったのが、専修寺蔵の十字名号と八字名号、岡崎市妙源寺蔵の十字名号、西本願寺蔵の六字名号の四本と認められる。このことについては、別稿（「親鸞真蹟名号四幅にまつわる思い出と問題点」、本書所収）で論述した。この考証はまちがっていない、と信じている。

この論文を発表したとき（『朝枝善照博士還暦記念論文集』永田文昌堂、二〇〇四年所収）、いつものように抜き刷りを作ってもらって、友人知人へ献呈した。この論文の問題点はとくに西本願寺本にあったので、献呈先も主として西本願寺系の研究者を選んだ。この論文は論文というよりも、いろんな出来事を綴り合わせたレポート風の読みものになっていたから、どういう反応があるかが愉しみだった。

多くの方々から礼状を兼ねて感想が寄せられて来た。その大部分は論証を大筋でご容認いただけたものだったが、中には途惑いを示された向きもあった。直接会った西本願寺系の若手研究者の中には、「先生、あの下人というのはちょっと困りましたね」と素直に言ってくれる人もあった。やはり六字名号が下人弥太郎に与えられたものとする点には、教団人として抵抗が感じられたらしかった。私は宗派などは全く意識せず、歴史学研究者として、純粋に史料にしたがって考証を進めたつもりだが、そんな単純なものではなかったようである。

下人に与えられたことの意義

「本願寺最高の宝物が下人に与えられたものでは困る」との意識は、別稿でも述べたように、梅原真隆の著作の中にもうかがわれる。「本願寺の重宝にケチをつけられた」、と思われたのかもしれない。

「下人」というと、なにか卑賤な階層であるかのように感じられたらしいが、鎌倉時代の「下人」は、「下人所従」と併称されるように、主人に召し使われている者の総称であって、「百姓」と共に社会の大部分を占める人々であり、後世の被差別民のように卑賤視される存在ではなかった。それは恵信尼文書に登場する下人の記載状況を見てもよくわかるし、何よりもこの下人弥太郎は「出家後随念」と註記されているように、この旅から帰って後に出家して正式な僧侶となっていて、レッキとした一人前の庶民である。おそらく彼は真仏の従者だったのであろう。決して卑賤視されていたわけではない。ただこのときの彼は、仏法についての素養がまだ備わっていなかったのではないだろうか。とくに親鸞の念仏についての理解がまだ十分でなかったと思われ、親鸞はそんなことへの配慮から、そのころ世上に最も流布していた六字名号を書き与えたのではあるまいか。

私は、六字名号がそういう庶民性に立脚していて、その点では高く評価されるのではないか、と考えたのだったが、一部の人々からは、そうは受け留められなかったらしい。私は甘かったのだろうか。

図56　親鸞筆六字名号上部賛銘（西本願寺蔵）

六字名号の署名に「鑾」の字が使われていることの意味

別稿では触れなかったのだが、つぎに問題となるのが、この六字名号の上部賛銘末尾に、

愚禿親鑾敬信尊号八十四歳書之

との款署があることである。他の三幅はすべて普通に「親鸞」と書かれているのに、この六字名号だけが「親鑾」と書かれているからである。この件については、これまであまり研究されて来なかったように思われるので、この際に検討を加えてみたい。

まず今までこれに言及しているのは小川貫弌（『親鸞聖人

の署名について」『親鸞聖人論攷』六・七合併号、一九五七年）だが、氏は『教行信証』信巻にも、曇鸞が「曇巒和尚」と書かれている例を挙げて、「『鸞』と『巒』との混用は後世にもままあるところで」とあっさり片付けられている。

たしかに親鸞は漢字の字体には無頓着なところがある。たとえば『唯信鈔文意』（正月二十七日真蹟本）で、「鈔」の字を「抄」としたり「鈔」としたり、実に無造作に「混用」している。

しかしその一方で、周知のように「南无阿弥陀仏」はかならず「无」を使用し、「無」を使うことは絶対になかったし、「法」はほとんど異体字「灋」を書くなど、字体へのこだわりは相当に激しいものもある。

これらを考えると、ほかならぬ自分の名前の字を、そうアッサリと異体字に変更されるようには思われない。しかも「鸞」と「巒」は音は同じであっても、字義は全く違っていて、鸞は鳳凰を意味するのに対して、巒は尖った山を意味する。両者は別字であって、異体字ではないのである。ましてや、同時に制作した四幅のうち三幅は「親鸞」と書いて、この一幅だけ「親巒」とするには、多少とも何らかの事情があったと考えるべきではなかろうか。それはやはり別稿で論じたように、この一幅の授与者が下人であったからだ、と考えねばならぬのではなかろうか。

ではなぜ弥太郎だけに「巒」の字を書いたのか。それは想像するしかないが、「鸞」よりも「巒」の方が画数が少なく書き易い、と考えられたからではあるまいか。先に小川貫弌が例証に挙げた『教行信証』信巻の「曇巒和尚」の「巒」は、坂東本の写真を見ると「山」が後からの加筆であって、元は別の字が書いてあった上に、太い筆で「山」と書き直しているらしい。「鳥」を書くスペースがなかったからかもしれない。この点については、坂東本の原本についての再検討に依らねばなるまい。

款署形式の不一致が意味するもの

別稿で述べたように、この四幅は三日間の違いがあるだけで、ほぼ同時に制作された。その形式も中央に名号を大書し、蓮台でそれを受け、天地へ別紙を貼り足して賛銘を墨書している。その形式も寸法もほとんど同一であって、四幅同じように作られたように見える。ところが仔細に点検してみると、細部で相違がある。それは次の二点である。

(1) **裏書の有無**——専修寺本の二幅は別稿でも記したように、「方便瀍身尊号康元元丙辰十月廿五日書之」との親鸞自筆裏書がある。ところが妙源寺本と西本願寺本とにはそうした裏書はない。ただ妙源寺には、この名号とほぼ同じ幅の料紙に、「方便瀍身尊号　康元元丙辰十月廿八日書之」と墨書した一紙が別幅で保存されており、古来「裏書」と言い伝えられている。摩損が相当に進んでいて、その筆跡判定には若干の問題はあるが、専修寺本の裏書と同筆としてよい、と思われる。そこでこれが名号本尊の裏書であったかどうかが問題となる。名号とこの別幅の表具を取りはずしてみなければ最終的な判断はできないのだが、上部賛銘には紙背に文字が書かれたことによる墨のにじみ出しが見られない（専修寺本には少しではあるが裏からのにじみ出しが見える）ので、この別幅の一紙は裏書ではなく、包紙か何かだったのではないかと思われる。

西本願寺本には、そういう裏書といわれるような別幅はなく、また裏書が書かれていたような痕跡もない。

以上を綜合すると、十月二十五日に書かれた専修寺本には裏書が書かれたけれども、十月二十八日に書かれた妙源寺本と西本願寺本には裏書は書かれなかったということになる。

(2) **年記と款署の位置の違い**――専修寺本の二幅は、上部賛銘紙には銘文のみを記し、下部賛銘紙には、銘文の末尾に「愚禿親鸞敬信尊号八十四歳書之」との款署を記している。

それに対して妙源寺本は、下部賛銘の末尾に款署のある点は専修寺本と同じだが、上部賛銘の末尾に「康元元丙辰十月廿八日書之」と年記を書き加えるという点で、専修寺本との違いがある。ところが西本願寺本は、上部賛銘に「愚禿親巒敬信尊号八十四歳書之」との款署を記し、下部賛銘に「康元元丙辰十月廿八日書之」の年記を記していて、妙源寺本と位置が正反対となっている。

これらの形式上の不一致・不統一が何によるものなのかを考えると、親鸞がワザと意識的に変更したとは思えない。また裏書も年記や款署の記載が一つの型として定着しておればこういう相違は生じ得ないはずである。型がキチンと定着していなかったために不安定な状態が生まれた、と考えるべきではなかろうか。ということは、親鸞はこういう型式の名号本尊を書き慣れていなかったので、こういう結果になったことを意味しよう。

私はかつて専修寺本二幅の名号の字配りが、まことに不安定であることから、親鸞はこのとき初めて名号本尊を書いたのではないかとの見解を発表したことがある（「名号本尊形式成立への道のり」、本書所収）。同じことが、この年記款署の記載状況からも言い得よう。学者の中には、門信徒が礼拝する本尊としては、彫刻や絵画に較べて手書きの名号本尊は、手早くできてしかも安上がりだから、親鸞は早くからこれを門信徒に授与していたかのように説く人があるが、そうではないことが立証されるのではなかろうか。

西本願寺の六字名号の字配りでも、「南无」が過大であったため「阿弥陀仏」を小さく書いている。これは一日に三〇〇本も書いたという本願寺蓮如の六字名号が実に安定した字配りになっているのと対照的である。親鸞の手書きの名号本尊の制作は、この康元元年十月が最初で（そしておそらく最後で）あったことを強調しておきたい。

本堂余間の飾りの懸軸と化したか九字十字

くどいようだが、以上述べてきたように、晩年期の親鸞は、十字名号または八字九字の名号を本尊とすることに力をそそいだと認められる。覚如も「真宗の本尊は尽十方无㝵光如来なり」（『改邪鈔』）と述べているように、初期教団では親鸞の方針がそのまま引き継がれ、維持されてきた。

しかしその後の真宗教団は、歴史が過ぎていくうちに、名号と言えば南無阿弥陀仏の六字名号一辺倒になってしまった。口にする称名は「南無阿弥陀仏」であって、いま「帰命尽十方无㝵光如来」とか「南无不可思議光如来」などと唱える人は一人もいない。親鸞があれほど力を尽くして指導した九字十字の名号は、いまや寺院本堂余間の飾りものとなってしまったような感がある。今となってはもう後戻りはできないだろう。しかしこれでいいのだろうか、とときどき考えることがある。

四　真蹟道綽略伝の発見と筆跡判定の経緯

道綽略伝発見の経緯

本願寺史料研究所では、昭和六十三年（一九八八）から平成五年（一九九三）までの一〇年間、暑中休暇を利用して、西本願寺宝庫の調査を行ってきた。それは宝物台帳の整備をはかってほしい、との宗門の要請によるものであったが、真宗史の研究にはまことにありがたい研究の場を提供してもらったことにもなり、多くの収穫があった。

その中での最大の収穫の一つは、今まで知られていなかった新しい親鸞真蹟の発見である。それは平成四年七月二十九日のことであった。この日宝庫から出されたのは、全く雑多で断片的な文書や記録類であった。その中の一つに、茶封筒があって、表面に「古文書」と「外端書西河云々」と墨書されていた。戦前に長年にわたって宝庫の管理にあたっておられた上原芳太郎さんの筆跡らしく思われた。

中味を取り出してみると、やや厚手の一枚の白紙（表面が滑らかなところを見ると斐交楮紙といった方がいいかもしれない）で、両面に楷書体で墨書したものであった。楷書体といっても、あまり肩肘はらない気楽な筆使いであった。そして「あっ、これは鎌倉時代だ」というのが第一印象であった。

特異な字体の使用に気付く

これが道綽の伝記であることは一見してわかった。いうまでもなく道綽は中国浄土教の祖師で、親鸞は「浄土七高僧」の一人として、尊崇している高僧である。

読み始めてみて最初に気付いたのが、道綽の「道」の字体である。こういう字体は普通は見かけることの少ない特異な字体だが、専修寺蔵の国宝本『浄土高僧和讃』道綽禅師和讃がすべてこの「道」になっている。国宝本の『浄土和讃』と『浄土高僧和讃』は親鸞の直弟真仏の筆にかかり、親鸞の筆跡を忠実に模して書写されたものである。そこで「あ、これは親鸞に近いな」との思いがひらめいた。

そして読み進めて行くと、親鸞独特な字体の文字が次々と見えてきた。親鸞の常用する字体は、「也」の字が通用字体に較べると一画多く「世」に似ているし（親鸞の「世」は「丗」と書かれることが多い）、「明」の字も、「朙」という画数の多い異体字を使うことはよく知られているが、まさにその通りの独特な字体である。親鸞の親の一字も「親」と書くのが親鸞の癖であるが、この文中の「新」はそれと同じく「新」と記している。実に忠実に親鸞の字体を踏襲しているのだが、その筆使いを真仏などの門弟のそれと較べると、のびのびとしていて、ワザとらしさのない素直な筆使いであって、真仏とは全く異なっている。「これはあるいは？」という予感が湧いてきた。

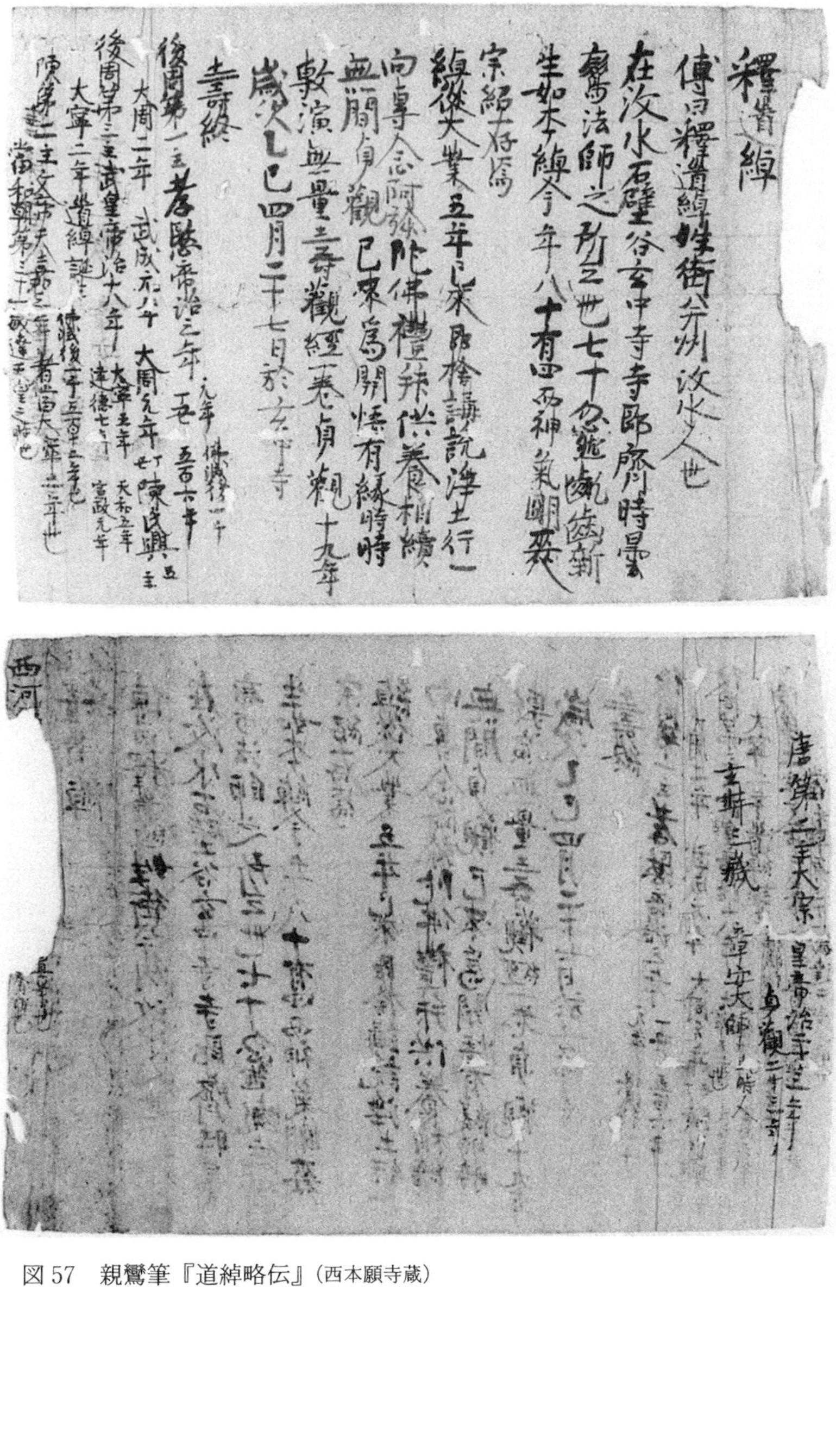

図 57　親鸞筆『道綽略伝』（西本願寺蔵）

欠画文字の使用

そのとき、この本文中の「貞観」の年号を記す「貞」の一字の異様さに気がついた。「貞」の字の最後の一画がなく、「貞」となっているのである。それが書き誤りでないことは、「貞観」の字はこの本文中、三ヵ所（表側二ヵ所と裏側一ヵ所）に書かれているが、三ヵ所ともこの欠画文字となっているから、まちがいない。

親鸞がこういう欠画文字を使用したことについては、かつて東北帝大教授で「支那学」の権威として知られていた武内義雄が昭和六年（一九三一）の『大谷学報』に寄せた「教行信証所引弁正論に就きて」という論文の中で、坂東本『教行信証』（東本願寺蔵、国宝）化身土巻所引の『弁正論』に、中国北宋朝特有の欠画文字が見えることによって、親鸞は北宋版大蔵経に依っていることを論証せられたことに始まる。戦後にな って、龍谷大学の小川貫弌が「阪東本教行信証の成立過程」（慶華文化研究会編『教行信証撰述の研究』所収）において これを詳しく分析されたので、その後広く知られるようになったのだが、この欠画というのは、北宋の木版本が、北宋皇帝の諱名《いみな》とこれに似た文字を使用する場合には、その皇帝に敬意を払って、その最後の一画を省略するという中国独特の制度である。この貞の字は、北宋の第四世仁宗の諱名が禎であったことによる欠画である。小川は、坂東本『教行信証』では二ヵ所にこの欠画文字が使用されていることを指摘している。

そこで貞の字が欠画になっているのなら、そのほかにも欠画文字があるのではないか、と思い、もう一度この道綽伝を見直してみた。小川によると、坂東本『教行信証』では「貞」以外にも五種類ほどの欠画文字が検出されているので、この道綽伝の中でそうした欠画文字を調べてみたところ、「玄中寺」の「玄」、「玄弉三蔵」の「玄」がともに最終画の点を省略していることがわかった。「玄」は北宋聖祖の諱が玄であったことから、欠画制の対象となっていたのである。

こうした欠画の制度は日本で行われたわけではない。ただ北宋で開版された木版本の一切経が日本へ輸入されたことから日本に伝わったので、鎌倉時代の一部の僧侶の間で使用せられたらしい。その中で最も顕著に見られるのが親鸞で、欠画文字の使用は親鸞筆跡の大きな特徴ともいわれている。

もっとも、親鸞の門下には親鸞自筆聖教を忠実に書写する者があって、欠画文字はそのまま書写されることも多いので、欠画文字になっているからといって、ただちに親鸞自筆となるわけではないことはいうまでもない。たとえば「究竟」「畢竟」の「竟」の字は、親鸞に倣って「竞」とする例は初期真宗の聖教には散見される。しかしその他の欠画文字については、誤って書写されるケースが多い。その例は親鸞の直弟真仏の書写聖教の中に見られる。真仏は平常から親鸞の筆癖の模倣を心懸けたようで、親鸞の筆癖をよくつかんで書いているので、その筆跡はつい近年まで親鸞の筆跡と誤認されることが多かった。しかし彼が書写した高田専修寺本『教行信証』では、『貞元釈教録』（信巻所引）の「貞」の字を二度にわたって「卢」と書写している。原字を理解せず、ただ形だけを写したための誤りである。また逆に、「玄忠寺綽和尚」（化身土巻所収）と記す場合、親鸞は坂東本においては「玄」の字の最末画の一点を省略して「玄」と記しているのに、真仏は普通に「玄」と書いて、欠画となっていない。専修寺蔵の国宝本『浄土高僧和讃』（曇鸞讃第八頁）でも「玄」の字は最末画の一点があるような書き振りである。「貞」にくらべて「玄」は最末画が一点なので、これを欠いていることに気がつかなかったのではなかろうか。

これらのことを併せ考えてこの道綽伝の文字を注視していると、もうこれは親鸞自筆にちがいないと思われてきた。

親鸞真蹟とした場合、執筆時期の問題

そこで私は一緒に調査に従事していた千葉乗隆所長のところへ行き、この道綽伝をお眼にかけながら、これが親鸞真蹟と考えられる理由を申し述べた。千葉所長はこの説明にうなずきながら、「なるほど聖人の真蹟としてよさそうですね。そうだとすると、これはいつごろどういう状況の中で書かれたか、という問題が出てきますね」、という問いが返ってきた。それから執筆時期についての検討を行うこととなった。

親鸞はかねてから年齢による筆跡の変化が著しいことで知られている。その詳細な研究は重見一行が『教行信証の研究』（法蔵館、一九八一年）の中で発表しているが、それは単に筆致の変化だけでなく、字体の変化を伴っているので、主観をまじえない客観的な判定が可能な点で特に注目される。重見はまず二四字の字体について、壮年期から六十三歳ごろまでの前期筆跡と、八十歳前後の後期筆跡と大別しているので、その手法によってこの道綽伝に使われている文字の字体を見ると、前期筆跡に属することが認められる。というの

は、「鸞」「焉」「為」の字で、正しくは点を四つ打つべきなのに、三点としていること、「本」の字を「木」と「丁」を結合させた形にしていること、「歳」と「蔵」を山冠としていること、「所」の字を戸の上にもう一画加えていること、などの特徴が見られるからである。後期筆跡の特徴を示す字は一字もない。このことはまた親鸞の真蹟であることの一つの大きな証拠にもなる。親鸞の筆跡を模倣した門弟たちの筆跡は、しばしば前期筆跡と後期筆跡とを混在させているのに対して、親鸞の自筆にはそういう混在が見られないからである。

そこで問題となるのは前期筆跡といっても何歳ごろの執筆かということである。前期筆跡のうち最も早いのは、西本願寺蔵の『観小経集註』(国宝)で、法然の膝下にあった三十歳前半の筆跡であることはこれまでの諸研究によって確定的だが、この道綽伝は筆致から見てそれほど極端に早い時期まで遡ることはとても考えられない。

一般に前期筆跡とされるのは、この『観小経集註』は別格としてさしおいた上で、文暦二年(一二三五、親鸞六十三歳)筆の平仮名書き『唯信鈔』(専修寺蔵、重文)を基準筆跡として判定されたもので、坂東本『教行信証』の八行書き部分などがその典型とされている。そこでそれらとの対照を試みると、先に掲げた「鸞」「為」「本」「歳」などの字は全く同じ字形であって、差違を見ることができない。ということは、坂東本と全く同一時期の執筆かということになるが、その他の文字を仔細に対比してみると、坂東本との差違のあることに気がつく。それは「綽」のほか「紹」「続」「縁」「経」「終」など糸偏《いとへん》の書き方である。

親鸞筆跡の糸偏については重見一行の詳細な研究がある（前記『教行信証の研究』二九一頁以下）。その細部については、実は私にはいささか異論がないではないが、親鸞の糸偏の筆跡には「糹」と書くA型と、点を左から順に打って「糹」となるB型との二種類があり、『観小経集註』から始まる早い時期はB型であり、坂東本『教行信証』を書いているある時期A型となり、やがてB型へ戻って、そのまま後期筆跡になっていく、という大筋については重見説に賛同したい。

そういう糸偏字体の分類と変化過程を物差しとしてこの道綽伝の糸偏文字を見ると、道綽伝の中には糸偏文字が一〇ヵ所に使用されているが、すべてB型である。しかもならぶ三点のうち左端の点を大きく打った明確なB型である。

そこで問題なのは、このB型はA型に変化する前のB型か、A型から変化した後のB型かだが、全体の筆致は若くて筆勢があるので、躊躇なく「前のB型」と判断される。このことは、これが親鸞前期筆跡の中でも、とくに前期に属することを教えてくれる。『観小経集註』ほどではないにしても、それに近い時期と考えられる。

そんな時期の親鸞真蹟としてこれまで知られているのは、『烏龍山師并屠児宝蔵伝』と『信微《しんび》上人御釈』（ともに西本願寺蔵）であるが、それと対比してみると、字体は全く同一である。とくに『烏龍山師并屠児宝蔵伝』とは筆致に共通するものがあり、ほぼ同時期、つまり親鸞五十歳代ごろの筆跡と考えてよいのではなかろうか。ということは、これが親鸞の関東での教化生活中に書かれた、ということになる。そしてそれがいま京都の西本願寺に伝えられている。ということは、これが関東から京都へ持ち帰られたことを意味する。これは親鸞伝の研究にも少なからず暗示を与えるのではなかろうか。

本文とその出典

本文は次の通りで、Ⓐ・Ⓑ・Ⓒの三段から成り立っている。

（端裏書）

「西河□　（欠失）　□真筆也奉請也」

（本文）（返点送仮名と、原典との校異は平松が仮につけたもの）

釈道綽

Ⓐ伝曰①、釈道綽、姓衛②、并州汶水人也③、在㆓汶水ノ石壁谷ノ玄中寺㆒ニ、寺ハ即チ斉ノ時、曇鸞法師之所㆑立ル也、七十ニシテ忽然トシテ齓齒新タニ生スルコト如シ㆑本ノ、綽今年八十有四、而シテ神気明爽ナリ、宗綜存ス焉、

Ⓑ綽、従㆓大業五年㆒已来、即チ捨テテ㆓講説ヲ㆒、④(脱か)（修）㆓浄土行㆒、一向ニ専ラ念シ㆓阿弥陀仏ヲ㆒、礼拝供養相続シテ無㆑間、貞観已来、為メニ㆑開㆓悟センカ有縁ヲ㆒、時時敷㆓演シ無量壽観経一巻ヲ㆒、貞観十九年歳次乙巳四月⑤二十七日、於テ㆓玄中寺ニ㆒壽終ル。

Ⓒ後周第一主孝愍帝治三年元年丁丑　仏滅後一千五百六年

大周二年　武成元年　大周元年丁丑陳氏興五主
後周第三主武皇帝治十八年大寧五年　天和五年　建徳七年　宣政元年
大寧二年道綽誕生　仏滅後一千五百十二年也
陳第二主文帝天嘉三年者当ル㆓大寧二年㆒也
当和朝第三十一敏達天皇之時也
…………（以下紙背）…………
唐第二主大宗皇帝治二十三年
貞観二十三年
玄奘三蔵　章安大師此時人也

私はこの方面の書誌にうといので、とりあえず一般に流布している道綽伝の中からこれに近いものを探すこととした。そして『漢語灯録』（『法然上人全集』所収）に収載されている『類聚浄土五祖伝』（以下『五祖伝』と略称する）の中の道綽伝との照合を行ってみた。そこには宋の『続高僧伝』、迦才の『浄土論』『瑞応伝』『新修往生伝』の四つの文献から道綽伝が収められているが、右のⒶの部分はその『続高僧伝』の中からの抜粋であり、Ⓑは迦才『浄土論』からの抜粋であることが判明した。もっとも抜粋といっても、引用のようにある部分をかためて抜き出すのではなく、適当にピックアップする、というやり方で『続高僧伝』の場合、全体は九〇〇字ほどであるが、そのあちこちから飛び飛びに六〇字をピックアップしているのである。

書写の底本は何か

問題は親鸞がこの書写の底本としたものは何か、ということである。大陸で刊行された『続高僧伝』や迦才『浄土論』の原典から直接書写したか、または日本で編纂された『五祖伝』からの転写か、ということ、さらにはこの抜粋が親鸞の手によって行われたのか、あるいはこのように抜粋した本があってそれを書写したものかどうか、であろう。しかしその判断は容易でない。われわれがいま簡単に手にすることのできるのは、『法然上人全集』と『大正新修大蔵経』の所収本だが、これを対照してみても、その間にあまり大きな相違がないからである。

ただ親鸞の道綽伝は、『五祖伝』ではなく、宋版の『続高僧伝』を見て、自ら直接抜粋した、と思われる節がないではない。というのは、まずこの道綽伝の書き起こしが、「伝曰、……」(A①)となっている点である。「伝」とは『続高僧伝』であって、『五祖伝』では、「続高僧伝第廿四習禅篇云」と、記している。問題は、『五祖伝』が「云」と記すのに対して、親鸞の方が「曰」となっているのは、親鸞らしい用語だ、と考えられるからである。

親鸞が自著に経論釈を引用する場合、用語を使い分けていることについては、すでに先学が指摘されたところで、ことに近年龍谷大学真宗学研究室が編纂した『親鸞聖人著作用語索引』によって詳しく解明された。それによると、経典を引用する場合、「大無量寿経言」というように「言」の字を用い、「ノタマハク」と読ませている。それに対して、論書については、「十住毗婆沙論曰……」というように「曰」の字を用いる。そして、「憬興師云、……」のように個人の言葉の引用とか、『往生要集』や『選択本願念仏集』などの日本の著書の引用には「云」の文字を使っていて、「曰」と「云」との間には落差があったようである。もっとも『楽邦文類』の引用には「曰」を使ったり「云」を使ったりして不安定なところもあって、区別は厳密ではなかったらしいから、断定的な言い方はできまいが、「曰」と「云」とを使い分ける傾向があったことはまちがいないようである。

そこで先に指摘した「伝曰」だが、『教行信証』などでは『続高僧伝』は引用されていないらしいので対比できないが、西本願寺に所蔵されている親鸞自筆の『烏龍山師并屠児宝蔵伝』は、「大宋高僧伝巻第六義解篇曰……」とか、「大宋高僧伝巻二十五読誦篇曰、……」とか、「西方略伝曰、……」というように「曰」の字を用いていることで一致している。「云」と「曰」とわずか一字だけの相違であるが、これは親鸞自身が『続高僧伝』から抜粋したことを思わせるのではあるまいか。

諸本との校異に見られる問題点

右の道綽伝本文に註記したように、他の諸本と対校すると、右の「曰」のほか四ヵ所に異同がある。

②の「姓街」は、他の諸本すべてが「姓衛」であって、この本の特色である。この「街」という字について、小山正文氏より「衛の異体字であろう」、とのご教示を得た。たしかにご指示の通り坪井良平『日本古

鐘銘集成』（角川書店、一九六八年）を見るとたしかにその例が挙げられていて、「衙」は誤りではないことはわかった。しかし親鸞が「衛」の異体字として「衙」の字を用いた例を知らない。『教行信証』の中には「舎衛国」（行巻）、「守衛」（信巻）、「範衛」「侍衛」（ともに化巻）など「衛」の文字が見えるが、坂東本『教行信証』ではどれも通用字体が用いられていて、異体字の「衙」の使用はない。一方、『教行信証』の中には「衙」という文字の使用例もないようである。

これらを勘案すると、親鸞が「衙」の字が衛の異体字であることを知って使ったかどうかはわからないものの、抜粋の底本とした本が「衙」となっていたので、そのまま「姓衙」と書いたものではないか、と思われる。「姓衙」は、親鸞が書写した底本を見つける有力な手がかりになるものと思われるが、今のところそんな本は見つかっていない。

Ⓐ③の「也」の字はこの親鸞自筆本のみにあって、他の諸本には見えない。親鸞の手によって敷衍されたものかと思われるが、もしこの字を持つ本があれば、それは右と同じく親鸞書写の底本であった有力な手がかりとなるものであろう。

Ⓑ④の「修」の一字脱は親鸞のケアレスミスではあるまいか。

Ⓑ⑤の「四月二十七日」については、『五祖伝』が「四月廿七日」とするのに対し、『浄土論』（大正新修大蔵経所収本）は、「四月二十七日」とするので、親鸞が『五祖伝』に依らず、宋版本に依ったことを思わせる一つの根拠となるものである。

暦年の計算

道綽伝の末尾に付記されているⒸは、中国の元号を列記したものだが、これは道綽の誕生した年を仏教史上に位置づけるための作業結果を記したものと思われる。第一行に後周（現行の東洋史学では北周と呼ぶ）の第一世孝愍（孝閔）帝元年が丁丑で仏滅後一五〇六年に相当することを記しているので、これを基準にして道綽の誕生年を割り出そうとしたらしい。多くの元号が記されているのは、この時代は中国の南北朝と呼ばれる時代で、小さな王朝が次々と現われ亡びた目まぐるしい時代だったので、親鸞はその計算に手間どったらしい。

結局道綽が誕生した北朝北周第三世武帝の大寧二年は、南朝では陳の第二世文帝の天嘉三年に当たると計算している。この南北朝の対照はまちがっていないが、「仏滅後一千五百十二年也」というのは一年誤っており、仏滅を周穆王五十三年壬申（紀元前九四九年）とすると、大寧二年（紀元五六二年）は一五一一年とするのが正しい。親鸞はどこかで一年誤計算をしたらしい。

またこの年を「当和朝第三十一敏達天皇之時也」とするのも誤りで、その一代前の欽明天皇が正しい。親鸞の所持していた年表が誤っていたらしい。歴史年表が整備されている現今とちがって、年代判定には苦労があったようである。『烏龍山師幷屠児宝蔵伝』も末尾にこうした年代計算の記録が記されていて、両者の親近さをここでも強く思わせるのではないだろうか。

この新たな親鸞真蹟の発見は、西本願寺宗門当局へ報告され、その許可を経たのち、平成四年（一九九二）十二月十六日宗務所において大勢の新聞記者を集めて記者発表が行われ、翌日の各紙全国版で一斉に報道された。そののち奈良国立博物館などでも公開展示され、多くの注目を集めた。

親鸞の新たな真蹟の発見は大きなニュースだったらしい。しかしわれわれにとってはこの発見は単なるニュースではない。この発見からいろいろな新しい事実をうかがい知ることができるからである。とくに親鸞が関東での教化中に、宋版本を見写したらしいということになると、親鸞伝の研究に新たな一石を投じることになるからである。

あとがき

本書は、前著『親鸞』（歴史文化ライブラリー、吉川弘文館、一九九八年）以後に発表した論文を中心として、若干の旧稿と新稿を加えて構成した。ところが改めて読み直してみると、古い論文の中には、わずかながら現在の思考とのズレができている部分があったり、表現に拙い点があったりすることに気が付いた。それらは字句の修正や、該当論文の末尾へ補記を書き加えたので、大体補正されたと思うが、論文間に若干の温度差のあるものもないではない。これはやはり執筆時点の差から来るもので、どうかご諒承いただきたい。

そのほかに気付いたのが、記事の重複である。それは索引を作るための線引きをしていて特に気付いたのだが、同じことを二度ならず三度も繰り返して書いている個所があった。思えば論述そのものがくどくどしい。これはやはり老人ゆえの性癖に基づくのだろう。これもどうかご諒承いただきたい。

そこでふと気が付いたのが『唯信鈔文意』や『一念多念文意』の末尾に書き加えられている有名な識語の「オナジコトヲタビ〱トリカヘシ〱カキツケタリ、コヽロアラムヒトハオカシクオモフベシ、アザケリヲナスベシ」という文言である。私は初めはこれを、「親鸞聖人も老人になってくどくどしくなったのを体裁よく言い訳しているのだろう」と思っていた。しかし『唯信鈔文意』を読んでみると、そんなくどくどしいところはどこにも見当らない。それでも「タビ〳〵トリカエシ〳〵カキツケタリ」というのである。どうやら頭の回転速度が私とは何倍も違っているらしい、と溜息をつく思いにさせられたことである。

そんなことを考えるのも、実は親鸞が信証本の『唯信鈔文意』を書いたのが八十五歳。そして私もいま八十五歳。数え年と満年齢との違いはあるが同年齢である。それだけにこの書を見ていると、何やかや自分と比較してしまうのである。そして親鸞という人が、親近感をもって実感できたような感じになっている。甚だ不遜な感じ方かもしれないが、そんな感じを抱きながら書いた論文もあるし、それが本書を編集する気になった一因でもある。

もう一点、いかにも老人らしいと言われそうなのは、論文というよりも回顧録と題した方が適切だ、というような記述があちこちに見られることだろう。「いまこれを語り伝えておかないと消えてしまうだろう」という一種の使命感もあって、そんな記述になってしまったのだが、それをふりかえってみて、過去をあまり深く語ろうとしなかった親鸞の芯の強さに頭の下がる思いをしている。

ところでもう一つお詫びをしておかねばならないのは、文中の敬語の問題である。この書が純学術専門書であることから、親鸞にたいする聖人号を始め、すべての人々の名前に敬称を付けないなど敬譲表現をなるべく抑えることとし、初校刷の段階で敬称はすべて削除されてきた。ところがそれを読んでみると、親鸞など歴史上の人物については何の違和感もなかったが、現在もご活躍中の諸先生方については、「呼び捨て」にするのはどうにも失礼な感があった。ことに『唯信鈔』をめぐって論争のようになった論文の中で、相手の両氏を呼び捨てするのはどうにも具合が悪かった。そこで校正を手伝ってもらった友人諸氏に集まってもらって、現在ご活躍中の諸氏については、名前に「氏」を付けてもらうようにと申し合わせた。ところが論文によっては、学術論文としての雰囲気から氏の敬称をつけない方がスムーズに読み下せるためか、氏の敬称がつけられないまま初校が終わってしまって、再校が出来てきてみると不統一な個所が散見せられた。どうしようか迷ったが、あえて統一をはかることをせず、ある程度文章の流れにまかせることにした。一冊の著書として不統一で見苦しいと思われるかもしれないが、お叱りは甘んじて受けることにした。

私は先にも書いたようにいま八十五歳の老齢で、しかも四年前に行なってもらった眼の白内障手術がうまく行かず、視力が甚だしく低下し、身体障害者と認定されている。そのためこの書の校正にあたっては、高田派教学院第四部会の研究仲間に手伝ってもらった。また吉川弘文館の編集担当者には、私の校正用としてわざわざ拡大コピーを作ってもらったりした。本書はそんな多くの方々の善意に支えられてようやく出来上がったものである。改めて厚く御礼申し上げたい。

二〇〇五年六月十五日

平松令三

初出一覧

第一部

一、親鸞の誕生と当時の日本―『親鸞と歎異鈔入門』大法輪閣、二〇〇〇年

二、親鸞の妻玉日実在説への疑問―『中外日報』二〇〇〇年四月八日号

三、親鸞から曾孫へ本願寺古系図諸本―『本願寺史料研究所報』二六号、本願寺史料研究所、二〇〇〇年（原題「西本願寺蔵古本本願寺系図について」）

四、善鸞義絶事件の根本的再検討―『高田学報』九一輯、二〇〇三年（原題「善鸞義絶事件の再検討」）

第二部

一、草創期の親鸞教団をめぐる諸学説―『親鸞大系』歴史篇第五巻解説、法蔵館、一九八九年（原題「解説」）

二、親鸞教団の地縁性について―新稿

三、善光寺の信仰とその勧進念仏聖親鸞―『高田学報』八八輯、二〇〇〇年（原題「善光寺勧進聖と親鸞」）

四、高田山草創伝説を分析する―『高田学報』八七輯、一九九九年

五、高田門徒が生き残った事情―新稿

第三部

一、眼を凝らしてみる国宝三帖和讃―『註解国宝三帖和讃』真宗高田派宗務院、一九九八年（原題「解説三帖和讃」）

二、聖覚の『唯信鈔』と親鸞への毀誉褒貶―『高田学報』九三輯、二〇〇五年（原題「唯信鈔の問題点―平雅行・松本史朗両氏への反論―」）

三、親鸞消息の相承と回覧と集成と―『影印高田古典』第三巻、真宗高田派宗務院、二〇〇一年（原題「親鸞聖人の五巻書をめぐって」）

四、名号本尊形式成立への道のり―『伝道』四三号、西本願寺教学研究所、一九九七年（原題「名号本尊形式の成立」）

第四部

一、親鸞筆跡研究の光と影―『日本の美術』三四四号「親鸞日蓮の書」、至文堂、一九九五年（原題「親鸞筆跡の虚と実―その思い出」）

二、親鸞真蹟名号四幅にまつわる思い出と問題点―『朝枝善照博士還暦記念論文集　仏教と人間社会の研究』永田文昌堂、二〇〇四年（原題「親鸞聖人真蹟名号本尊の問題点」）

三、西本願寺本真蹟六字名号が意味するもの―新稿

四、真蹟道綽略伝の発見と筆跡判定の経緯―『千葉乗隆博士傘寿記念論集　日本歴史と真宗』自照社出版、二〇〇一年（原題「新知見の親鸞真蹟道綽伝について」）

索　引

太字は，その章で頻出するものである．

あ 行

か 行

さ 行

た 行

な 行

は 行

ま 行

や 行

ら・わ 行

著者略歴
一九一九年、三重県に生まれる
一九四一年、京都帝国大学文学部史学科卒業
元高田本山専修寺宝物館主幹
二〇一三年没
〔主要著書〕
親鸞真蹟の研究　真宗史論攷　親鸞聖人絵伝
親鸞　真宗史料集成第四巻・第七巻　真宗重宝聚英第二巻・第四巻・第五巻

親鸞の生涯と思想

二〇〇五年（平成十七）八月一日　第一刷発行
二〇一九年（令和元）五月一日　第二刷発行

著者　平《ひら》松《まつ》令《れい》三《ぞう》
発行者　吉川道郎
発行所　株式会社　吉川弘文館
郵便番号一一三―〇〇三三
東京都文京区本郷七丁目二番八号
電話〇三―三八一三―九一五一〈代〉
振替口座〇〇一〇〇―五―二四四番
http://www.yoshikawa-k.co.jp/

印刷＝株式会社　精興社
製本＝株式会社　ブックアート
装幀＝山崎　登

ISBN978-4-642-02842-4

平松令三著

親　鸞

（歴史文化ライブラリー37）

一七〇〇円（税別）

四六判・二四二頁

自己の思想信条には雄弁だった親鸞。だが、彼ほど私生活を語らなかった人もいない。曾孫覚如制作の「親鸞伝絵」が、どれだけその実像を伝え、どれほど乖離しているか、新知見と新見解とによって検証する。京都六角堂での夢告から法然との出会い、越後への流罪と関東教化の足跡をたどり、帰洛入滅にいたる苦悩の生涯を追究し、素顔の親鸞に迫る。